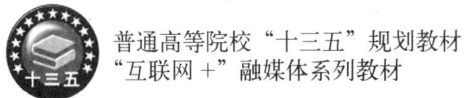

普通高等院校"十三五"规划教材
"互联网+"融媒体系列教材

资产评估学习指导书

相福刚 刘佳昕／主编
汪金燕 徐林菁／副主编

立信会计出版社

图书在版编目(CIP)数据

资产评估学习指导书 / 相福刚,刘佳昕主编. —上海:立信会计出版社,2022.7
 ISBN 978-7-5429-7101-2

Ⅰ.①资… Ⅱ.①相… ②刘… Ⅲ.①资产评估—教学参考资料 Ⅳ.①F20

中国版本图书馆 CIP 数据核字(2022)第 114834 号

策划编辑　郭光
责任编辑　郭光

资产评估学习指导书
ZICHAN PINGGU XUEXI ZHIDAOSHU

出版发行	立信会计出版社
地　　址	上海市中山西路 2230 号　邮政编码　200235
电　　话	(021)64411389　　传　真　(021)64411325
网　　址	www.lixinaph.com　电子邮箱　lixinaph2019@126.com
网上书店	http://lixin.jd.com　http://lxkjcbs.tmall.com
经　　销	各地新华书店
印　　刷	常熟市华顺印刷有限公司
开　　本	787 毫米×1092 毫米　1/16
印　　张	14
字　　数	280 千字
版　　次	2022 年 7 月第 1 版
印　　次	2022 年 7 月第 1 次
印　　数	1—2100
书　　号	ISBN 978-7-5429-7101-2/F
定　　价	42.00 元

如有印订差错,请与本社联系调换

前　言

价值是市场经济条件下各交易主体最关心的问题之一。对资产价值的准确判断,是资产投资和资产管理的关键所在。资产评估为准确判断资产价值提供了科学的依据和有效的方法。为了适应资产评估行业发展需要、强化资产评估学科建设和理论建设、满足资产评估教学和培养资产评估后备人才的社会发展需求,我们组织编写了《资产评估》和《资产评估学习指导书》。

本书《资产评估学习指导书》是《资产评估》(相福刚、刘佳昕主编,立信会计出版社)的配套教材,以最新的《资产评估准则》为依据,遵循科学性、规范性、实用性和可操作性的原则,力求理论联系实际,既吸收资产评估的最新研究成果,又结合资产评估实务。

本书按《资产评估》教材的章节对应编写了九章内容,每一章分为三部分:第一部分是内容概要,归纳该章的重要知识点;第二部分是练习题,包括名词解释、单项选择题、多项选择题、判断题、简答题和计算题等;第三部分是练习题的参考答案,单项选择题、多项选择题以及判断题中的重难点的详细解析,计算题的详细计算过程,可以帮助学生对照检查对练习题的掌握程度。

本书由相福刚、刘佳昕、汪金燕、徐林菁、孔令一、刘燕、李满林、李娜等编写。在编写的过程中,立信会计出版社的郭光编辑提供了大量的帮助,在此一并致谢。

本书适合作为学生学习的指导用书,也可作为教师教学的参考用书。由于时间仓促以及作者水平所限,书中如存在不当之处,敬请广大读者不吝赐教,以便使本书在后续修订中得到不断的充实和完善。

编者
2022 年 6 月

目 录

第一章 总论	1
第一部分 内容概要	1
第二部分 练习题	7
第三部分 参考答案	13

第二章 资产评估方法 ································· 20
 第一部分 内容概要 ································· 20
 第二部分 练习题 ··································· 30
 第三部分 参考答案 ································· 37

第三章 机器设备评估 ····························· 48
 第一部分 内容概要 ································· 48
 第二部分 练习题 ··································· 55
 第三部分 参考答案 ································· 65

第四章 房地产评估 ······························· 78
 第一部分 内容概要 ································· 78
 第二部分 练习题 ··································· 88
 第三部分 参考答案 ································· 100

第五章 无形资产评估 ····························· 115
 第一部分 内容概要 ································· 115
 第二部分 练习题 ··································· 123
 第三部分 参考答案 ································· 129

第六章 企业价值评估 ····························· 138
 第一部分 内容概要 ································· 138
 第二部分 练习题 ··································· 147
 第三部分 参考答案 ································· 156

第七章　资产评估报告 ... 166
第一部分　内容概要 ... 166
第二部分　练习题 ... 169
第三部分　参考答案 ... 177

第八章　资产评估主体与行业管理 ... 186
第一部分　内容概要 ... 186
第二部分　练习题 ... 190
第三部分　参考答案 ... 196

第九章　资产评估管理制度的国际比较 ... 205
第一部分　内容概要 ... 205
第二部分　练习题 ... 210
第三部分　参考答案 ... 212

第一章 总 论

第一部分 内容概要

一、资产评估的概念、特点及分类

(一) 资产评估的概念

资产评估是指专业机构和人员按照国家法律法规和资产评估准则,根据特定目的,遵循评估原则,依照相关程序,选择适当的价值类型,运用科学方法,对资产价值进行分析、估算并发表专业意见的行为和过程。资产评估的要素如表1-1所示。

表1-1　　　　　　　　　　　资产评估的要素

要素	内容
评估主体	资产评估的主体是从事资产评估的专门机构和人员
评估客体	评估客体也称评估对象,是指资产评估的具体标的物
评估目的	评估目的是指资产业务引发的经济行为对资产评估结果的要求,或资产评估结果的具体用途
评估假设	评估假设是指对资产评估过程中某些未被确切认识的事物,根据客观的正常情况或发展趋势所做的合乎情理的推断
评估原则	评估原则是指资产评估工作的行为规范和技术规范
评估程序	评估程序是指资产评估具体进行的环节、步骤,体现评估机构按照相应的要求以及评估工作必须遵循的评估顺序
价值类型	价值类型是对评估结果按照其合理性指向所作的分类
评估方法	评估方法是指在资产评估时运用的符合国家规定的各种专门技术方法
评估基准日	评估基准日是指资产评估依据的时间基点和资产评估结论对应的时点
评估结论	评估结论是指资产评估结果,一般采用货币金额表示

(二) 资产评估的特点

资产评估具有以下特点:①市场性。②公正性。③专业性。④咨询性。⑤时点性。

(三) 资产评估的分类

资产评估的分类标准和内容如图 1-1 所示。

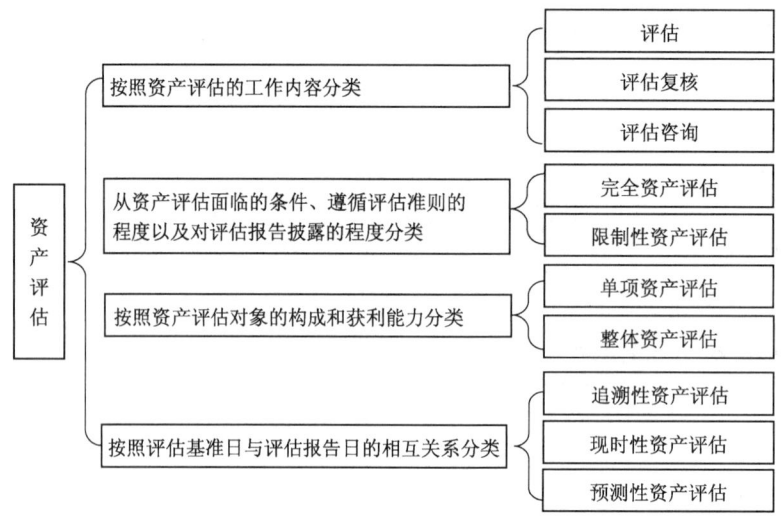

图 1-1　资产评估的分类

二、资产评估的假设与原则

(一) 资产评估的假设

1. 交易假设

交易假设是指资产评估得以进行的一个最基本的前提假设。交易假设是假定所有待评估资产已经处在交易过程中,评估师根据待评估资产的交易条件进行估值。

2. 公开市场假设

公开市场假设是对资产拟进入的市场的条件以及资产在这样的市场条件下接受何种影响的一种假定说明或限定。

公开市场是指充分发达与完善的市场条件,指一个有大量的自愿的买者和卖者的竞争性市场。在这个市场上,买者和卖者的地位是平等的,彼此都有获取足够市场信息的机会和时间,买卖双方的交易行为都是在自愿的、理智的,而非在受强制或受限制的条件下进行的。

3. 持续使用假设

持续使用假设是对资产存续状态的一种假定性描述或说明。首先,该假设设定被评估资产处于正在使用的状态;其次,根据有关数据和信息,推断这些处于使用状态的资产还将继续使用下去。

资产的持续使用通常有三种方式:①在用续用。②转用续用。③移地续用。

4. 清算假设

清算假设是对资产拟进入的市场条件的一种假定说明或限定。具体而言,它是对资产在非公开市场条件下被迫出售或快速变现条件的假定说明。

(二) 资产评估的原则

资产评估的原则如图 1-2 所示。

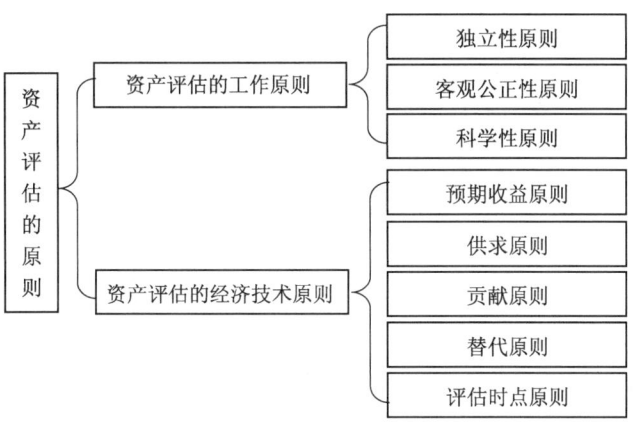

图 1-2 资产评估的原则

三、资产评估的作用与目的

(一) 资产评估的作用

资产评估的作用包括价值咨询、价值鉴证以及价值管理。

(二) 资产评估的目的

1. 资产评估的一般目的

资产评估的一般目的泛指所有资产评估活动共同的目的或目标,即忽略所有个别引起资产评估经济事项的特殊性,剔除所有个别经济事项对资产评估的特殊条件要求,只保留进行资产评估所要实现的最基本的目标和要求。

2. 资产评估的特定目的

资产评估的特定目的是指每项资产评估所要实现的具体目标,是每一个引起资产评估的经济事项对资产评估的具体条件要求和目标要求。

(1) 引起资产评估的经济事项如表 1-2 所示。

表 1-2　　　　　　　　　　引起资产评估的经济事项

经济事项名称	经济事项内容
资产转让	资产转让是指资产拥有单位有偿转让其拥有的资产,通常是指转让非整体性资产的经济行为
企业兼并	企业兼并是指一个企业以承担债务、购买、股份化和控股等形式有偿接收其他企业的产权,使被兼并方丧失法人资格或改变法人实体的经济行为

(续表)

经济事项名称	经济事项内容
企业出售	企业出售是指独立核算的企业或企业内部的分厂、车间及其他整体资产产权出售行为
企业联营	企业联营是指国内企业、单位之间以固定资产、流动资产、无形资产及其他资产投入组成各种形式的联合经营实体的行为
股份经营	股份经营是指资产占有单位实行股份制经营方式的行为,包括法人持股、内部职工持股、向社会发行不上市股票和上市股票等
中外合资、合作	中外合资、合作是指我国的企业和其他经济组织与外国企业和其他经济组织或个人在我国境内举办合资或合作经营企业的行为
企业清算	企业清算包括破产清算、终止清算和结业清算
担保	担保是指资产占有单位以本企业的资产为其他单位的经济行为担保,并承担连带责任的行为,通常包括抵押、质押以及保证等
企业租赁	企业租赁是指资产占有单位在一定期限内,以收取租金的形式,将企业全部或部分资产的经营使用权转让给其他经营使用者的行为
债务重组	债务重组是指债权人按照其与债务人达成的协议或法院的裁决同意债务人修改债务条件的行为
财产保险	企业或个人为了补偿自然灾害或意外事故所造成的经济损失,往往办理资产保险
财产纳税	以税收为目的,以相应的税法为依据,确定财产应纳税额的评估
财务报告披露	基于企业会计准则和相关会计核算、披露要求,运用评估技术,对财务报告中的各类资产和负债的公允价值或特定价值进行估算

(2) 资产评估报告的预期用途。资产评估报告的预期用途首先泛指站在特定客户的角度和立场上,把特定资产业务对评估报告的用途预期作为资产评估报告的预期用途。

(3) 资产评估报告的预期使用者。资产评估报告预期使用者首先泛指引起资产评估的经济事项预期发生时涉及的相关当事人。引起资产评估的经济事项是多种多样的,其执行或操作主体也不同,不同经济事项引发的资产评估报告的预期使用者也是不同的。例如,评估报告的预期使用者就不是简单的同质客户整体。

四、资产评估的价值类型

(一) 价值类型的概念与作用

1. 价值类型的概念

资产评估中的价值类型是指资产评估结果的价值属性及其表现形式的归类。不同的价值类型从不同的角度反映资产的评估价值及其特征。

2. 价值类型的作用

对资产价值进行合理分类主要有两个作用:①为评估人员科学合理地进行资产评估提供指引。②使资产评估报告使用者能正确理解并恰当使用资产评估的结果。

(二) 价值类型的分类

资产评估的价值类型的分类如表1-3所示。

表1-3　　　　　　　　　　　　　价值类型的分类

分类标志	内容
以资产评估的估值标准形式划分	重置成本、收益现值、现行市价、清算价格
从资产评估假设的角度划分	持续使用价值、公开市场价值、清算价值等
从资产评估的特定目的划分	抵押价值、保险价值、课税价值、投资价值、清算价值、转让价值、保全价值、交易价值、兼并价值、拍卖价值、租赁价值、补偿价值等
以资产评估时依据的市场条件以及被评估资产的使用状态划分	市场价值和市场价值以外的价值

(三) 市场价值

资产评估中的市场价值是指在评估基准日时，资产在公开市场上正常使用或最有可能使用条件下所能实现的交换价值的估计值。

对于这一定义，可从以下几个方面理解：①市场价值是正常市场条件下的公允价值。②市场价值是资产正常使用状态下的价值。③资产评估结果只有两种价值类型：市场价值和市场价值以外的价值。④市场价值是资产评估中最为典型的公允价值，发挥着公允价值的坐标作用。⑤市场价值既是一种价值类型，同时也是一种具体价值表现形式。

(四) 市场价值以外的价值

市场价值以外的价值也称非市场价值、其他价值，是所有不符合市场价值定义条件的其他价值的统称。从市场价值以外的价值的表述来看，市场价值以外的价值不是一种具体的资产评估价值存在形式，而是一系列不符合资产市场价值定义条件的价值形式的总称或组合。市场价值以外的价值的内容如表1-4所示。

表1-4　　　　　　　　　　　市场价值以外的价值的内容

名称	内容
在用价值	在用价值是指作为企业组成部分的特定资产对其所属企业能够带来的价值估计值，而并不考虑该资产的最佳用途或资产变现所能实现的价值量
投资价值	投资价值是指资产对于具有明确投资目标的特定投资者或某一类投资者所具有的价值
持续经营价值	持续经营价值是指企业作为一个整体按照目前正在使用的用途、方式继续经营下去所能表现出来的价值
保险价值	保险价值是指保险合同当事人议定的保险标的价值，是确定保险金额的依据
清算价值	清算价值是指资产处于清算、迫售或快速变现等非正常市场条件下所能实现的价值估计值

(续表)

名称	内容
课税价值	课税价值是指根据税法中规定的与财产征税相关的价值标准所确定的资产价值
剩余价值	剩余价值是指假设在未进行特别修理或改进的情况下,将资产中所包含的各组成部分进行变卖处置的价值
特殊价值	特殊价值是指资产价值量超出其市场价值的部分

(五) 影响价值类型选择的资产评估条件

影响价值类型选择的资产评估条件:①资产评估的特定目的。②评估对象的自身条件。③评估依据的市场条件。

五、资产评估的程序

(一) 资产评估程序的含义

狭义的资产评估程序始于评估机构和评估专业人员接受委托,终止于向委托人或相关当事人提交资产评估报告书。广义的资产评估程序始于承接资产评估业务前的明确业务基本事项环节,终止于资产评估报告书提交后的整理归集评估档案。我国的资产评估程序属于广义的资产评估程序。

(二) 资产评估程序的重要性

资产评估程序的重要性表现在以下几个方面:①资产评估程序是规范资产评估执业行为、提高资产评估业务质量和维护资产评估服务公信力的重要保证。②履行资产评估程序是评价资产评估机构和人员提供资产评估服务的重要依据。③履行资产评估程序是资产评估机构和人员防范执业风险、保护自身合法权益、合理抗辩的重要手段。

(三) 资产评估程序的具体内容

资产评估程序的具体内容:①明确业务基本事项。②订立业务委托合同。③编制资产评估计划。④进行评估现场调查。⑤收集整理评估资料。⑥评定估算形成结论。⑦编制出具评估报告。⑧整理归集评估档案。

本章主要内容如表 1-5 所示。

表 1-5　　　　　　　　　　第一章主要内容

资产评估的概念	评估主体、评估客体、评估目的、评估假设、评估原则、评估程序、价值类型、评估方法、评估基准日、评估结论	
资产评估的特点	市场性、公正性、专业性、咨询性、时点性	
资产评估的分类	按照资产评估的工作内容分类	评估、评估复核、评估咨询
	按照遵循资产评估准则的程度分类	完全资产评估、限制性资产评估

(续表)

资产评估的分类	按照评估对象及其获利能力分类	单项资产评估、整体资产评估
	按照评估基准日与评估报告日之间的相互关系分类	追溯性资产评估、现时性资产评估、预测性资产评估
资产评估的假设	交易假设、公开市场假设、持续使用假设、清算假设	
资产评估的原则	工作原则	独立性原则、客观公正性原则、科学性原则
	经济技术原则	预期收益原则、供求原则、贡献原则、替代原则、评估时点原则
资产评估的功能与作用	功能	评价、估值
	作用	价值咨询、价值鉴证、价值管理
资产评估目的	一般目的	
	特定目的	引起资产评估的经济事项、资产评估报告的预期用途、资产评估报告的预期使用者
价值类型的分类	以资产评估的估值标准形式表述的价值类型	重置成本、收益现值、现行市价、清算价格
	从资产评估假设的角度来表述资产评估的价值类型	继续使用价值、公开市场价值、清算价值
	从资产评估的特定目的来划分资产评估的价值类型	抵押价值、保险价值、课税价值、投资价值、清算价值、转让价值、保全价值、交易价值、兼并价值、拍卖价值、租赁价值、补偿价值
	以资产评估时所依据的市场条件以及被评估资产的使用状态来划分资产评估结果的价值类型	市场价值、非市场价值
市场价值	① 市场价值是正常市场条件下的公允价值 ② 市场价值是资产正常使用状态下的价值 ③ 资产评估结果只有两种价值类型，即市场价值和市场价值以外的价值 ④ 市场价值是最为典型的公允价值，发挥着公允价值的坐标作用 ⑤ 市场价值既是一种价值类型，同时也是一种具体价值表现形式	
影响价值类型选择的资产评估条件	资产评估的特定目的、评估对象条件、评估依据的市场条件	
资产评估程序的具体内容	明确业务基本事项、订立业务委托合同、编制资产评估计划、进行评估现场调查、收集整理评估资料、评定估算形成结论、编制出具评估报告、整理归集评估档案	

第二部分 练习题

一、名词解释

1. 资产评估
2. 评估主体

3. 评估客体
4. 评估目的
5. 评估原则
6. 评估假设
7. 评估程序
8. 价值类型
9. 评估方法
10. 评估基准日
11. 评估结论
12. 评估复核
13. 完全资产评估
14. 限制性资产评估
15. 单项资产评估
16. 整体资产评估
17. 资产评估假设
18. 交易假设
19. 公开市场假设
20. 公开市场
21. 持续使用假设
22. 清算假设
23. 资产评估的一般目的
24. 资产评估的特定目的
25. 价值类型
26. 市场价值
27. 在用价值
28. 投资价值
29. 持续经营价值
30. 保险价值
31. 清算价值
32. 课税价值
33. 剩余价值
34. 资产评估程序
35. 资产评估计划

二、单项选择题

1. 资产评估主体是指（　　）。
   A. 被评估资产占有人
   B. 被评估资产
   C. 资产评估委托人
   D. 专门从事资产评估的机构和人员

2. 资产评估的客体是指（　　）。
   A. 资产业务发生的经济行为
   B. 资产评估的承担者
   C. 资产评估的对象
   D. 资产评估的方法

3. 下列各项中，不属于被评估的资产必须具备特征的是（　　）。
   A. 是经济主体拥有或控制的
   B. 价值能以货币进行计量
   C. 具有实物形态
   D. 能为其拥有者或控制者带来经济利益

4. 将资产分为单项资产和整体资产的依据是（　　）。
   A. 按资产的存在形态
   B. 按资产的构成及获利能力
   C. 按资产能否独立存在
   D. 按资产的流动性

5. 资产评估机构作为中介服务机构，进行资产评估时，实行（　　）。
   A. 有偿服务
   B. 无偿服务
   C. 有偿服务和无偿服务相结合
   D. 以上都不对

6. 资产评估是判断资产价值的经济活动，评估结果应该是评估对象的（　　）。
   A. 时期价值
   B. 时点价值
   C. 时区价值
   D. 阶段价值

7. （　　）是指资产评估行为服务于资产业务的需要，而不是服务于资产业务当事人的任何一方的需要。
   A. 公正性
   B. 市场性
   C. 专业性
   D. 咨询性

8. 资产价值的高低取决于它能为所有者带来多少（　　）。
   A. 现实收益
   B. 预期收益
   C. 历史收益
   D. 账面收益

9. 资产评估的时点性是指以被评估资产在（　　）的实际状况，对资产价值进行的评定估算。
   A. 签订资产评估业务委托合同日
   B. 评估工作日期
   C. 评估基准日
   D. 资产负债日

10. 资产评估价值与资产交易中的实际成交价格之间的关系是（　　）。
    A. 前者必须高于后者
    B. 前者必须低于后者
    C. 前者必须等于后者
    D. 前者可以高于、低于或者等于后者

11. 资产评估假设的基本作用是（　　）。

A. 表明资产评估的作用　　　　　　B. 表明资产评估所面临的条件
C. 表明资产评估的性质　　　　　　D. 表明资产评估的价值类型

12. 资产评估最基本的前提假设是(　　)。
    A. 交易假设　　B. 公开市场假设　　C. 持续经营　　D. 清算假设

13. 资产评估中的市场价值类型所适用的基本假设前提是(　　)。
    A. 非用续用假设　　　　　　　　B. 公开市场假设
    C. 清算假设　　　　　　　　　　D. 会计主体假设

14. 清算价格的评估适用于(　　)。
    A. 交易假设　　　　　　　　　　B. 公开市场假设
    C. 继续使用假设　　　　　　　　D. 清算假设

15. 银行在因债务不能清偿而需要对其受押的抵押房地产进行处置时,该抵押房地产价值的评估适用于(　　)。
    A. 清算假设　　　　　　　　　　B. 公开市场假设
    C. 持续使用假设　　　　　　　　D. 会计主体假设

16. 从理论上讲,资产评估最基本的作用是(　　)。
    A. 价值咨询　　B. 价值鉴定　　C. 价值管理　　D. 制定价格

17. 下列经济行为中,属于以产权变动为评估目的的经济行为是(　　)。
    A. 资产抵押　　B. 财产纳税　　C. 企业兼并　　D. 财产担保

18. 影响资产评估价值类型选择的直接因素是(　　)。
    A. 资产评估的特定目的　　　　　B. 评估对象的自身条件
    C. 评估依据的市场条件　　　　　D. 评估主体

19. 影响资产评估价值类型选择的内因是(　　)。
    A. 资产评估的特定目的　　　　　B. 评估对象的自身条件
    C. 评估依据的市场条件　　　　　D. 评估主体

20. 影响资产评估价值类型选择的外因是(　　)。
    A. 资产评估的特定目的　　　　　B. 评估对象的自身条件
    C. 评估依据的市场条件　　　　　D. 评估主体

21. 机器设备、房屋建筑物或其他有形资产等的拆零变现价值估计数额通常被称作(　　)。
    A. 市场价值　　B. 清算价值　　C. 投资价值　　D. 残余价值

22. 资产评估师通常首先应执行的评估程序是(　　)。
    A. 明确业务基本事项　　　　　　B. 订立业务委托合同
    C. 编制资产评估计划　　　　　　D. 收集整理评估资料

三、多项选择题

1. 资产评估是一项（　　）的经济活动。
   A. 社会性　　　　B. 政府性　　　　C. 公正性　　　　D. 行政性

2. 下列选项中，属于同一种分类标准的资产有（　　）。
   A. 流动性资产、非流动性资产　　　　B. 有形资产、无形资产
   C. 可确指的资产、不可确指的资产　　D. 单项资产、整体资产

3. 下列选项中，属于单项资产评估的有（　　）。
   A. 机器设备评估　　　　B. 建筑物评估
   C. 企业价值评估　　　　D. 无形资产评估

4. 下列选项中，属于资产评估假设的有（　　）。
   A. 交易假设　　　　B. 公开市场假设
   C. 持续使用假设　　D. 清算假设

5. 持续使用假设又可以细分为（　　）。
   A. 在用续用假设　　　　B. 中断后持续使用假设
   C. 转用续用假设　　　　D. 移地续用假设

6. 公开市场假设与清算假设的区别在于（　　）。
   A. 公开市场假设是指交易在公允条件下进行的；清算假设是指交易在一定压力下进行的
   B. 在公开市场假设条件下，资产交易不受时间限制；清算假设条件下，资产交易在一定时间完成
   C. 同一资产在同一基准日条件下，选用公开市场假设得到的评估值要高于选用清算假设条件下的评估值
   D. 公开市场假设可以替代清算假设，而清算假设不能替代公开市场假设

7. 下列选项中，属于资产评估的工作原则的有（　　）。
   A. 独立性原则　　　　B. 客观公正性原则
   C. 科学性原则　　　　D. 贡献原则

8. 下列选项中，属于资产评估的作用的有（　　）。
   A. 价值咨询　　B. 价值鉴证　　C. 价值管理　　D. 价格制定

9. 下列选项中，属于评估特定目的的有（　　）。
   A. 资产转让　　B. 企业兼并　　C. 企业联营　　D. 股份经营

10. 按资产业务的性质来划分资产评估的价值类型，可以划分为（　　）。

A. 市场价值　　　B. 拍卖价值　　　C. 投资价值　　　D. 租赁价值

11. 从资产评估假设的角度划分,价值类型具体包括(　　)。

　　A. 继续使用价值　　　　　　B. 公开市场价值

　　C. 清算价值　　　　　　　　D. 重置成本

12. 以资产评估的估值标准形式划分,价值类型具体包括(　　)。

　　A. 重置成本　　B. 收益现值　　C. 现行市价　　D. 清算价格

13. 资产评估中的市场价值成立的基础条件有(　　)。

　　A. 被评估资产处于最佳使用状态

　　B. 被评估资产只能按照正在使用的用途和方式继续使用

　　C. 市场条件是公开市场

　　D. 评估标的是特殊空间位置的资产

14. 资产评估中的市场价值以外的价值有(　　)。

　　A. 投资价值　　B. 清算价值　　C. 在用价值　　D. 保险价值

15. 从理论上讲,决定资产评估价值的基础条件有(　　)。

　　A. 资产评估的特定目的　　　B. 评估对象的自身条件

　　C. 评估师的种类　　　　　　D. 评估依据的市场条件

四、判断题

1. 评估机构和评估人员对体现资产评估结果的资产评估报告负法律责任。　　(　　)

2. 整体资产评估值等于单项资产评估值之和。　　(　　)

3. 资产评估结论是评估人员的一种客观判断,反映了客观事实,因此,资产评估结果具有强制执行的效力。　　(　　)

4. 会计计价需要利用资产评估的结论,资产评估也需要参考会计的数据资料,因此,资产评估与会计计价的本质是相同的。　　(　　)

5. 在持续使用假设前提下,要求评估资产的公开市场价值;在公开市场假设前提下,要求评估资产的持续使用价值。　　(　　)

6. 以交易假设为资产评估假设的被评估资产一定会被交易。　　(　　)

7. 独立性原则要求资产评估机构和评估人员必须以第三者独立的立场进行评估,属于资产评估的技术经济原则。　　(　　)

8. 资产评估中的市场价值以外的价值是一种具体的价值形式。　　(　　)

9. 资产评估结果中对于特定投资者具有的价值通常被称作投资价值。　　(　　)

10. 资产评估中的市场价值以外的价值也是公允价值中的某些表现形式的集合。　　(　　)

11. 资产评估价值类型完全是由资产评估特定目的决定的。　　　　　　　(　)
12. 价值类型是影响和决定资产评估价值的重要因素。　　　　　　　　　(　)
13. 在不同时期、地点及市场条件下,同一资产业务对资产评估结果的价值类型的要求是相同的。　　　　　　　　　　　　　　　　　　　　　　　　　(　)
14. 资产评估委托人应当提供涉及评估对象和评估范围的必要资料。　　　(　)
15. 资产评估师不得随意减少资产评估基本程序。　　　　　　　　　　　(　)
16. 只要执行了资产评估程序就可以完全防范资产评估风险。　　　　　　(　)
17. 资产评估师在执行评估业务的过程中,由于受到客观限制,无法或者不能完全履行评估基本程序,可直接决定终止评估业务。　　　　　　　　　　　　　(　)

五、简答题

1. 资产评估的基本构成要素有哪些?
2. 资产评估有哪些主要分类?
3. 资产的持续使用通常有哪几种方式?
4. 资产评估应遵循哪些工作原则和经济技术原则?
5. 资产评估中的独立性原则包含哪几层含义?
6. 价值类型有哪些分类?
7. 资产评估程序的重要性表现在哪些方面?
8. 资产评估程序包括哪些具体内容?
9. 资产评估机构受理资产评估业务前,应当明确哪些资产评估业务基本事项?
10. 资产评估委托合同通常包括哪些内容?

第三部分　参考答案

一、名词解释

1. 资产评估是对资产价值形态的评估。具体来讲,资产评估是指专业机构和人员,按照国家法律法规和资产评估准则,根据特定目的,遵循评估原则,依照相关程序,选择适当的价值类型,运用科学方法,对资产价值进行分析、估算并发表专业意见的行为和过程。
2. 评估主体是从事资产评估的专门机构和人员。
3. 评估客体也称评估对象,是指资产评估的具体标的物。
4. 评估目的是指资产业务引发的经济行为对资产评估结果的要求,或资产评估结果的具体用途。

5. 评估原则是指资产评估工作的行为规范和技术规范。

6. 评估假设是指对资产评估过程中某些未被确切认识的事物,根据客观的正常情况或发展趋势所做的合乎情理的推断。

7. 评估程序是指资产评估具体进行的环节、步骤,体现评估机构按照相应的要求以及评估工作必须遵循的评估顺序。

8. 价值类型是对评估结果按照其合理性指向所作的分类。它是对资产评估价值质的规定,对评估参数的选择具有约束性。

9. 评估方法是指在资产评估时运用的符合国家规定的各种专门技术方法。它是分析和判断资产评估价值的手段。

10. 评估基准日是指资产评估依据的时间基点和资产评估结论对应的时点。评估基准日可以是现在的时点,也可以是过去或者未来的时点。

11. 评估结论是指资产评估结果,一般采用货币金额表示。

12. 评估复核是指评估机构对其他评估机构出具的评估报告进行的评判分析和再评估。

13. 完全资产评估一般是指严格遵守资产评估准则,按照资产评估准则的各项条款的要求,在执业过程中没有违背资产评估准则的规定所进行的资产评估。

14. 限制性资产评估一般是指评估机构及其人员由于评估条件的限制不能完全按照资产评估准则的要求进行执业,或在允许的前提下未完全按照评估准则的规定进行的资产评估。

15. 单项资产评估是以单项可确指的资产为对象的评估,如机器设备评估、土地使用权评估、建筑物评估以及可确指无形资产评估等。

16. 整体资产评估是对若干单项资产组成的资产综合体所具有的整体生产能力或获利能力的评估。

17. 资产评估假设是指对资产评估过程中某些未被确切认识的事物,根据客观的正常情况或发展趋势所作的合乎情理的推断。

18. 交易假设是假定所有待评估资产已经处在交易过程中,评估师根据待评估资产的交易条件等模拟市场进行估值。

19. 公开市场假设是对资产拟进入的市场的条件以及资产在这样的市场条件下接受何种影响的一种假定说明或限定。公开市场假设的关键在于认识和把握公开市场的实质和内涵。

20. 公开市场是指充分发达与完善的市场条件,指一个有大量的自愿的买者和卖者的竞争性市场。

21. 持续使用假设是对资产存续状态的一种假定性描述或说明。

22. 清算假设是对资产拟进入的市场条件的一种假定说明或限定,具体而言,它是对资产在非公开市场条件下被迫出售或快速变现条件的假定说明。

23. 资产评估的一般目的泛指所有资产评估活动共同的目的或目标,即忽略所有个别引起资产评估经济事项的特殊性,剔除所有个别经济事项对资产评估的特殊条件要求,只保留进行资产评估所要实现的最基本的目标和要求。

24. 资产评估的特定目的是每项资产评估所要实现的具体目标,是每一个引起资产评估的经济事项对资产评估的具体条件要求和目标要求。

25. 价值类型是指资产评估结果的价值属性及其表现形式的归类。

26. 市场价值是指在评估基准日时,资产在公开市场上正常使用或最有可能使用条件下所能实现的交换价值的估计值。

27. 在用价值是指作为企业组成部分的特定资产对其所属企业能够带来的价值估计值,而并不考虑该资产的最佳用途或资产变现所能实现的价值量。

28. 投资价值是指资产对于具有明确投资目标的特定投资者或某一类投资者所具有的价值。

29. 持续经营价值是指企业作为一个整体按照目前正在使用的用途、方式继续经营下去所能表现出来的价值。

30. 保险价值是指保险合同当事人议定的保险标的价值,是确定保险金额的依据。

31. 清算价值是指资产处于清算、迫售或快速变现等非正常市场条件下所能实现的价值估计值。

32. 课税价值是指根据税法中规定的与财产征税相关的价值标准所确定的资产价值。

33. 剩余价值是指假设在未进行特别修理或改进的情况下,将资产中所包含的各组成部分进行变卖处置的价值。

34. 资产评估程序是指评估机构和评估专业人员执行资产评估业务、形成资产评估结论所履行的一系列系统性工作步骤。

35. 资产评估计划是评估机构及评估专业人员为完成评估业务委托而拟定的作业方案,是对资产评估工作步骤、工作时间和评估人员所作的规划和安排。

二、单项选择题

1	2	3	4	5	6	7	8	9	10	11
D	C	C	B	A	B	A	B	C	D	B
12	13	14	15	16	17	18	19	20	21	22
A	B	D	A	A	C	A	B	C	D	A

【重难点解析】

1. 评估主体是指由谁进行资产评估。资产评估的主体是从事资产评估的专门机构和人员。

2. 评估客体也称评估对象,是指资产评估的具体标的物。

3. 无形资产不具有实物形态。

9. 时点性是指资产评估是对评估对象在某一时点的价值的估算。这一时点是所评估价值的适用日期,也是提供价值评估基础的市场供求条件及资产状况的日期,我们将这一时点称为评估基准日。具体的评估基准日需要根据客户的资产业务要求,与客户协商确定,或者由客户指定。由于资产评估结果所反映的是在评估基准日这一时点的资产市场供求状况和资产自身状况下的资产价值,因而评估结果具有较强的时效性。

10. 咨询性是指资产评估结论为资产业务提供专业化估值意见。评估结论本身并无强制执行的效力。资产评估师只对评估结论的客观性负责,而不对资产业务定价决策负责。评估价值是为资产业务提供的一个价值参考,最终的成交价格取决于资产业务当事人的讨价还价能力。

11. 资产评估假设是指对资产评估过程中某些未被确切认识的事物,根据客观的正常情况或发展趋势所作的合乎情理的推断。资产评估假设也是资产评估结论成立的前提条件。同一资产在不同的假设条件下,其价值实现受到的约束不同,因而会产生不同的评估价值。

13. 资产评估中的市场价值是指在评估基准日时,资产在公开市场上正常使用即最佳使用或最有可能使用条件下所能实现的交换价值的估计值。

22. 资产评估程序的具体内容:明确业务基本事项;订立业务委托合同;编制资产评估计划;进行评估现场调查;收集整理评估资料;评定估算形成结论;编制出具评估报告;整理归集评估档案。

三、多项选择题

1	2	3	4	5	6	7	8
AC	ABCD	ABD	ABCD	ACD	ABC	ABC	ABC
9	10	11	12	13	14	15	
ABCD	BCD	ABC	ABCD	AC	ABCD	ABD	

【重难点解析】

1. 资产评估具有以下特点:市场性;公正性;专业性;咨询性;时点性。

3. 企业价值评估属于整体资产评估。

7. 资产评估原则包括工作原则和经济技术原则。资产评估的工作原则包括独立性原则、客观公正性原则、科学性原则。资产评估的经济技术原则包括预期收益原则、供求原则、贡献原则、替代原则、评估时点原则。

9. 我国资产评估实践表明，特定资产业务主要有：资产转让，企业兼并，企业出售，企业联营，股份经营，中外合资、合作，企业清算，担保，企业租赁，债务重组，财产保险，财产纳税以及财务报告披露等。

四、判断题

1	2	3	4	5	6	7	8	9
√	×	×	×	×	×	×	×	√
10	11	12	13	14	15	16	17	
√	×	√	×	√	√	×	×	

【重难点解析】

2. 企业整体资产评估值与企业各单项资产评估值之和的差额为商誉。

3. 咨询性是指资产评估结论为资产业务提供专业化估值意见。评估结论本身并无强制执行的效力。

4. 资产评估与会计计价的本质不相同。

5. 在持续使用假设前提下，要求评估资产的持续使用价值；在公开市场假设前提下，要求评估资产的公开市场价值。

6. 交易假设是假定所有待评估资产已经处在交易过程中，评估师根据待评估资产的交易条件等模拟市场进行估值。

7. 独立性原则属于资产评估的工作原则。

8. 市场价值以外的价值也称非市场价值、其他价值，泛指所有不符合市场价值定义条件的其他价值的统称。从市场价值以外的价值的表述来看，市场价值以外的价值不是一种具体的资产评估价值存在形式，而是一系列不符合资产市场价值定义条件的价值形式的总称或组合。

11. 从理论上讲，决定资产评估价值的基础条件是资产评估的特定目的、评估对象的自身条件、评估依据的市场条件。

13. 在不同时期、地点及市场条件下，同一资产业务对资产评估结果的价值类型的要求是不相同的。

16. 恰当地履行资产评估程序是资产评估机构和人员防范执业风险的主要手段，但不能完全防范资产评估风险。

17. 资产评估师在执行评估业务的过程中,由于受到客观限制,无法或者不能完全履行评估基本程序,不可以直接决定终止评估业务。

五、简答题

1. 答:通常情况下资产评估的要素有:①评估主体。②评估客体。③评估目的。④评估假设。⑤评估原则。⑥评估程序。⑦价值类型。⑧评估方法。⑨评估基准日。⑩评估结论。

2. 答:资产评估主要的分类方式如下:①按照资产评估的工作内容的角度,资产评估可以分为评估、评估复核和评估咨询。②从资产评估面临的条件、遵循资产评估准则的程度以及对评估报告披露的程度的角度,资产评估可分为完全资产评估和限制性资产评估。③从资产评估对象的构成和获利能力的角度,资产评估可分为单项资产评估和整体资产评估。④按照评估基准日与评估报告日的相互关系的角度,资产评估可分为追溯性资产评估、现时性资产评估以及预测性资产评估。

3. 答:资产的持续使用通常有以下三种方式:①在用续用,即处于使用中的被评估资产在产权发生变动或资产业务发生后,将按其现行正在使用的用途及方式继续使用下去。②转用续用,即被评估资产将在产权发生变动后或资产业务发生后,改变资产现时的使用用途,调换新的用途继续使用下去。③移地续用,即被评估资产将在产权变动发生后或资产业务发生后,改变资产现在的空间位置,转移到其他空间位置上继续使用。

4. 答:资产评估的工作原则包括:①独立性原则。②客观公正性原则。③科学性原则。

资产评估的经济技术原则包括:①预期收益原则。②供求原则。③贡献原则。④替代原则。⑤评估时点原则。

5. 答:资产评估中的独立性原则包含两层含义:①评估机构本身应该是一个独立的、不依附于他人的社会公正性中介组织,在利益及利害关系上与资产业务各当事人没有任何联系。②评估机构及其评估人员在执业过程中应始终坚持独立的第三者地位,评估工作不受委托人及外界的意图及压力的影响,进行独立公正的评估。

6. 答:由于所处的角度不同以及对资产评估价值类型理解方面的差异,人们对资产评估的价值类型主要有以下几种分类:①以资产评估的估值标准形式划分,价值类型具体包括重置成本、收益现值、现行市价和清算价格。②从资产评估假设的角度划分,价值类型具体包括继续使用价值、公开市场价值和清算价值等。③从资产评估的特定目的划分,价值类型具体包括抵押价值、保险价值、课税价值、投资价值、清算价值、转让价值、保全价值、交易价值、兼并价值、拍卖价值、租赁价值、补偿价值等。④以资产评估时所依据的市场条件以及被评估资产的使用状态划分,价值类型具体包括市场价值和市场价值以外的价值。

7. 资产评估程序的重要性表现在以下几个方面：①资产评估程序是规范资产评估执业行为、提高资产评估业务质量和维护资产评估服务公信力的重要保证。②履行资产评估程序是评价资产评估机构和人员提供资产评估服务的重要依据。③履行资产评估程序是资产评估机构和人员防范执业风险、保护自身合法权益、合理抗辩的重要手段。

8. 资产评估程序具体内容：①明确业务基本事项。②订立业务委托合同。③编制资产评估计划。④进行评估现场调查。⑤收集整理评估资料。⑥评定估算形成结论。⑦编制出具评估报告。⑧整理归集评估档案。

9. 答：资产评估机构受理资产评估业务前,应当明确下列资产评估业务基本事项：①委托人、产权持有人和委托人以外的其他资产评估报告使用人。②评估目的。③评估对象和评估范围。④价值类型。⑤评估基准日。⑥资产评估报告使用范围。⑦资产评估报告提交期限及方式。⑧评估服务费及支付方式。⑨委托人、其他相关当事人与资产评估机构及其资产评估专业人员工作配合和协助等需要明确的重要事项。

10. 答：资产评估委托合同通常包括下列内容：①资产评估机构和委托人的名称、住所、联系人及联系方式。②评估目的。③评估对象和评估范围。④评估基准日。⑤评估报告使用范围。⑥评估报告提交期限和方式。⑦评估服务费总额或者支付标准、支付时间及支付方式。⑧资产评估机构和委托人的其他权利和义务。⑨违约责任和争议解决。⑩合同当事人签字或者盖章的时间。⑪合同当事人签字或者盖章的地点。

第二章 资产评估方法

第一部分 内容概要

一、市场法

(一) 市场法的含义

市场法是指利用市场上同样或类似资产的近期交易价格或价值比率,经过直接比较或类比分析来估测资产价值的各种评估技术方法的总称。

(二) 运用市场法的基本前提

运用市场法进行资产评估需要满足两个最基本的前提条件:①要有一个活跃的公开市场。②公开市场上要有可比的资产及其交易活动。

(三) 市场法的基本程序

运用市场法进行资产评估大体上要经历以下程序:①选择参照物。②在评估对象与参照物之间选择比较因素。③指标对比和量化差异。④在各参照物成交价格的基础上调整已经量化的对比指标差异。⑤综合分析确定评估结果。

(四) 市场法中涉及的相关因素

市场法中涉及的相关因素主要有参照物和可比指标。

参照物是运用市场法的必备条件,没有参照物就没有市场法。找到参照物的同时还要保证参照物与评估对象具有良好的可比性和参照物的数量。

运用市场法评估单项资产应考虑的可比因素主要有:①资产的功能。②资产的实体特征和质量。③市场条件。④交易条件。

(五) 市场法的分类

1. 直接比较法

直接比较法的分类如表 2-1 所示。

表 2-1　　　　　　　　　直接比较法的分类

直接比较法	现行市价法	当评估对象本身具有现行市价或与评估对象基本相同的参照物具有现行市价时,可以直接利用评估对象或参照物在评估基准日的现行市价作为评估对象的评估值

(续表)

直接比较法	市价折扣法		资产评估价值 = 参照物成交价格 × (1 − 价格折扣率)
	功能价值类比法	生产能力比例法	资产评估价值 = 参照物成交价格 × $\dfrac{评估对象生产能力}{参照物生产能力}$
		规模经济效益指数法	资产评估价值 = 参照物成交价格 × $\left(\dfrac{评估对象生产能力}{参照物生产能力}\right)^x$
	价格指数调整法	定基价格指数调整法	资产价值评估 = 参照物交易价格 × $\dfrac{评估基准日资产定基价格指数}{参照物交易日资产定基价格指数}$
		环比价格指数调整法	资产价值评估 = 参照物交易价格 × 参照物交易日至评估基准日各期环比价格指数
	成新率价格调整法		资产评估价值 = 参照物成交价格 × $\dfrac{评估对象成新率}{参照物成新率}$

2. 类比调整法

类比调整法是市场法中最基本的评估方法。在具体操作过程中,类比调整法主要表现为市场售价类比法。市场售价类比法是以参照物的成交价格为基础,考虑参照物与评估对象在功能、市场条件和销售时间等方面的差异,通过对比分析和量化差异,调整估算出评估对象价值的方法。其计算公式为:

资产评估价值 = 参照物售价 + 功能差异值 + 时间差异值 + ⋯ + 交易情况差异值

资产评估价值 = 参照物售价 × 功能差异修正系数 × ⋯ × 时间差异修正系数

3. 价值比率法

价值比率法是指利用参照物的市场价格,与其某一财务参数或财务指标相比较形成的价值比率作为乘数或倍数,乘以评估对象的同一财务参数或财务指标,从而得到评估对象价值的评估技术方法。价值比率法通常被用作企业价值评估。其计算公式为:

$$V_1 = X_1 \times \dfrac{V_2}{X_2}$$

1) 市净率乘数法

市净率乘数法是以参照企业的市净率作为乘数,以此乘数与被评估企业的净资产账面价值相乘估算被评估企业价值的方法。其计算公式为:

被评估企业价值 = 参照企业市净率 × 被评估企业净资产账面价值

2) 市盈率乘数法

市盈率乘数法是以参照企业的市盈率作为乘数,以此乘数与被评估企业的净利润相乘估算被评估企业价值的方法。其计算公式为:

被评估企业价值 = 参照企业市盈率 × 被评估企业净利润

总之,市场法中的具体方法包括直接比较法、类比调整法和价值比率法。其中,直接比较法包括现行市价法、市价折扣法、功能价值类比法、价格指数调整法以及成新率价格调整法等;价值比率法包括市净率乘数法和市盈率乘数法等,如图2-1所示。

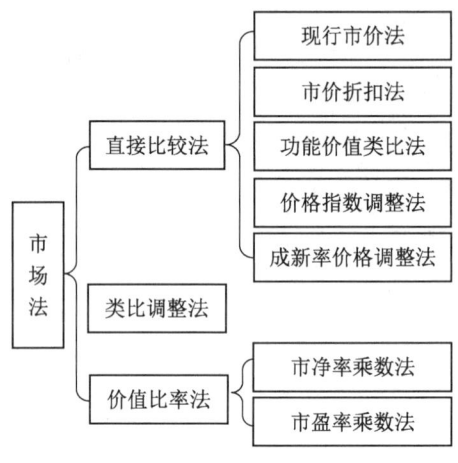

图 2-1 市场法的分类

二、收益法

(一) 收益法的含义

收益法是指通过估测被评估资产的预期收益的现值,来估算资产价值的各种评估技术方法的总称。

(二) 运用收益法的基本前提

运用收益法必须具备的前提条件有:①评估对象的预期收益可以预测并可以用货币衡量。②资产拥有者获得预期收益所承担的风险也可以预测并可以用货币衡量。③评估对象的收益期限可以预测。

(三) 收益法的基本程序

运用收益法进行资产评估的基本程序如下:①收集并验证与评估对象未来预期收益有关的数据资料,包括经营前景、财务状况、市场形势以及经营风险等。②分析测算评估对象的预期收益。③分析测算折现率或资本化率。④分析估测评估对象的收益期限。⑤用折现率或资本化率将评估对象的预期收益折算成现值。⑥分析确定评估结果。

(四) 收益法的基本参数

1. 预期收益

资产评估中的预期收益有两个比较明确的特点:①预期收益额是资产的未来收益额,而不是资产的历史收益额或现实收益额。②用于资产评估的预期收益通常是资产的客观收益,并不一定是资产的实际收益。

2. 折现率

从本质上讲,折现率是一种期望投资报酬率,是投资者在投资风险一定的情况下,对投资所期望的回报率。折现率就其构成而言,它是由无风险报酬率和风险报酬率组成的。折现率的估算方法如表 2-2 所示。

表 2-2　　　　　　　　　　折现率的估算方法

方法	计算公式
加和法	折现率 = 无风险报酬率 + 风险报酬率
资本资产定价模型	$R = R_f + \beta(R_m - R_f)$
资本成本加权法	折现率 = 长期负债占资产总额的比重 × 长期负债利息率 ×(1 − 所得税税率) + 所有者权益占资产总额的比重 × 投资报酬率
市场法	折现率 $= \left(\sum\limits_{i=1}^{n} \dfrac{\text{样本资产收益}}{\text{样本资产价格}} \right) \div n$

3. 收益期限

收益期限是指资产具有获利能力持续的时间,通常以年为时间单位。它由评估人员根据评估对象自身效能、未来的获利能力、损耗情形等相关条件以及有关法律、法规、契约、合同等加以确定。收益期限分为有限期和无限期。

(五) 收益法的分类

收益法的分类如表 2-3 所示。

表 2-3　　　　　　　　　　收益法的分类

收益法			
	预期收益不变	在收益永续、各因素不变的条件下	$P = \dfrac{A}{r}$
		在收益年期有限、折现率大于零的条件下	$P = A \cdot PVIFA_{r,n} = \dfrac{A}{r}\left[1 - \dfrac{1}{(1+r)^n}\right]$
		在收益年期有限、折现率等于零的条件下	$P = A \cdot n$
	预期收益在若干年后保持不变	无限年期收益	$P = \sum\limits_{t=1}^{n} \dfrac{R_t}{(1+r)^t} + \dfrac{A}{r} \cdot PVIF_{r,n} = \sum\limits_{t=1}^{n} \dfrac{R_t}{(1+r)^t} + \dfrac{A}{r(1+r)^n}$
		有限年期收益	$P = \sum\limits_{t=1}^{m} \dfrac{R_t}{(1+r)^t} + A \cdot PVIFA_{r,n-m} \cdot PVIF_{r,m}$ $= \sum\limits_{t=1}^{m} \dfrac{R_t}{(1+r)^t} + \dfrac{A}{r(1+r)^m}\left[1 - \dfrac{1}{(1+r)^{n-m}}\right]$
	预期收益按等差级数变化	在预期收益按等差级数递增、收益年期无限的条件下	$P = \dfrac{A}{r} + \dfrac{B}{r^2}$
		在预期收益按等差级数递增、收益年期有限的条件下	$P = \left(\dfrac{A}{r} + \dfrac{B}{r^2}\right)\left[1 - \dfrac{1}{(1+r)^n}\right] - \dfrac{B}{r} \cdot \dfrac{n}{(1+r)^n}$

(续表)

收益法	预期收益按等差级数变化	在预期收益按等差级数递减、收益年期无限的条件下	$P = \dfrac{A}{r} - \dfrac{B}{r^2}$
		在预期收益按等差级数递减、收益年期有限的条件下	$P = \left(\dfrac{A}{r} - \dfrac{B}{r^2}\right)\left[1 - \dfrac{1}{(1+r)^n}\right] + \dfrac{B}{r} \cdot \dfrac{n}{(1+r)^n}$
	预期收益按等比级数变化	在预期收益按等比级数递增、收益年期无限的条件下	$P = \dfrac{A}{r-s}$
		在预期收益按等比级数递增、收益年期有限的条件下	$P = \dfrac{A}{r-s}\left[1 - \left(\dfrac{1+s}{1+r}\right)^n\right]$
		在预期收益按等比级数递减、收益年期无限的条件下	$P = \dfrac{A}{r+s}$
		在预期收益按等比级数递减、收益年期有限的条件下	$P = \dfrac{A}{r+s}\left[1 - \left(\dfrac{1-s}{1+r}\right)^n\right]$
	已知未来若干年后资产价格的条件下		$P = A \cdot PVIFA_{r,n} + P_n \cdot PVIF_{r,n} = \dfrac{A}{r}\left[1 - \dfrac{1}{(1+r)^n}\right] + \dfrac{P_n}{(1+r)^n}$

三、成本法

（一）成本法的含义

成本法是指首先估测评估对象的重置成本，然后估测评估对象已存在的各种贬值因素，并从其重置成本中予以扣除贬值而得到评估对象价值的评估技术方法的总称。其计算公式为：

$$评估值 = 重置成本 - 实体性贬值 - 功能性贬值 - 经济性贬值$$

（二）运用成本法的基本前提

运用成本法必须具备的前提条件有：①评估对象处于继续使用状态或被假定处于继续使用状态。②评估对象必须是可再生、可复制的资产。③应当具备可利用的历史资料。

（三）成本法的基本要素

1. 重置成本

重置成本就是资产的现行再取得成本，分为复原重置成本和更新重置成本两种。

复原重置成本是指采用与评估对象相同的材料、建筑或制造标准、设计、规格及技术等，以现时价格水平重新购建与评估对象相同的全新资产所发生的费用。

更新重置成本是指采用新型材料、现代建筑或制造标准、新型设计、规格和技术等，以现行价格水平购建与评估对象具有同等功能的全新资产所需的费用。

2. 实体性贬值

实体性贬值又称有形损耗,是指资产由于使用及自然力的作用导致资产物理性能的下降而引起的资产价值损失。资产的实体性贬值通常采用相对数计量,即实体性贬值率。其计算公式为:

$$实体性贬值率 = \frac{资产实体性贬值额}{资产重置成本} \times 100\%$$

3. 功能性贬值

功能性贬值是指由于技术进步引起的资产功能相对落后而造成的资产价值损失。功能性贬值可以体现在两个方面:①超额运营成本形成的功能性贬值。②超额投资成本形成的功能性贬值。

4. 经济性贬值

经济性贬值是指由于外部条件的变化引起资产闲置、收益下降等造成的资产价值损失。就表现形式而言,资产的经济性贬值有两种:①资产利用率下降,甚至闲置等。②资产的运营收益减少。

需要注意的是,在资产评估实践中,也存在着资产的经济性溢价的情况。当外部环境更有利于资产发挥功能和效用时,资产也存在着经济性溢价。

(四)成本法的分类

1. 重置成本的估算方法

重置成本的估算方法如表 2-4 所示。

表 2-4 重置成本的估算方法

重置成本的估算方法	重置核算法	购买型	
		自建型	
	价格指数法	定基价格指数	重置成本 = 历史成本 × $\frac{评估时定基价格指数}{购置时定基价格指数} \times 100\%$
		环比价格指数	重置成本 = 历史成本 × $\prod_{t=1}^{n}$ 环比价格指数
	功能价值类比法		评估对象的重置成本 = 参照物的重置成本 × $\frac{评估对象产的年产量}{参照物的年产量}$
	规模经济效益指数法		评估对象的重置成本 = 参照物的重置成本 × $\left(\frac{评估对象的年产量}{参照物的年产量}\right)^x$
	统计分析法		被评估资产的重置成本 = $\sum$ 某类资产账面历史成本 × K

2. 实体性贬值的估算方法

实体性贬值的估算方法如表 2-5 所示。

表 2-5　　　　　　　　　　　实体性贬值的估算方法

实体性贬值的估算方法	观测法	实体性贬值额 = 重置成本 × 实体性贬值率
	使用年限法	实体性贬值率 = $\dfrac{\text{实际已使用年限}}{\text{总使用年限}} \times 100\%$ 总使用年限 = 实际已使用年限 + 尚可使用年限 实际已使用年限 = 名义已使用年限 × 资产利用率 资产利用率 = $\dfrac{\text{截至评估基准日资产累计实际利用时间}}{\text{截至评估基准日资产累计法定利用时间}} \times 100\%$
	修复金额法	修复金额法是根据修复资产的已损实体所需要支付的金额来判断资产的实体性贬值额的方法

3. 功能性贬值的估算方法

（1）超额运营成本角度：

$$\text{评估对象功能性贬值额} = \sum (\text{评估对象年净超额运营成本} \times \text{折现系数})$$

（2）超额投资成本角度：

$$\text{功能性贬值} = \text{复原重置成本} - \text{更新重置成本}$$

4. 经济性贬值的估算方法

（1）当确信评估对象的功能与价值呈指数关系时：

$$\text{经济性贬值率} = \left[1 - \left(\dfrac{\text{评估对象预计可被利用的生产能力}}{\text{评估对象原设计生产能力}}\right)^{x}\right] \times 100\%$$

（2）当确信评估对象的功能与价值呈线性关系时：

$$\text{经济性贬值率} = \left(1 - \dfrac{\text{评估对象预计可被利用的生产能力}}{\text{评估对象原设计生产能力}}\right) \times 100\%$$

（3）当确信评估对象持续存在收益损失时：

$$\text{经济性贬值额} = \text{资产年收益损失额} \times (1 - \text{所得税率}) \times PVIFA_{r,n}$$

综上所述，通过成本法评估资产的价值不可避免地要涉及评估对象的重置成本、实体性贬值、功能性贬值和经济性贬值四大参数。成本法中的各种具体技术方法实际上都是在成本法评估思路基础上，围绕着四大参数采用不同的方式方法测算形成的，如图 2-2 所示。

四、资产评估方法的选择

（一）资产评估方法之间的联系与区别

1. 资产评估方法之间的联系

评估方法是实现评估目的的手段。对于特定经济行为，在相同的市场条件下，对处在相

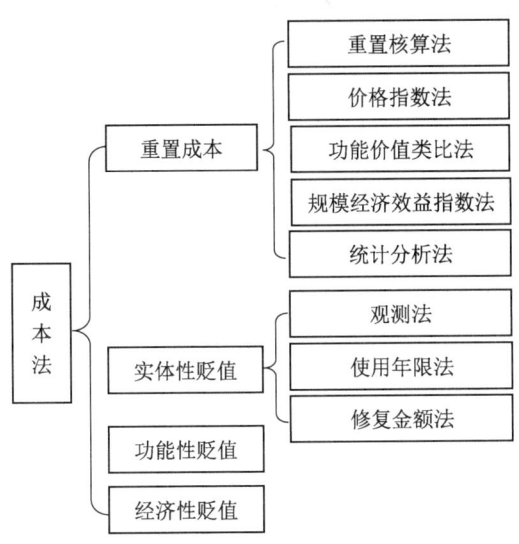

图 2-2 成本法的分类

同状态的同一资产进行评估,其评估值应该是客观的。

2. 资产评估方法之间的区别

各种评估方法独立存在本身就说明各种评估方法之间存在差异。各种评估方法都是从不同的角度去表现资产的价值的。

(二) 资产评估方法的选择

在评估方法的选择过程中应注意以下因素:①评估方法的选择应当与评估目的和价值类型相适应。②评估方法的选择应当与评估对象的类型和现实状态相适应。③评估方法的选择应当与资料收集情况相适应。

(三) 可以运用一种资产评估方法的情形

资产评估专业人员在评估实践中,当存在下列情形时,可以运用一种评估方法:①基于相关法律、行政法规、规章的要求或者限制而运用一种方法。②由于评估对象仅满足一种评估方法的适用条件而运用一种评估方法。③因操作条件限制而运用一种评估方法。④依据资产评估执业准则,经分析现有评估方法的适用性,只能选择一种评估方法的,但应当在资产评估报告中说明理由。

(四) 资产评估方法选择的披露

资产评估专业人员应该在资产评估报告中对资产评估方法的选择及其理由进行披露。因适用性受限而选择一种评估方法的,应当在资产评估报告中披露其他基本评估方法不适用的原因;因操作条件受限而选择一种评估方法的,应当对所受的操作条件限制进行分析、说明和披露。

资产评估方法为本章的主要内容,现将其总结如表 2-6 所示。

表 2-6　　　　　　　　　　　第二章主要内容

评估方法	分类		估算公式
市场法	直接比较法	现行市价法	
		市价折扣法	资产评估价值 = 参照物成交价格 × (1 - 价格折扣率)
		功能价值类比法 — 生产能力比例法	资产评估价值 = 参照物成交价格 × $\dfrac{评估对象生产能力}{参照物生产能力}$
		功能价值类比法 — 规模经济效益指数法	资产评估价值 = 参照物成交价格 × $\left(\dfrac{评估对象生产能力}{参照物生产能力}\right)^x$
		价格指数调整法	定基价格指数调整法
			环比价格指数调整法
		成新率价格调整法	资产评估价值 = 参照物成交价格 × $\dfrac{评估对象成新率}{参照物成新率}$
	类比调整法		资产评估价值 = 参照物售价 + 功能差异值 + 时间差异值 + … + 交易情况差异值
	价值比率法	市净率乘数法	被评估企业价值 = 参照企业市净率 × 被估企业净资产账面价值
		市盈率乘数法	被评估企业价值 = 参照企业市盈率 × 被评估企业净利润
收益法	预期收益不变	在收益永续、各因素不变的条件下	$P = \dfrac{A}{r}$
		在收益年期有限、折现率大于零的条件下	$P = A \cdot PVIFA_{r,n} = \dfrac{A}{r}\left[1 - \dfrac{1}{(1+r)^n}\right]$
		在收益年期有限、折现率等于零的条件下	$P = A \cdot n$
	预期收益在若干年后保持不变	无限年期收益	$P = \sum_{t=1}^{n}\dfrac{R_t}{(1+r)^t} + A \cdot PVIF_{r,n} = \sum_{t=1}^{n}\dfrac{R_t}{(1+r)^t} + \dfrac{A}{r(1+r)^n}$
		有限年期收益	$P = \sum_{t=1}^{m}\dfrac{R_t}{(1+r)^t} + A \cdot PVIFA_{r,n-m} \cdot PVIF_{r,m}$ $= \sum_{t=1}^{m}\dfrac{R_t}{(1+r)^t} + \dfrac{A}{r(1+r)^m}\left[1 - \dfrac{1}{(1+r)^{n-m}}\right]$
	预期收益按等差级数变化	在预期收益按等差级数递增、收益年期无限的条件下	$P = \dfrac{A}{r} + \dfrac{B}{r^2}$
		在预期收益按等差级数递增、收益年期有限的条件下	$P = \left(\dfrac{A}{r} + \dfrac{B}{r^2}\right)\left[1 - \dfrac{1}{(1+r)^n}\right] - \dfrac{B}{r} \cdot \dfrac{n}{(1+r)^n}$
		在预期收益按等差级数递减、收益年期无限的条件下	$P = \dfrac{A}{r} - \dfrac{B}{r^2}$
		在预期收益按等差级数递减、收益年期有限的条件下	$P = \left(\dfrac{A}{r} - \dfrac{B}{r^2}\right)\left[1 - \dfrac{1}{(1+r)^n}\right] + \dfrac{B}{r} \cdot \dfrac{n}{(1+r)^n}$

(续表)

评估方法	分类			估算公式
收益法	预期收益按等比级数变化	在预期收益按等比级数递增、收益年期无限的条件下		$P = \dfrac{A}{r-s}$
		在预期收益按等比级数递增、收益年期有限的条件下		$P = \dfrac{A}{r-s}\left[1-\left(\dfrac{1+s}{1+r}\right)^n\right]$
		在预期收益按等比级数递减、收益年期无限的条件下		$P = \dfrac{A}{r+s}$
		在预期收益按等比级数递减、收益年期有限的条件下		$P = \dfrac{A}{r+s}\left[1-\left(\dfrac{1-s}{1+r}\right)^n\right]$
	已知未来若干年后资产价格的条件下			$P = A \cdot PVIFA_{r,n} + P_n \cdot PVIF_{r,n} = \dfrac{A}{r}\left[1-\dfrac{1}{(1+r)^n}\right]+\dfrac{P_n}{(1+r)^n}$
成本法	重置成本	重置核算法		
		价格指数法	定基价格指数	重置成本 = 历史成本 × $\dfrac{\text{评估时定基价格指数}}{\text{购置时定基价格指数}}$ × 100%
			环比价格指数	重置成本 = 历史成本 × $\prod\limits_{t=1}^{n}$ 环比价格指数
		功能价值类比法		评估对象的重置成本 = 参照物的重置成本 × $\dfrac{\text{评估对象的年产量}}{\text{参照物的年产量}}$
		规模经济效益指数法		评估对象的重置成本 = 参照物的重置成本 × $\left(\dfrac{\text{评估对象的年产量}}{\text{参照物的年产量}}\right)^x$
		统计分析法		
	实体性贬值	观测法		实体性贬值额 = 重置成本 × 实体性贬值率
		使用年限法		实体性贬值率 = $\dfrac{\text{实际已使用年限}}{\text{总使用年限}}$ × 100% 总使用年限 = 实际已使用年限 + 尚可使用年限 实际已使用年限 = 名义已使用年限 × 资产利用率 资产利用率 = $\dfrac{\text{截至评估基准日资产累计实际利用时间}}{\text{截至评估基准日资产累计法定利用时间}}$ × 100%
		修复金额法		
	功能性贬值	超额运营成本		被评估资产功能性贬值额 = $\sum$(被评估资产年净超额运营成本 × 折现系数)
		超额投资成本		功能性贬值 = 复原重置成本 − 更新重置成本
	经济性贬值	当确信被评估资产的功能与其价值呈指数关系时		经济性贬值率 = $\left[1-\left(\dfrac{\text{对象预计可被利用的生产能力}}{\text{评估对象原设计生产能力}}\right)^x\right]$ × 100%
		当确信被评估资产的功能与其价值呈线性关系时		经济性贬值率 = $\left(1-\dfrac{\text{评估对象预计可被利用的生产能力}}{\text{评估对象原设计生产能力}}\right)$ × 100%

(续表)

评估方法	分类	估算公式
成本法	经济性贬值	当确信被评估资产持续存在收益损失时	经济性贬值额 ＝ 资产年收益损失额 ×（1 － 所得税率）× $PVIFA_{r,n}$
	评估方法的选择	① 评估方法的选择应当与评估目的和价值类型相适应 ② 评估方法的选择应当与评估对象的类型和现实状态相适应 ③ 评估方法的选择应当与资料收集情况相适应

第二部分　练习题

一、名词解释

1. 市场法
2. 直接比较法
3. 市价折扣法
4. 功能价值类比法
5. 价格指数调整法
6. 成新率价格调整法
7. 价值比率法
8. 市净率
9. 市净率乘数法
10. 市盈率
11. 市盈率乘数法
12. 收益法
13. 折现率
14. 资本成本加权法
15. 收益期限
16. 成本法
17. 复原重置成本
18. 更新重置成本
19. 实体性贬值
20. 功能性贬值
21. 经济性贬值

22. 重置核算法

23. 价格指数法

24. 定基价格指数

25. 环比价格指数

26. 功能价值类比法

27. 观测法

28. 使用年限法

29. 修复金额法

二、单项选择题

1. 市场法依据的经济技术原则是（　　）。
   A. 预期收益原则　　B. 替代原则　　C. 供求原则　　D. 贡献原则

2. 运用市场法时选择 3 个及 3 个以上参照物的目的是（　　）。
   A. 符合资产评估的政策
   B. 体现可比性的要求
   C. 排除参照物个别交易的特殊性和偶然性
   D. 便于计算

3. 收益法依据的经济技术原则是（　　）。
   A. 预期收益原则　　B. 替代原则　　C. 供求原则　　D. 贡献原则

4. 某资产年金收益额为 500 万元，剩余使用年限是 15 年，假定折现率为 10%，则其评估值等于（　　）万元。
   A. 3 803.05　　B. 15 886.25　　C. 7 500　　D. 2 088.6

5. 某评估机构采用收益法对一项长期股权投资进展评估，假定该投资每年纯收益为 30 万元且固定不变，资本化率为 10%，那么该项长期股权投资的评估值为（　　）万元。
   A. 200　　B. 280.5　　C. 300　　D. 350

6. 折现率的实质是（　　）。
   A. 短期国债利率　　　　　　　　B. 银行贷款利率
   C. 期望投资报酬率　　　　　　　D. 个别投资报酬率

7. 假定某企业长期负债占全部投入资本的比重为 20%，自有资金的比重为 80%，长期负债的平均利息率为 9%，社会无风险报酬率为 4%，该企业风险报酬率为 12%，企业所得税为 25%，那么利用加权平均资本本钱模型求得其资本化率为（　　）。
   A. 14.15%　　B. 13.2%　　C. 14.6%　　D. 12.6%

8. 运用成本法评估一项资产时,若分别选用复原重置成本和更新重置成本,则应当考虑不同重置成本情况下,具有不同的( )。
   A. 功能性贬值　　　　　　　　B. 经济性贬值
   C. 收益性贬值　　　　　　　　D. 实体性贬值

9. 某类设备的价值与功能之间存在线性关系,重置类似全新机器设备一台,其价值为 4 万元,年产量为 4 000 件,现知被评估资产年产量为 3 000 件,那么其重置成本为( )万元。
   A. 3　　　　B. 4　　　　C. 3 至 4　　　　D. 无法确定

10. 被评估资产甲生产能力为 50 000 件/年,参照资产乙的重置成本为 8 000 元,生产能力为 30 000 件/年,设规模经济效益指数 x 取值 0.7,被评估资产的重置成本等于( )元。
    A. 19 047.62　　　　B. 13 333.33　　　　C. 11 438.89　　　　D. 11 428.57

11. 重新购置设备一台,现行市场价格每台 80 000 元,运杂费 2 000 元,直接安装成本 1 500 元,其中材料费 500 元,人工费 1 000 元,经计算,该项安装工程应承担的企业间接费用为每人工成本 1.20 元,该设备重置成本为( )元。
    A. 84 700　　　　B. 84 300　　　　C. 83 700　　　　D. 83 500

12. 评估机器设备一台,三年前购置,据了解该设备尚无替代产品。该设备账面原值 10 万元,其中买价 8 万元,运输费 0.4 万元,安装费用(包括材料)1 万元,调试费用 0.6 万元。经调查,该设备现行价格 9.5 万元,运输费、安装费、调试费分别比三年前上涨 40%、30%、20%,该设备的重置成本为( )万元。
    A. 12.08　　　　B. 10.58　　　　C. 12.58　　　　D. 9.5

13. 2022 年 12 月评估设备一台,该设备于 2018 年 12 月购建,账面原值为 20 万元,2020 年进展一次技术改造,改造费用(包括增加设备)2 万元。假设定基物价指数 2018 年为 1.05,2020 年为 1.20,2022 年为 1.32。那么该设备的重置成本是( )万元。
    A. 22　　　　B. 27.34　　　　C. 27.43　　　　D. 29.04

14. 截至评估基准日资产累计实际利用时间和资产累计法定利用时间的比值大于 1 时表示( )。
    A. 满负荷运转　　B. 超负荷运转　　C. 开工不足　　D. 与资产负荷无关

15. 运用使用年限法估测设备的实体性贬值率或成新率,其假设前提是( )。
    A. 设备不存在功能性贬值
    B. 设备不存在经济性贬值
    C. 设备的实体性损耗与使用时间呈指数关系
    D. 设备的实体性损耗与使用时间呈线性关系

16. 一项科学技术进步较快的资产,采用价格指数法往往会比采用重置核算法估算的重置成本(   )。

    A. 高   B. 低   C. 相等   D. 不能确定

17. 由于外部条件的变化引起资产闲置、收益下降等而造成的资产价值损失是(   )。

    A. 功能性贬值   B. 实体性贬值   C. 经济性贬值   D. 技术性贬值

18. 超额运营成本形成的功能性贬值,等于资产剩余使用年限内的(   )。

    A. 各年超额运营成本的折现值之和   B. 各年运营成本的折现值之和
    C. 各年运营成本净值的折现值之和   D. 各年净超额运营成本的折现值之和

19. 净超额运营成本是指(   )。

    A. 超额运营成本乘以折现系数所得的数额
    B. 超额运营成本减去其抵减的所得税以后的余额
    C. 超额运营成本扣除其抵减的所得税以后的余额乘以折现系数
    D. 超额运营成本加上其抵减的所得税

20. 采用新型材料,现代建筑或制造标准,新型设计、规格和技术等,以现行价格水平购建与评估对象具有同等功能的全新资产所需的费用是(   )。

    A. 更新重置成本   B. 复原重置成本
    C. 完全重置成本   D. 实际重置成本

三、多项选择题

1. 运用市场法的一个前提是公开市场上要有可比的资产及其交易活动,这个可比性体现在(   )。

    A. 参照物与评估对象在功能上具有可比性
    B. 参照物与评估对象的市场条件具有可比性
    C. 参照物成交时间与评估基准日间隔时间不能过长,同时时间对资产价值的影响可以调整
    D. 参照物与评估对象生产能力必须完全一样

2. 下列选项中,属于功能价值类比法的有(   )。

    A. 生产能力比例法   B. 价格指数法
    C. 规模经济效益指数法   D. 使用年限法

3. 下列选项中,属于收益法涉及的基本要素的有(   )。

    A. 评估对象的预期收益   B. 折现率或资本化率
    C. 评估对象的收益期限   D. 重置成本

4. 运用收益法必须具备的前提条件有( )。

   A. 评估对象的预期收益可以预测并可以用货币衡量

   B. 资产拥有者获得预期收益所承担的风险可以预测并可以用货币衡量

   C. 评估对象的收益期限可以预测

   D. 评估对象处于继续使用状态或被假定处于继续使用状态

5. 下列关于折现率的说法中,正确的有( )。

   A. 一般来说,折现率应由无风险报酬率和风险报酬率构成

   B. 资本化率与折现率是否相等,主要取决于同一资产在未来长短不同的时期所面临的风险是否相同,二者可能是不相等的

   C. 资本化率与折现率在本质上没有区别

   D. 本质上讲,折现率是一种期望投资报酬率

6. 下列选项中,属于资产评估收益法中收益额的特点的有( )。

   A. 资产的历史收益   B. 资产的未来收益

   C. 资产的实际收益   D. 资产的客观收益

7. 下列关于重置成本估算方法中的价格指数法的阐述中,正确的有( )。

   A. 根据价格指数法计算资产的重置成本,主要运用的公式是重置成本＝资产的历史成本×价格指数,或者,重置成本＝资产的历史成本×(1＋价格变动指数)

   B. 价格指数可以是环比价格指数或定基价格指数

   C. 价格指数法估算的重置成本是复原重置成本

   D. 价格指数法估算的重置成本是更新重置成本

8. 下列选项中,属于资产实体性贬值通常估算方法的有( )。

   A. 使用年限法   B. 修复费用法   C. 观察法   D. 价格指数法

四、判断题

1. 运用市场途径评估时,为了减少评估人员的工作量,一般只要求选择一个参照物。
   （ ）

2. 应用市场比较法进行资产评估,只需要有一个充分发育活跃的资产市场就可以了。
   （ ）

3. 市场法是最为直接、最具说服力的资产评估方法之一。   （ ）

4. 市场法中的直接比较法的适用条件是参照物与评估对象之间达到相同或者基本相同的程度,或者二者的差异主要体现在某一明显的因素上。   （ ）

5. 参照物与评估对象面临的市场条件具有可比性,包括市场供求关系、竞争状况和交易条

件等。( )

6. 折现率与本金化率从本质上讲是没有区别的。( )

7. 折现率是将未来有限期预期收益折算成现值的比率,资本化率是将未来永续性预期收益折算成现值的比率。( )

8. 运用成本法进行资产评估时,其实体性贬值与会计上的折旧是一样的。( )

9. 资产评估方法很多,虽然各种方法都有其自身的特点,但这些方法之间又是相互关联的。( )

10. 当同时采用两种或两种以上的方法评估一项资产时,有可能会得出两种或两种以上不同的结论。这时,可以将用各种方法得出的评估结果加权平均得出评估结论。( )

五、简答题

1. 资产及其交易活动的可比性具体体现在哪几个方面?
2. 运用市场法进行资产评估的基本程序包括什么?
3. 运用市场法评估单项资产应考虑的可比因素主要有哪些?
4. 资产购买者不仅要求资本增值,而且还要补偿由于投资带来的其他方面的损失,这些损失主要有哪些?
5. 运用收益法进行资产评估的基本程序包括什么?
6. 运用成本法必须具备的前提条件有哪些?
7. 价格指数法与重置核算法有什么区别?
8. 运用统计分析法确定某类资产重置成本的步骤有哪些?
9. 从超额运营成本角度估算功能性贬值的步骤有哪些?
10. 如果运用多种评估方法得出的结果出现较大差异,可能的原因有哪些?
11. 资产评估方法之间的联系与区别分别是什么?
12. 资产评估方法的选择过程中需要注意的因素有哪些?
13. 资产评估专业人员在评估实践中,哪些情形下可以运用一种评估方法?

六、计算题

1. 某企业 2019 年 6 月 1 日购入挖掘机一台,评估人员准备对该挖掘机 2022 年 6 月 1 日的价值进展评估。通过对该设备的考察,以及对市场同类设备交易情况的了解,选择了两个与被评估设备相类似的近期成交的设备作为参照物,参照物与被评估设备的有关资料,如表 2-7 所示。

表 2-7　　　　　　　　　参照物与被评估设备的有关资料

序号	经济技术参数	计量单位	参照物 A	参照物 B	评估对象
1	交易价格	元	600 000	700 000	
2	销售条件		公开市场	公开市场	公开市场
3	交易时间		2021年12月1日	2022年3月1日	
4	生产能力	立方米/年	50 000	80 000	60 000
5	已使用年限	年	9	9	9
6	尚可使用年限	年	12	12	12
7	成新率		60%	70%	70%

另据调查：评估基准日前一年来，每个月同类设备价格变化情况是每月平均上升0.5%左右；设备的功能与其市场售价呈正比例关系。

要求：运用市场法评估该挖掘机在2022年6月1日的价值。

2. 2022年9月1日为评估某宗地 H 的地产使用权价格，选取了 M、N 两个参照地块交易实例。已知 M、N 两个地块的交易价格分别为5万元、6万元，经分析 M 地块的交易价格比正常价格低5%，N 地块的交易价格比正常价格高5%；M、N 地块的交易时间分别为2021年7月1日、2022年1月1日，宗地 H 与 M、N 地块处于同一区域，采用直接比较法对宗地 H、M、N 的个别因素进行评分，其总分值分别为100、90、110，宗地 H 及地块 M、N 的剩余使用年限分别为30年、30年、40年。已知折现率为8%，2021年7月1日至2022年9月1日该地价每月平均上涨1%。

要求：根据 M、N 两个参照地块交易实例，确定宗地 H 的评估值。

3. 经专业评估人员测定，某企业评估基准日后未来5年的预期收益为每年100万元，在第6年之后该企业收益将保持在120万元不变，无限期经营，资本化率和折现率均为10%。

要求：确定该企业的评估值。

4. 某评估机构以2022年1月1日为基准日对某企业进行整体评估，已知该企业2021年实现净利润100万元，经调查分析，预计该企业自评估基准日起前三年每年的纯利润将在前一年的基础上增加4%，自第4年起将稳定在第3年的水平上，若折现率为10%，无限期经营。

要求：确定该企业的评估值。

5. 经评估人员分析预测，某企业评估基准日后未来3年的预期净利润分别为200万元、220万元、230万元，从未来第4年至第10年企业净利润将保持在230万元不变，企业在未来第10年年末的资产预计变现价值为300万元，假定企业适用的折现率均为10%。

要求：确定该企业的评估值。

6. 某台机床需评估,企业提供的购建成本资料如下:该设备采购价 5 万元,运输费 0.1 万元,安装费 0.3 万元,调试费 0.1 万元,已服役 2 年。经市场调查得知,该机床在市场上仍很流行,且价格上升了 20%,铁路运价近两年提高了 1 倍,安装的材料和工费上涨幅度加权计算为 40%,调试费用上涨了 15%。

要求:评估该机床原地续用的重置成本。

7. 某被评估设备为 2010 年 12 月购入,账面原值 12 万元,评估基准日为 2022 年 12 月 31 日。目前市场上无法获得该设备相关售价信息。已知该类设备 2010 年的定基物价指数为 102%,2016 年的定基物价指数为 116%,自 2017 年开始,同类物价指数每年比上一年上升 4%,若该设备的综合成新率为 40%。

要求:计算该设备的评估值。

8. 评估对象为 2020 年购入的一台设备,评估基准日该设备与目前相同生产能力的新型设备相比,需多用操作工人 6 人,每年多耗电 50 万度。如果每名操作工人每年的工资及其他费用为 3 万元,每度电的价格为 0.8 元,设备尚可使用 4 年,折现率为 10%,所得税税率为 25%。

要求:估算该设备的功能性贬值。

9. 某企业将某项资产与国外企业合资,要求对资产进行评估。具体资料如下:该资产账面原值为 270 万元,净值为 108 万元,按财务制度规定该资产的折旧年限为 30 年,已计提折旧年限为 20 年。经调查分析确定,按现在的市场材料价格和工资费用水平,新建造相同构造的资产的全部费用支出为 480 万元。经查询原始资料和企业记录,该资产截至评估基准日的法定利用时间为 57 600 小时,实际累计利用时间为 50 400 小时。经专业人员勘察估算,该资产还能使用 8 年。又知该资产由于设计不合理,造成耗电量大、维修费用高,与现在同类标准资产比较,每年多支出营运成本 3 万元,该企业适用的所得税税率为 25%,假定折现率为 10%。

要求:计算评估对象的评估值。

第三部分 参考答案

一、名词解释

1. 市场法是指利用市场上同样或类似资产的近期交易价格或价值比率,经过直接比较或类比分析来估测资产价值的各种评估技术方法的总称。

2. 直接比较法是指利用参照物的交易价格,以评估对象的某一特征与参照物的某一特征直接进行比较,得到两者的特征修正系数,在参照物交易价格的基础上进行修正从而得到评估对象价值的方法。

3. 市价折扣法是以参照物成交价格为基础,考虑到评估对象在销售条件、销售时限等方面的不利因素,凭评估人员的经验或有关部门的规定,设定一个价格折扣率来估算评估对象价值的方法。

4. 功能价值类比法是以参照物的成交价格为基础,考虑参照物与评估对象之间的功能差异进行调整来估算评估对象价值的方法。

5. 价格指数调整法是以参照物成交价格为基础,考虑参照物的成交时间与评估对象的评估基准日之间的时间间隔对资产价值的影响,利用价格指数调整参照物成交价从而得到评估对象价值的方法。

6. 成新率价格调整法是以参照物的成交价格为基础,考虑参照物与评估对象新旧程度上的差异,通过成新率调整估算出评估对象价值的方法。

7. 价值比率法是指利用参照物的市场价格,与其某一财务参数或财务指标相比较形成的价值比率作为乘数或倍数,乘以评估对象的同一财务参数或财务指标,从而得到评估对象价值的评估技术方法。

8. 市净率是企业股票价格与企业净资产账面价值的比率。

9. 市净率乘数法是以参照企业的市净率作为乘数,以此乘数与被评估企业的净资产账面价值相乘估算被评估企业价值的方法。

10. 市盈率是企业股票价格与企业净利润的比值。

11. 市盈率乘数法是以参照企业的市盈率作为乘数,以此乘数与被评估企业的收益额相乘估算被评估企业价值的方法。

12. 收益法是指通过估测被评估资产的预期收益的现值,来估算资产价值的各种评估技术方法的总称。

13. 折现率是一种期望投资报酬率,是投资者在投资风险一定的情况下,对投资所期望的回报率。

14. 资本成本加权法是以企业的各种长期资本在企业全部长期资本中所占的比重为权数,对各种长期资本的资本成本加权平均计算出企业的加权资本成本,以此作为折现率的方法。

15. 收益期限是指资产具有获利能力持续的时间,通常以年为时间单位。

16. 成本法是指首先估测评估对象的重置成本,然后估测评估对象已存在的各种贬值因素,并从其重置成本中予以扣除贬值而得到评估对象价值的评估技术方法的总称。

17. 复原重置成本是指采用与评估对象相同的材料、建筑或制造标准、设计、规格及技术等,以现时价格水平重新购建与评估对象相同的全新资产所发生的费用。

18. 更新重置成本是指采用新型材料、现代建筑或制造标准、新型设计、规格和技术等，以现行价格水平购建与评估对象具有同等功能的全新资产所需的费用。

19. 实体性贬值又称有形损耗，是指资产由于使用及自然力的作用导致资产物理性能的下降而引起的资产价值损失。

20. 功能性贬值是指由于技术进步引起的资产功能相对落后而造成的资产价值损失。

21. 经济性贬值是指由于外部条件的变化引起资产闲置、收益下降等造成的资产价值损失。

22. 重置核算法又称细节分析法、核算法等，是利用成本核算的原理，根据重新取得资产所需的费用项目，逐项计算然后累加得到资产的重置成本的方法。

23. 价格指数法是利用与资产有关的价格变动指数，将评估对象的历史成本调整为重置成本的一种方法。

24. 定基价格指数是评估时点的价格指数与资产购建时点的价格指数之比。

25. 环比价格指数是指在一个价格指数数列中，每个指数都以计算期的前期为基期而计算的价格指数。

26. 功能价值类比法，也称生产能力比例法，是指寻找一个与评估对象相同或相似的资产作为参照物，根据参照物的重置成本及参照物与评估对象生产能力的比例，估算评估对象的重置成本的方法。

27. 观测法，也称成新率法，是指由具有专业知识和丰富经验的工程技术人员对评估对象的实体各主要部位进行技术鉴定，并综合分析资产的设计、制造、使用、磨损、维护、修理、改造以及物理寿命等因素，将评估对象与其全新状态相比较，考察由于使用磨损和自然损耗对资产的功能、使用效率带来的影响，判断评估对象的成新率，从而估算实体性贬值的方法。

28. 使用年限法是利用评估对象的实际已使用年限与其总使用年限的比值来判断其实体贬值率，进而估测资产的实体性贬值额的方法。

29. 修复金额法是根据修复资产的已损实体所需要支付的金额来判断资产的实体性贬值额的方法。

二、单项选择题

1	2	3	4	5	6	7	8	9	10
B	C	A	A	C	C	A	A	A	C
11	12	13	14	15	16	17	18	19	20
A	A	B	B	D	A	C	D	B	A

【重难点解析】

4. 根据题意,计算过程如下:

评估值 $=500\times PVIFA_{10\%,15}=500\times 7.6061=3803.05$(万元)

5. 根据题意,计算过程如下:

评估值 $=\dfrac{30}{10\%}=300$(万元)

6. 折现率是一种期望投资报酬率,是投资者在投资风险一定的情况下,对投资所期望的回报率。

7. 根据题意,计算过程如下:

投资报酬率＝无风险报酬率＋风险报酬率＝4%＋12%＝16%

折现率＝长期负债占资产总额的比重×长期负债利息率×(1－所得税税率)＋所有者权益占资产总额的比重×投资报酬率＝20%×9%×(1－25%)＋80%×16%＝14.15%

8. 功能性贬值＝复原重置成本－更新重置成本

9. 根据题意,计算过程如下:

重置成本 $=4\times\dfrac{3\,000}{4\,000}=3$(万元)

10. 根据题意,计算过程如下:

重置成本 $=8\,000\times\left(\dfrac{50\,000}{30\,000}\right)^{0.7}=11\,438.89$(元)

11. 根据题意,计算过程如下:

重置成本 $=80\,000+2\,000+1\,500+1\,000\times 1.20=84\,700$(元)

12. 根据题意,计算过程如下:

重置成本 $=9.5+0.4\times(1+40\%)+1\times(1+30\%)+0.6\times(1+20\%)=12.08$(万元)

13. 根据题意,计算过程如下:

重置成本 $=20\times\dfrac{1.32}{1.05}+2\times\dfrac{1.32}{1.20}=27.34$(万元)

16. 价格指数法估算的重置成本,仅考虑了价格变动因素,因而确定的是复原重置成本。重置核算法既可以考虑价格因素,又可以考虑生产技术进步和劳动生产率的变化因素,因而既可以估算复原重置成本,也可以估算更新重置成本。

18. 评估对象功能性贬值额 $=\sum$(评估对象年净超额运营成本×折现系数)

三、多项选择题

1	2	3	4	5	6	7	8
ABC	AC	ABC	ABC	ABCD	BD	ABC	ABC

【重难点解析】

1. 资产及其交易活动的可比性具体体现在以下几个方面：①参照物与评估对象在功能上具有可比性，包括用途、性能上的相同或相似。②参照物与评估对象面临的市场条件具有可比性，包括市场供求关系、竞争状况和交易条件等。③参照物成交时间与评估基准日间隔时间不能过长，应在一个适度时间范围内。同时，这个时间因素对资产价值的影响是可以调整的。

2. 资产价值与其功能之间的关系分为线性关系和指数关系。资产价值与其功能呈线性关系的情况，通常被称作生产能力比例法。资产价值与其功能呈指数关系的情况，通常被称作规模经济效益指数法。

4. 运用收益法必须具备的前提条件有：①评估对象的预期收益可以预测并可以用货币衡量。②资产拥有者获得预期收益所承担的风险可以预测并可以用货币衡量。③评估对象的收益期限可以预测。

5. 从本质上讲，折现率是一种期望投资报酬率，是投资者在投资风险一定的情况下，对投资所期望的回报率。资本化率与折现率在本质上是相同的，都是将未来的预期收益折算成现值的比率，只是适用场合不同。折现率是将未来有限期的预期收益折算成现值的比率；资本化率是将未来无限期的预期收益折算成现值的比率。至于资本化率与折现率在量上是否相等，主要取决于同一资产在未来长短不同时期所面临的风险是否相同。

6. 资产评估中的预期收益有两个比较明确的特点：①预期收益额是资产的未来收益额，而不是资产的历史收益额或现实收益额。②用于资产评估的预期收益通常是资产的客观收益，并不一定是资产的实际收益。

8. 价格指数法是属于重置成本的估算方法。

四、判断题

1	2	3	4	5	6	7	8	9	10
×	×	√	√	√	√	√	×	√	×

【重难点解析】

1. 运用市场法时选择3个及3个以上参照物。

2. 运用市场法进行资产评估时需要满足两个最基本的前提条件：一是要有一个活跃的公开市场；二是公开市场上要有可比的资产及其交易活动。

8. 实体性贬值与会计上的折旧不一样。

10. 选择最满足前提的资产评估方法得到的结果作为评估结论。

五、简答题

1. 答:资产及其交易活动的可比性具体体现在以下几个方面:①参照物与评估对象在功能上具有可比性,包括用途、性能上的相同或相似。②参照物与评估对象面临的市场条件具有可比性,包括市场供求关系、竞争状况和交易条件等。③参照物成交时间与评估基准日间隔时间不能过长,应在一个适度时间范围内。同时,这个时间因素对资产价值的影响是可以调整的。

2. 答:运用市场法进行资产评估大体上要经历以下程序:①选择参照物。②在评估对象与参照物之间选择比较因素。③指标对比和量化差异。④在各参照物成交价格的基础上调整已经量化的对比指标差异。⑤综合分析确定评估结果。

3. 答:运用市场法评估单项资产应考虑的可比因素主要有:

(1) 资产的功能。资产的功能是资产使用价值的主体,是影响资产价值的重要因素之一。在资产评估中强调资产的使用价值或功能,并不是从纯粹抽象意义上去讲的,而是从资产的功能并结合社会需求,从资产实际发挥效用的角度来考虑的。也就是说,在社会需要的前提下,资产的功能越好,其价值越高,反之亦然。

(2) 资产的实体特征和质量。资产的实体特征主要是指资产的外观、结构以及规格型号等。资产的质量主要是指资产本身的建造或制造工艺水平。

(3) 市场条件。主要是要考虑参照物成交时与评估基准日的市场条件及供求关系的变化情况。在一般情况下,供不应求时,价格偏高;供过于求时,价格偏低。市场条件上的差异对资产价值的影响应引起评估人员足够的关注。

(4) 交易条件。交易条件主要包括交易批量、交易动机、交易时间等。交易批量不同,交易对象的价格就可能不同。交易动机也对资产交易价格有影响。在不同时间交易,资产的交易价格也会有差别。

4. 答:资产购买者不仅要求资本增值,而且还要补偿由于投资带来的其他方面的损失。这些损失主要有:①机会成本,即由于投资使资金失去了另做他用的机会,在这些其他用途中所能获得的最高收益。②灵活偏好成本,即由于投资使资金丧失因持有现金而可以自由使用的机会。③交易成本,即投资所增加的有关投资业务处理成本,如谈判、申请登记、产权转让等。④风险成本,即投资增加了投资者的风险,因为资本可能亏损甚至完全丧失。

5. 答:运用收益法进行评估的基本程序如下:①收集并验证与评估对象未来预期收益有关的数据资料,包括经营前景、财务状况、市场形势以及经营风险等。②分析测算评估对象的预期收益。③分析测算折现率或资本化率。④分析估测评估对象的收益期限。⑤用折现率或资本化率将评估对象的预期收益折算成现值。⑥分析确定评估结果。

6. 答：运用成本法必须具备的前提条件有：①评估对象处于继续使用状态或被假定处于继续使用状态。②评估对象必须是可再生、可复制的资产。③应当具备可利用的历史资料。

7. 答：价格指数法与重置核算法是重置成本估算较常用的方法，但二者具有明显的区别：首先，价格指数法估算的重置成本，仅考虑了价格变动因素，因而确定的是复原重置成本；而重置核算法既可以考虑价格因素，又可以考虑生产技术进步和劳动生产率的变化因素，因而既可以估算复原重置成本，也可以估算更新重置成本。其次，价格指数法建立在不同时期的某一种或某一类甚至全部资产的物价变动水平上；重置核算法建立在现行价格水平与购建成本费用核算的基础上。

8. 答：运用统计分析法确定某类资产重置成本的步骤是：第一，在核实资产数量的基础上，把全部资产按照适当标准划分为若干类别，如房屋建筑物按结构划分为钢结构、钢筋混凝土结构等；机器设备按有关规定划分为专用设备、通用设备、运输设备、仪器、仪表等。第二，在各类资产中抽样选择适量具有代表性的资产，应用重置核算法、价格指数法、功能价值法或规模经济效益指数法等方法估算其重置成本。第三，依据分类抽样估算资产的重置成本与历史成本，计算出分类资产的调整系数。第四，根据调整系数 K 估算被评估资产的重置成本。

9. 答：功能性贬值的估算可以按下列步骤进行：①将评估对象的年运营成本与功能相同且广泛使用的主流资产的年运营成本进行比较。②计算二者的差异，确定净超额运营成本。由于企业支付的运营成本是在税前扣除的，企业支付的超额运营成本会引致税前利润额下降，所得税额降低，使得企业负担的运营成本低于其实际支付额。因此，净超额运营成本是超额运营成本扣除其抵减的所得税以后的余额。③估计评估对象的剩余寿命。④以适当的折现率将评估对象在剩余寿命内每年的净超额运营成本折现，这些折现值之和就是评估对象功能性贬值额。

10. 答：如果运用多种评估方法得出的结果出现较大差异，可能的原因有：①某些评估方法的运用前提不具备。②分析过程有缺陷。③结构分析有问题。④某些支撑评估结果的信息依据出现失真。⑤评估师的职业判断有误。

11. 答：联系：对于特定经济行为，在相同的市场条件下，对处在相同状态的同一资产进行评估，其评估值应该是客观的。这个客观的评估值不会因评估人员所选用的评估方法的不同而出现截然不同的结果。可以认为正是评估目的决定了评估方法之间的内在联系。由于资产评估工作基本目标的一致性，在同一资产的评估中可以运用多种方法，如果运用这些方法的前提条件同时具备，而且评估师也具备相应的专业判断能力，那么，多种评估方法得出的结果应该趋同。

区别：各种评估方法独立存在本身就说明各种评估方法之间存在差异。各种评估方法都是从不同的角度去表现资产的价值的。不论是通过与市场参照物比较获得评估对象的评估值，还是根据评估对象预期收益折现获得其评估值，抑或是按照资产的再取得途径寻求评估对象的评估值，都是对评估对象在一定条件下的价值的描述，它们之间是有内在联系并可相互替代的。但是，每一种评估方法都有其自成一体的运用过程，都要求具备相应的信息基础，评估结论也都是从某一角度反映资产的价值。

12. 答：资产评估方法的多样性，为评估人员选择适当的评估方法，有效地完成评估任务提供了现实可能。为高效、简捷、合理地估测资产的价值，在评估方法的选择过程中应注意以下因素：①评估方法的选择应当与评估目的和价值类型相适应。②评估方法的选择应当与评估对象的类型和现实状态相适应。③评估方法的选择应当与资料收集情况相适应。总之，在评估方法的选择过程中，应注意因地制宜和因事制宜，不可机械地按某种模式或某种顺序进行选择。但是，不论选择哪种评估方法进行评估，都应保证评估目的、评估时所依据的各种假设和条件与评估所使用的各种参数数据，及其评估结果在性质和逻辑上的一致。尤其是在运用多种评估方法评估同一评估对象时，更要保证每种评估方法运用中所依据的各种假设、前提条件、数据参数的可比性，以便能够确保运用不同评估方法所得到的评估结果的可比性和相互可验证性。

13. 答：资产评估专业人员在评估实践中，当存在下列情形时，可以运用一种评估方法：①基于相关法律、行政法规、规章的要求或者限制而运用一种评估方法。②由于评估对象仅满足一种评估方法的适用条件而运用一种评估方法。③因操作条件限制而运用一种评估方法。④依据资产评估执业准则，经分析现有评估方法的适用性，只能选择一种评估方法的，但应当在资产评估报告中说明理由。

六、计算题

1. 解：根据题意，计算过程如下：

(1) 交易时间因素分析与量化：

参照物 A 交易时间修正系数 $= \dfrac{100\% + 6 \times 0.5\%}{100\%} = 1.03$

参照物 B 交易时间修正系数 $= \dfrac{100\% + 3 \times 0.5\%}{100\%} = 1.015$

(2) 功能因素的分析与量化：

参照物 A 功能修正系数 $= \dfrac{60\,000}{50\,000} = 1.2$

参照物 B 功能修正系数 $= \dfrac{60\,000}{80\,000} = 0.75$

(3) 成新率因素差异量化：

参照物 A 成新率修正系数 $=\dfrac{70\%}{60\%}=1.17$

参照物 B 成新率修正系数 $=\dfrac{70\%}{70\%}=1$

(4) 确定初步评估值：

依照参照物 A 确定初步评估值 $=600\,000\times 1.03\times 1.2\times 1.17=867\,672$(元)

依照参照物 B 确定初步评估值 $=700\,000\times 1.015\times 0.75\times 1=532\,875$(元)

(5) 确定最终评估值：

最终评估值 $=\dfrac{867\,672+532\,875}{2}=700\,273.5$(元)

2. 解：根据题意，计算过程如下：

(1) 交易情况修正：

参照地块 M 交易情况修正系数 $=\dfrac{100}{100-5}=\dfrac{100}{95}$

参照地块 N 交易情况修正系数 $=\dfrac{100}{100+5}=\dfrac{100}{105}$

(2) 交易时间修正：

参照地块 M 交易时间修正系数 $=\dfrac{100\%+14\times 1\%}{100\%}=\dfrac{114}{100}$

参照地块 N 交易时间修正系数 $=\dfrac{100\%+8\times 1\%}{100\%}=\dfrac{108}{100}$

(3) 个别因素修正：

参照地块 M 个别因素修正系数 $=\dfrac{100}{90}$

参照地块 N 个别因素修正系数 $=\dfrac{100}{110}$

(4) 剩余使用年限修正：

参照地块 M 剩余使用年限修正系数 $=\dfrac{1-\dfrac{1}{(1+8\%)^{30}}}{1-\dfrac{1}{(1+8\%)^{30}}}=1$

参照地块 N 剩余使用年限修正系数 $=\dfrac{1-\dfrac{1}{(1+8\%)^{30}}}{1-\dfrac{1}{(1+8\%)^{40}}}=0.944$

(5) 确定初步评估值：

依照参照地块 M 初步评估值 $= 5 \times \dfrac{100}{95} \times \dfrac{114}{100} \times \dfrac{100}{90} \times 1 = 6.667$(万元)

依照参照地块 N 初步评估值 $= 6 \times \dfrac{100}{105} \times \dfrac{108}{100} \times \dfrac{100}{110} \times 0.944 = 5.296$(万元)

(6) 确定最终评估值：

最终评估值 $= \dfrac{6.667 + 5.296}{2} = 5.98$(万元)

3. 解：根据题意，计算过程如下：

(1) 确定企业未来 5 年预期收益的现值之和：

$P_1 = 100 \times PVIFA_{5,10\%} = 100 \times 3.7908 = 379.08$(万元)

(2) 将第 6 年以后的预期收益进行资本化处理再折现：

$P_2 = \dfrac{120}{10\%} \times PVIF_{5,10\%} = 1\,200 \times 0.6209 = 745.08$(万元)

(3) 确定该企业的评估值：

$P = P_1 + P_2 = 379.08 + 745.08 = 1\,124.16$(万元)

4. 解：根据题意，计算过程如下：

(1) 确定企业未来 3 年预期收益的现值之和：

$P_1 = \dfrac{100 \times (1+4\%)}{1+10\%} + \dfrac{100 \times (1+4\%)^2}{(1+10\%)^2} + \dfrac{100 \times (1+4\%)^3}{(1+10\%)^3}$

$= 104 \times 0.9091 + 108.16 \times 0.8264 + 112.4864 \times 0.7513$

$= 268.44$(万元)

(2) 将第 4 年以后的预期收益进行资本化处理再折现：

$P_2 = \dfrac{100 \times (1+4\%)^3}{10\%} \times \dfrac{1}{(1+10\%)^3} = 1\,124.864 \times 0.7513 = 845.11$(万元)

(3) 确定该企业的评估值：

$P = P_1 + P_2 = 268.44 + 845.11 = 1\,113.55$(万元)

5. 解：根据题意，计算过程如下：

(1) 确定企业未来 3 年预期收益的现值之和：

$P_1 = 200 \times PVIF_{1,10\%} + 220 \times PVIF_{2,10\%} + 230 \times PVIF_{3,10\%}$

$= 200 \times 0.9091 + 220 \times 0.8264 + 230 \times 0.7513$

$= 536.427$(万元)

(2) 确定后 7 年预期收益的现值之和：

$P_2 = 230 \times PVIFA_{7,10\%} \times PVIF_{3,10\%} = 230 \times 4.8684 \times 0.7513 = 841.25$(万元)

(3) 将第 10 年年末的预计变现值折现：

$P_3 = 300 \times PVIFA_{10,10\%} = 300 \times 0.3855 = 115.65(万元)$

(4) 确定该企业的评估值：

$P = P_1 + P_2 + P_3 = 536.427 + 841.25 + 115.65 = 1\,493.327(万元)$

6. 解：根据题意，计算过程如下：

现时采购价 $= 5 \times (1 + 20\%) = 6(万元)$

现时运输费 $= 0.1 \times (1 + 1) = 0.2(万元)$

安装、调试费 $= 0.3 \times (1 + 40\%) + 0.1 \times (1 + 15\%) = 0.535(万元)$

被评估机床原地续用的重置成本 $= 6 + 0.2 + 0.535 = 6.735(万元)$

7. 解：根据题意，计算过程如下：

设备复原重置成本 $= 12 \times \dfrac{116\%}{102\%} \times (1 + 4\%)^6 = 16.92(万元)$

设备评估值 = 复原重置成本 × 综合成新率 $= 16.92 \times 40\% = 6.77(万元)$

8. 解：根据题意，计算过程如下：

(1) 计算评估对象的年超额运营成本：

年超额运营成本 $= 6 \times 3 + 50 \times 0.8 = 58(万元)$

(2) 计算评估对象的年净超额运营成本：

年净超额运营成本 $= 58 \times (1 - 25\%) = 43.5(万元)$

(3) 计算评估对象的功能性贬值：

功能性贬值 $= 43.5 \times PVIFA_{10\%,4} = 43.5 \times 3.1699 = 137.89(万元)$

9. 解：根据题意，计算过程如下：

资产的重置成本 $= 480(万元)$

实际已使用年限 $= 20 \times \dfrac{50\,400}{57\,600} = 17.5(年)$

资产实体性贬值率 $= \dfrac{17.5}{17.5 + 8} = 68.63\%$

资产功能性贬值 $= 3 \times (1 - 25\%) \times PVIFA_{10\%,8} = 2.25 \times 5.3349 = 12.0035(万元)$

评估值 $= 480 \times (1 - 68.63\%) - 12.0035 = 138.57(万元)$

第三章 机器设备评估

第一部分 内容概要

一、机器设备评估概述

(一) 机器设备的概念与特点

1. 机器设备的概念

机器设备,广义上是指利用机械原理制造的装置,将机械能或非机械能转换成便于人们利用的机械能,或利用机械能来做一定工作的装备或器具。在资产评估领域,一般从自然属性和资产属性两个方面对机器设备进行定义,即机器设备是指人类利用机械原理以及其他科学原理制造的、特定主体拥有或者控制的有形资产,包括机器、仪器、器械、装置、附属的特殊建筑物等。

2. 机器设备的特点

与其他资产相比较,机器设备的特点可以表现为以下几个方面:①单位价值大,使用寿命长。②价值补偿和实物更新不一致。③涉及专业门类多,工程技术性强。

(二) 机器设备的分类

机器设备的分类如表 3-1 所示。

表 3-1　　　　　　　　机器设备的分类

分类标准	包含内容
会计核算	生产经营用、非生产经营用、租出、未使用、融资租入
国家固定资产分类	通用设备、专用设备、交通运输设备、电气设备、电子及通信设备等
组合方式和程度	单台设备、机组、成套设备
来源划分	自制设备、外购设备

(三) 机器设备评估的特点

机器设备评估的特点:以单台(件)设备为评估对象,以技术检测为评估基础。

(四) 机器设备评估的程序

机器设备评估程序是指机器设备评估的具体工作步骤,主要包括明确基本事项、签订业务约定书、制订工作计划、实地勘察评估对象、搜集评估资料、估算和确定机器设备价值、编制评估报告等工作。

二、成本法在机器设备评估中的应用

(一) 成本法的基本思路

机器设备评估的成本法是首先估测被评估机器设备的重置成本,然后再判定和估测机器设备的实体性贬值、功能性贬值和经济性贬值,最后用机器设备的重置成本扣减各种贬值来测定被评估机器设备价值的评估技术思路。

成本法下机器设备评估值的计算公式为:

$$机器设备评估值 = 重置成本 - 实体性贬值 - 功能性贬值 - 经济性贬值$$
$$= 重置成本 \times 成新率 - 功能性贬值 - 经济性贬值$$

(二) 机器设备重置成本及其构成

1. 机器设备重置成本

机器设备的重置成本通常分为复原重置成本和更新重置成本两种。复原重置成本基本上是在不考虑技术条件、材料替代、制造标准等因素的变化的前提下,仅考虑物价因素对成本的影响,即将资产的历史成本按照价格变动指数或趋势转换成重置成本或现行成本。更新重置成本是在充分考虑了技术条件、制造标准、材料替代,以及物价变动等因素变化的前提下所确定的重置成本或现行成本。

2. 机器设备重置成本的构成

机器设备的重置成本一般包括设备自身购置价格、运杂费、安装费、基础费及其他合理成本。作为评估对象的机器设备包括外购国产设备、进口设备以及自制设备等,由于机器设备的取得方式不同,其成本构成项目也不一致。机器设备重置成本构成如表3-2所示。

表 3-2　　　　　　　　　　机器设备重置成本构成

机器设备取得方式	重置成本构成内容
外购国产设备	设备自身购置价格、运杂费、安装费、基础费、其他费用等
进口设备	设备自身购置价格(通常为离岸价)、国外运输费、国外运输保险费、进口关税、增值税、银行财务费用、外贸手续费、国内运杂费、安装费、基础费、其他费用等
自制设备	生产成本(包括直接材料、直接人工、燃料及动力和制造费用)、利润、税金、安装费、基础费、其他费用等

(三) 机器设备重置成本的估测

1. 设备自身购置价格的估测

(1) 市场询价法。市场询价法是通过市场调查,从生产厂家、销售部门或其他途径获得设备销售价格,在认真分析的基础上确定设备自身购置价格的方法,该方法主要适用于评估时市场上有被评估设备销售的情况。

(2) 功能价值法。功能价值法是通过市场调查获得同类全新设备的市场价格,然后以同类设备的市场价格为基础,并根据被评估设备功能与同类设备功能的比较,调整后得到被评估设备自身购置价格的方法。采用功能价值法应重点对被评估设备与类似设备之间的功能与购置价格之间的关系进行分析,根据不同的情况采取不同的计算公式,如表3-3所示。

表3-3　　　　　　　　　　机器设备功能价值法公式

相关关系	计算公式
线性关系	设备自身购置价格 = 同类设备市场价格 × $\dfrac{被评估设备功能}{同类设备功能}$
指数关系	设备自身购置价格 = 同类设备市场价格 × $\left(\dfrac{被评估设备功能}{同类设备功能}\right)^x$

(3) 价格指数法。价格指数法是以被评估设备的原购置价格为基础,利用同类设备的价格指数将被评估设备的原购置价格调整为评估时购置价格的方法。在运用价格指数法时,可根据获得价格指数的情况,采用定基价格指数或环比价格指数进行调整。机器设备价格指数法公式如表3-4所示。

表3-4　　　　　　　　　　机器设备价格指数法公式

价格指数	计算公式
定基价格指数	设备自身购置价格 = 设备原购置价格 × $\dfrac{评估时定基价格指数}{购置时定基价格指数}$
环比价格指数	设备自身购置价格 = 设备原购置价格 × $\prod\limits_{t=t_0+1}^{t_n}$ 环比价格指数

(4) 重置核算法。重置核算法是根据设备建造时所消耗的材料、人工、燃料及动力,按现行价格水平和费用标准重新计算设备自身的生产成本,然后再加上合理的利润、税金等来确定被评估设备自身购置价格的方法。运用重置核算法估测设备自身购置价格的公式为:

$$设备自身购置价格 = 设备原购置价格 + 利润 + 税金$$

2. 运杂费的估测

(1) 国产设备运杂费。国产设备运杂费,是指从生产厂家到安装使用地点所发生的装卸、运输、采购、保管、保险及其他有关费用。

(2) 进口设备国内运杂费。进口设备的国内运杂费,是指进口设备从出口国运抵我国后,从所到达的港口、车站、机场等地,将设备运至使用目的地所发生的港口费用、装卸费用、

运输费用、保管费用、国内运输保险费等有关费用,不包括运输超限设备时发生的特殊措施费。其计算公式为:

$$进口设备的国内运杂费 = 进口设备到岸价 \times 进口设备国内运杂费率$$

3. 安装费的估测

(1) 重置核算法。重置核算法,是指根据设备原来安装过程中材料、人工、机械的消耗量,按照现行的价格水平和费用标准重新计算,再加上其他费用,以此得到重置安装费的方法。其计算公式为:

$$安装费 = 材料费 + 人工费 + 机械费 + 其他费用$$

(2) 安装费率计算法。安装费率计算法是按国产设备的价格、进口设备的到岸价的一定比率作为设备的安装费率,并以此来计算设备的安装费的方法。运用安装费率计算国产和进口设备安装费的计算公式为:

$$国产设备安装费 = 国产设备价格 \times 国产设备安装费率$$
$$进口设备安装费 = 进口设备到岸价 \times 进口设备安装费率$$

4. 基础费的估测

设备的基础是为安装设备而建造的特殊构筑物。设备基础费是指建造设备基础所发生的材料费、人工费、机械费和其他费用。

5. 进口设备其他成本费用的估测

进口设备其他成本费用主要包括国外海运费、国外运输保险费、关税、消费税、增值税、外贸手续费等,对于进口车辆还应包括车辆购置税。进口设备其他成本费用构成如表 3-5 所示。

表 3-5　　　　　　　　　进口设备其他成本费用构成

相关费用	计算公式
国外海运费	国外海运费 = 设备离岸价 × 海运费费率
国外运输保险费	国外运输保险费 = (设备离岸价 + 国外海运费) × 保险费费率
关税	关税 = 关税完税价格 × 关税税率
消费税	消费税 = $\dfrac{(关税完税价格 + 关税)}{1 - 消费税税率}$ × 消费税税率
增值税	增值税 = (关税完税价格 + 关税 + 消费税) × 增值税税率
银行财务费	银行财务费用 = 设备离岸价 × 财务费用率
外贸手续费	外贸手续费 = 设备到岸价 × 手续费费率
车辆购置税	车辆购置税 = (关税完税价格 + 关税 + 消费税) × 车辆购置税税率

(四) 机器设备实体性贬值的估测

1. 观察法

观察法是评估人员根据对机器设备的现场观察和技术检测,在综合分析机器设备的已使用时间、使用状况、技术状态、维修保养状况、大修技改情况、工作环境和条件等因素的基础上,测定设备的成新率的方法。

2. 使用年限法

使用年限法是假设机器设备在整个使用寿命期间,机器设备的实体性贬值与其寿命缩短是成正比的,于是就能够使用设备的尚可使用年限与总寿命年限的比确定设备的成新率,设备总寿命年限等于已使用年限加上尚可使用年限。使用年限法的评估计算公式为:

$$成新率 = \frac{尚可使用年限}{已使用年限 + 尚可使用年限} \times 100\%$$

3. 修复费用法

修复费用法是根据修复设备磨损部件所需要的费用数额来确定机器设备实体性贬值及成新率的方法。它适用于机器设备某些特定结构部件已经被磨损,但能够以经济上可行的办法修复的情形,对机器设备来说,修复费用包括主要零部件的更换或者修复、改造等方面的费用。修复费用法的计算公式为:

$$实体性贬值 = 修复费用$$

$$成新率 = 1 - \frac{修复费用}{重置成本} \times 100\%$$

(五) 机器设备功能性贬值的估测

1. 超额投资成本造成的功能性贬值的估测

由于超额投资成本造成的功能性贬值表现为新设备的构建成本比老设备低廉,因此功能性贬值就等于设备的复原重置成本与更新重置成本之间的差额。具体计算公式如下:

$$功能性贬值 = 设备复原重置成本 - 设备更新重置成本$$

2. 超额运营成本造成的功能性贬值的估测

超额运营成本造成的功能性贬值与实体资产的任何有形损耗均无关联,它是由于技术的发展所引起但发生在设备现场的一种贬值。具体计算公式为:

$$年超额运营成本 = 评估对象的未来年运营成本 - 参照物的未来年运营成本$$

$$年净超额运营成本 = 年超额运营成本 \times (1 - 所得税率)$$

$$功能性贬值 = 年净超额运营成本 \times 年金现值系数$$

(六) 机器设备经济性贬值的估测

1. 贬值率估算法

经济性贬值率是资产经济性贬值额占重置成本的比重。对于设备利用率下降造成的经济性贬值,可通过比较设备预计生产能力和设计生产能力,以百分比的形式计算设备的经济性贬值率,然后再用设备的重置成本乘以设备的经济性贬值率得出设备的经济性贬值额。其计算公式为:

$$经济性贬值率 = \left[1 - \left(\frac{预计生产能力}{设计生产能力}\right)^x\right] \times 100\%$$

2. 收益损失额折现法

在评估中,如果设备由于外界因素变化所造成的收益减少额能够直接测算出来的话,可直接按设备继续使用期间的每年的收益损失额折现累加得到设备的经济性贬值额。具体计算公式为:

$$年收益损失额 = 正常情况下年收益额 - 外界因素影响情况下年收益额$$

$$年净收益损失额 = 年收益损失额 \times (1 - 所得税税率)$$

$$经济性贬值额 = 未来年净收益损失额 \times 年金现值系数$$

三、市场法在机器设备评估中的应用

(一) 市场法的基本思路

机器设备评估的市场法是以近期市场上相同或类似设备的交易价格为基础,通过对影响评估对象设备与参照物价格的各种因素对比分析,将参照物的市场交易价格修正为评估对象设备价值的评估思路和方法。

(二) 市场法的适用范围和前提条件

市场法主要适用于机器设备变现价值的评估,而不适用于机器设备的原地续用价值的评估。应用市场法估价必须具备以下前提条件:①存在一个充分发育活跃的机器设备交易市场。②能够找到与被评估设备相同或类似的参照物设备。

(三) 市场法的评估步骤

市场法的评估步骤分为以下几步:①收集有关机器设备交易资料。②选择可供比较的交易实例作为参照物。③量化和调整交易情况的差异。④量化和调整品牌方面的差异。⑤量化和调整功能方面的差异。⑥量化和调整新旧程度方面的差异。⑦量化和调整交易日期的差异。⑧确定被评估机器设备的评估值。

四、收益法在机器设备评估中的应用

(一) 收益法的基本思路

收益法是通过测算由于获取资产所有权而带来的未来收益的现值评估资产价值的一种方法。

(二) 收益法的适用范围

如果把若干台机器设备组成生产线,作为一个整体生产出产品,它们就能为企业创造收益,在这种情况下,可以用收益法对这一组能产生收益的资产进行评估。此外,对于能够产生租金收入的出租设备也可以采用收益法进行评估。

(三) 收益法的评估步骤

收益法的评估步骤为:①要对租赁市场上类似设备的租金水平进行调查。②分析市场参照物设备的租金收入,经过比较调整后确定被评估设备的预期收益,调整的因素主要包括时间、地点、规格和使用年限等。③根据类似设备的租金及市场价格确定折现率。④根据被评估设备的预期收益、收益年限和折现率评估设备价值。

本章主要内容如表 3-6 所示。

表 3-6　　　　　　　　　　第三章主要内容

机器设备的概念	机器设备是指人类利用机械原理以及其他科学原理制造的、特定主体拥有或者控制的有形资产			
机器设备的特点	价值大,寿命长;价值补偿和实物更新不一致;门类多,工程技术性强			
机器设备的分类	按会计核算标准	生产经营用、非生产经营用、租出、融资租入		
	按国家固定资产标准	通用设备、专用设备、电气设备等		
	按机器设备的组合形式	独立设备、机组、成套设备		
	按机器设备按来源	自制设备、外购设备		
成本法	重置成本	基本思路	评估值 = 重置成本 − 实体性贬值 − 功能性贬值 − 经济性贬值	
		市场询价法		
		功能价值法	线性	设备购置价格 = 同类设备市场价格 × $\dfrac{被评估设备功能}{同类设备功能}$
			指数	设备购置价格 = 同类设备市场价格 × $\left(\dfrac{被评估设备功能}{同类设备功能}\right)^x$
		价格指数法	定基	设备购置价格 = 设备原购置价格 × $\dfrac{评估时定基价格指数}{购置时定基价格指数}$
			环比	设备购置价格 = 设备原购置价格 × $\prod\limits_{t=t_0+1}^{t_n}$ 环比价格指数
		重置核算法	设备自身购置价格 = 设备原购置价格 + 利润 + 税金	
	实体性贬值	观察法	直接观察法	
			打分法	
		使用年限法	简单年限法	
			综合年限法	
		修复费用法		

(续表)

成本法	功能性贬值	超额投资成本估测	功能性贬值 = 设备复原重置成本 − 设备更新重置成本
		超额运营成本估测	功能性贬值 = 年净超额运营成本 × 年金现值系数
	经济性贬值	贬值率估算法	经济性贬值额 = 重置成本 × 经济性贬值率
		收益损失额折现法	经济性贬值额 = 未来年净收益损失额 × 年金现值系数
市场法	基本思路	$P = P' \cdot A \cdot B \cdot C \cdot D$	
收益法	基本思路	$P = \dfrac{A}{r}\left[1 - \dfrac{1}{(1+r)^n}\right]$	

第二部分 练习题

一、名词解释

1. 机器设备
2. 生产经营用机器设备
3. 未使用机器设备
4. 通用设备
5. 专用设备
6. 市场询价法
7. 功能价值法
8. 价格指数法
9. 重置核算法
10. 安装费率计算法
11. 银行财务费
12. 外贸手续费
13. 观察法
14. 打分法
15. 使用年限法
16. 折旧年限法
17. 寿命年限平均法
18. 预期年限法
19. 综合年限法
20. 修复费用法

21. 经济性贬值率

22. 重置成本

23. 复原重置成本

24. 更新重置成本

25. 定基指数

26. 定基价格变动指数

27. 国产设备运杂费

28. 进口设备的国内运杂费

29. 设备安装费

30. 设备基础费

31. 机器设备已使用年限

32. 机器设备尚可使用年限

33. 折旧年限

34. 市场法

二、单项选择题

1. 下列选项中,不属于按国家固定资产分类标准分类的机器设备的是(　　)。

    A. 通用设备　　　B. 专用设备　　　C. 单台设备　　　D. 电气设备

2. 下列说法中,正确的是(　　)。

    A. 整体性机器设备的价值就是单台机器设备价值的简单相加

    B. 设备的贬值因素很多,除实体性因素贬值外,还存在功能性贬值,但一般情况下没有经济性贬值

    C. 对机器设备评估主要应用成本法和收益法,市场法应用很少

    D. 对机器设备进行评估时,通常用成本法和市场法,收益法应用得很少

3. 已知某机器设备的贬值率为20%,该设备的已使用年限为4年,则其尚可使用年限为(　　)年。

    A. 20　　　　　B. 25　　　　　C. 16　　　　　D. 28

4. 下列计算重置成本的方法中,计算结果必然属于复原重置成本的是(　　)。

    A. 重置核算法　　B. 功能价值法　　C. 物价指数法　　D. 规模经济效益指数法

5. 下列选项中,不属于按其组合程度分类的机器设备的是(　　)。

    A. 单台设备　　　B. 机组　　　　　C. 自制设备　　　D. 成套设备

6. 设备成新率,是指(　　)。

A. 设备实体性贬值率与1的差异

B. 设备实体性贬值率的倒数

C. 设备综合性陈旧贬值率的倒数

D. 设备现时价格与设备重置成本比率

7. 进行机器设备评估时,一般采用的评估方法是( )。

   A. 收益法和成本法   B. 收益法和市场法

   C. 市场法和成本法   D. 任何一种方法均可

8. 下列机器设备重置成本的基本构成中,不属于直接成本的是( )。

   A. 设备运杂费   B. 设备安装费   C. 设备基础费   D. 设备设计费

9. 评估某企业4年前购建的家用电器生产线,其年产量为15万台,目前市场上同类新型生产线价格为200万元,其设计生产能力为20万台/年,规模经济效益指数为0.8,该生产线的重置成本为( )万元。

   A. 158.88   B. 160.21   C. 172   D. 174

10. 在机器设备评估中技术进步可能会引起( )。

   A. 实体性贬值   B. 经济性贬值   C. 功能性贬值   D. 无形贬值

11. 某专用生产线,原设计生产能力为18 000台/年,该生产线至今已使用了6年,尚可使用4年。目前由于新生产线的出现,对老产品的需求量减少,造成开工不足,每年只需要12 000台的生产能力,根据该行业的统计,其规模效益指数为0.5,该设备的经济性贬值率为( )。

   A. 18%   B. 20%   C. 22%   D. 24%

12. 下列选项中,适用修复费用法估测成新率的是( )。

   A. 所有机器设备   B. 实体性贬值是可补偿的设备

   C. 具有不可补偿有形损耗的设备   D. 具有特殊结构的设备

13. 一台数控折边机,重置成本为160万元,已使用5年,其经济使用寿命约25年,现该机器数控系统损坏,估计修复费用约2万美元(折人民币16.5万元),其他部分工作正常,该设备的实体性贬值率为( )。

   A. 28.25%   B. 26.91%   C. 27.25%   D. 25.91%

14. 设备的到岸价是指( )。

   A. FOB+进口关税   B. FOB+运费+关税

   C. FOB+运费+保险费   D. 到岸价+境外保险费

15. 银行财务费用的取费基数是( )。

   A. 离岸价人民币   B. 货价人民币数

C. 关税完税价格   D. 关税完税价格＋关税

16. 超额运营成本体现的是(   )。

   A. 实体性贬值   B. 功能性贬值   C. 经济性贬值   D. 技术性贬值

17. 运用市场法进行机器设备评估时,第一步应该是(   )。

   A. 因素比较

   B. 计算评估值

   C. 对评估对象进行鉴定,获取评估对象的基本资料

   D. 进行市场调查,选取市场参照物

18. 某被评估设备,其正常运行需要6名操作人员,目前同类型的新式设备所需的操作人员是3名。假设被评估设备与参照物在运营成本的其他支出方面大致相同,操作人员的年平均工资福利为10 000元,被评估设备尚可使用5年,所得税税率为25%,适用的折现率为10%,则被评估设备的年超额运营成本额为(   )元。

   A. 20 000   B. 30 000   C. 40 000   D. 50 000

19. 某被评估设备,其正常运行需要6名操作人员,目前同类型的新式设备所需的操作人员是3名。假设被评估设备与参照物在运营成本的其他支出方面大致相同,操作人员的年平均工资福利为10 000元,被评估设备尚可使用5年,所得税税率为25%,适用的折现率为10%,则被评估设备的年超额运营成本净额为(   )元。

   A. 20 300   B. 20 200   C. 20 400   D. 22 500

20. 某被评估设备,其正常运行需要6名操作人员,目前同类型的新式设备所需的操作人员是3名。假设被评估设备与参照物在运营成本的其他支出方面大致相同,操作人员的年平均工资福利为10 000元,被评估设备尚可使用5年,所得税税率为25%,适用的折现率为10%,则被评估设备的功能性贬值额为(   )元。

   A. 75 206   B. 75 771   C. 85 293   D. 77 298

21. 某被评估设备为2010年12月购入,账面原值12万元,评估基准日为2022年12月31日。已知该类设备2010年的定基物价指数为102%,2016年的定基物价指数为116%,自2017年开始,同类物价指数每年比上一年上升4%,若该设备的成新率为40%,不考虑其他因素,该设备的评估值为(   )万元。

   A. 5.34   B. 6.15   C. 6.9   D. 7.85

22. 机器设备评估中最常使用的方法是(   )。

   A. 市场法   B. 成本法   C. 收益法   D. 市盈率法

23. 小鹿股份有限公司有一台饮料加工设备,购买时卖方说这台设备最多一天能加工310千克饮料,但实际使用时发现这台设备平均每天只能加工260千克饮料,则这台设备的能

力利用率为( )。

A. 80.9％ B. 82.9％ C. 83.9％ D. 85％

24. 某类设备的价值和生产能力之间呈非线性关系,市场上该类年加工1 600件产品的全新设备价值为20万元,规模效益指数为0.5,现为八成新的年加工900件产品的被评估设备的价值为( )万元。

A. 11.2 B. 15 C. 12 D. 9

三、多项选择题

1. 下列选项中,属于需要安装的机器设备重置成本的有( )。

   A. 设备购置成本 B. 运杂费 C. 基础费 D. 外贸手续费

2. 下列选项中,确定进口设备从属费用正确的有( )。

   A. 国外海运费＝离岸价×海运费费率
   B. 关税＝到岸价×关税税率
   C. 消费税＝(关税完税价格＋关税)×消费税税率÷(1－消费税税率)
   D. 国外运输保险费＝(离岸价＋关税)×保险费费率

3. 下列选项中,属于机器设备评估程序的有( )。

   A. 明确评估目的 B. 明确评估对象
   C. 对机器设备进行必要的鉴定 D. 评定估算,撰写评估报告

4. 下列选项中,造成机器设备经济性贬值的有( )。

   A. 该设备所生产的产品供过于求 B. 该设备的技术落后
   C. 该项设备被过度使用 D. 该设备所生产的产品受国家环保政策限制

5. 进口设备增值税的计税基数包括( )。

   A. 关税完税价 B. 关税 C. 消费税 D. 增值税

6. 运用使用年限法估算设备成新率时涉及的基本参数有( )。

   A. 设备的总使用年限 B. 设备的技术水平
   C. 设备的已使用年限 D. 设备的尚可使用年限

7. 进口设备重置成本的从属费用有( )。

   A. 海运费 B. 进口关税 C. 增值税 D. 银行财务费用

8. 机器设备实体性贬值通常采用的估算方法有( )。

   A. 使用年限法 B. 修复费用法 C. 观察法 D. 统计分析法

9. 下列选项中,适用抽样核查方法的有( )。

   A. 机器设备单台价值量很大 B. 机器设备单台价值量较低

  C. 机器设备数量繁多　　　　　　D. 机器设备规格型号及使用环境相同或类似

10. 机器设备的贬值可分为( )。

  A. 实体性贬值　　　　　　　　B. 功能性贬值

  C. 经济性贬值　　　　　　　　D. 货币性贬值

11. 估算机器设备重置成本通常采用的方法有( )。

  A. 使用年限法　　　　　　　　B. 重置核算法

  C. 价格指数法　　　　　　　　D. 功能价值法

12. 运用市场法评估机器设备价值的基本前提条件有( )。

  A. 活跃的设备交易市场　　　　B. 类似设备的交易活动

  C. 设备预期收益可确定　　　　D. 设备投资风险可确定

13. 可以采用收益法评估的机器设备主要有( )。

  A. 外购设备　　B. 自制设备　　C. 租赁设备　　D. 生产线

四、判断题

1. 机器设备按其组合方式和程度划分，可分为单台设备（独立设备）、机组、成套设备。( )
2. 设备的直接成本一般包括管理费用、设计费、工程监理费、保险费等。( )
3. 机器设备的分类都是相互独立的。( )
4. 机器设备的重置成本通常分为复原重置成本和更新重置成本两种。( )
5. 对机器设备进行勘察和技术鉴定是机器设备评估现场工作的核心。( )
6. 反映机器设备实体性贬值的相对数是实体性贬值率，实体性贬值率是实体性贬值额占重置成本的比重。( )
7. 机器设备的功能性贬值是由于新技术发展导致资产价值的贬损。( )
8. 市场法主要适用于机器设备变现价值的评估，而不适用于机器设备的原地续用价值的评估。( )
9. 充分发育活跃的机器设备交易市场是运用市场法的基本前提。( )
10. 收益法对于单台机器设备评估通常是适用的。( )
11. 炼焦和金属冶炼轧制设备、电力工业专用设备、非金属矿物制品工业专用设备、核工业专用设备、航空航天工业专用设备等均属于通用设备。( )
12. 对数量较多的成批同型号设备也不可采用抽查的办法来落实评估对象。( )
13. 机器设备评估所需的资料只有委托方提供一种渠道来源。( )
14. 机器设备评估中的收益法适用范围比较广，对于市场狭窄、没有市场交易案例和不具有

现实收益或潜在收益的机器设备一般都可以运用成本法进行评估。　　(　　)

15. 设备离岸价(FOB)、国外运输费两者之和即为设备到岸价(CIF)。　　(　　)
16. 功能价值法通常适用于技术进步速度不快,技术进步因素对价格影响不大的设备自身购置价格的估测。　　(　　)
17. 重置核算法主要适用于自制设备自身购置价格的估测。　　(　　)
18. 运用使用年限法估测机器设备的成新率取决于两个基本因素:已使用年限和尚可使用年限。　　(　　)
19. 在对于已使用时间较长、比较陈旧的机器设备以及超龄服役的机器设备确定尚可使用年限时,一般采用预期年限法。　　(　　)
20. 机器设备的重置成本和成新率确定后,应直接进行功能性贬值的评估。　　(　　)

五、简答题

1. 机器设备的特点有哪些?
2. 机器设备的分类主要有哪些?
3. 机器设备评估的特点包括哪些内容?
4. 机器设备评估程序的具体步骤有哪些?
5. 运用成本法评估机器设备的基本思路包括哪些内容?
6. 机器设备自身购置价格的估测方法有哪些?
7. 机器设备实体性贬值的估测方法有哪些?
8. 运用市场法评估机器设备的基本思路包括哪些内容?
9. 运用市场法对机器设备进行评估的步骤有哪些?
10. 运用收益法对机器设备评估的范围包括哪些内容?
11. 寿命年限平均法的运用前提包括哪几部分?
12. 使用修复费用法时需要注意的问题有哪些?
13. 机器设备的功能性贬值包括哪些方面?
14. 采用超额运营成本折现法估测功能性贬值的步骤有哪些?
15. 导致经济性贬值的因素主要有哪些?
16. 采用收益损失额折现法估测经济性贬值的步骤有哪些?
17. 机器设备评估中市场法的适用范围和前提条件有哪些?
18. 用市场法评估机器设备选择参照物时应注意哪些方面?
19. 运用收益法评估机器设备时的步骤有哪些?
20. 机器设备评估中现场调查评估对象包括哪些内容?

21. 机器设备勘察鉴定的内容包括哪些部分？

22. 机器设备重置成本的构成包括哪些内容？

23. 使用折旧年限法评估机器设备时需要注意哪些方面？

24. 估测机器设备功能性贬值时需要注意哪些方面？

25. 超额运营成本造成的功能性贬值容易出现在哪些企业中？

六、计算题

1. 某企业2015年从美国引进一台设备，该设备在国际上，属于普遍使用的产品，故可采用指数法。该设备的费用可分为四大部分，设备实体、进口配件、国内配套设施、其他费用。经查询，设备实体在美国的价格上涨了50%，进口配件的价格上涨了30%，国内配套设施价格上涨了60%，其他费用上涨了50%。按评估基准日国家有关政策规定，该进口设备的关税、增值税等为30万元人民币，评估时，美元对人民币汇率为1∶6.27，另从进口原生产线合同得知，进口设备实体为75万美元，进口配件为15万美元，另从其他会计凭证中查得国内配套设施原始价值为45万元人民币，其他费用为18万元人民币。

要求：计算该设备的重置成本。

2. 某企业从美国进口一台设备，离岸价格为30万美元，国外运杂费为1万美元，途中保险费为1.5万美元，增值税税率为13%，关税税率为20%，该设备在企业已使用3年，尚可继续使用7年，假定外汇汇率为1美元=7元人民币，进口过程中，银行及外贸手续费为2万元人民币，国内运杂费为4万元，安装调试费为5万元。

要求：计算该设备的评估价值。

3. 某企业有一套自制生产设备，原值100万元，其中材料费70万元，安装费用22万元，其他费用8万元。这台设备到2021年12月31日使用了6年，预计尚可使用5年。这台设备从开始使用到2021年年底，材料费用上涨指数分别为25%、20%、15%、12%、10%、11%；安装费和其他费用平均上涨指数分别为：9%、12%、10%、14%、18%、20%。同时预计2021年12月31日由于受国民经济的影响，正常开工率为80%，规模经济效益指数取0.6。

要求：试评估该设备2021年12月31日的价格。

4. 某设备购置于2018年12月，历史成本为200万元，2019年12月进行了技术改造，投入费用15万元，2022年12月评估，评估人员获得以下资料。

(1) 2018—2022年，该类设备定基价格指数分别为105、120、125、130、140。

(2) 该设备技术领先于同类设备，在同样产量情况下，每年节约人工成本6万元，节约原材料10万元。

(3) 该设备过去的利用率为80%，尚可使用5年，评估基准日后，利用率可达100%。

(4) 折现率为10%,企业所得税税率为25%。

要求:请评估该设备的公允价值。(计算结果以"万元"为单位,保留两位小数)

5. 被评估生产线年设计生产能力为10 000吨,评估时,由于受政策调整因素影响,产品销售市场不景气,如不降价销售产品,企业必须减产至年产7 000吨,或每吨降价100元以保持设备设计生产能力的正常发挥。政策调整预计会持续3年,该企业正常投资报酬率为10%,所得税税率为25%,生产线的规模指数 x 为0.6。

要求:根据上述资料,计算经济性贬值率和经济性贬值额。

6. 某被评估对象是6年前购进的生产A产品的成套设备,评估人员通过对该设备考察,以及对市场同类设备交易情况的了解,选择了两个与被评估设备相类似的近期成交的设备作为参照物,参照物与被评估设备的相关资料如表3-7所示。

表3-7　　　　　　　　　参照物与被评估设备的相关资料

序号	经济技术参数	计量单位	参照物A	参照物B	被评估对象
1	交易价格	元	1 100 000	1 800 000	
2	销售条件		公开市场	公开市场	公开市场
3	交易时间		10个月前	2个月前	
4	生产能力	台/年	40 000	60 000	50 000
5	已使用年限	年	8	6	6
6	尚可使用年限	年	12	14	14
7	成新率		60%	70%	70%

经过调查,还有如下资料:

(1) 经调查分析,近10个月同类设备的价格变化情况大约是每月平均上涨0.5%,被评估对象与参照物A、参照物B相比,价格分别上涨了5%和1%。

(2) 经分析,设备的功能与其市场售价呈指数关系,功能价值指数取0.6。

(3) 根据资料,参照物B与被评估设备的成新率相同,修正系数为1。

要求:根据上述资料,计算评估设备的评估值。

7. 运用收益法评估租赁设备的价值。有关资料如下:

(1) 被评估设备为设备租赁公司的一台大型机床,评估基准日以前的年租金净收入为19 800元。评估人员根据市场调查,与被评估设备规格型号相同、地点相同、新旧程度大致相同的设备的平均年净租金为20 000元。

(2) 评估人员根据被评估设备的现状,确定该租赁设备的收益期为10年,假设收益期后该设备的残值忽略不计。

(3) 评估人员通过对类似设备交易市场和租赁市场的调查,得到的市场数据如表3-8所示。

表 3-8　　　　　　　参照物与被评估设备的相关资料

市场参照物	设备使用寿命(年)	市场售价(元)	年净收益(元)	投资回报率
A	10	84 610	21 000	24.82%
B	10	83 700	20 000	23.89%
C	8	76 500	19 000	24.84%

根据3个市场参照物的投资回报率以及对3个参照物的分析,显示折现率为23.89%~24.84%,平均值是24.52%。

要求:根据上述资料,计算被评估租赁设备的评估值。

8. 某资产评估机构对一国产设备进行评估,评估基准日为2022年12月31日。资产评估专业人员现场调查了解到,该设备于2017年年底以530万元的价格购入并安装,2018年年初正式投入使用,经济使用寿命为15年,之后该设备的制造工艺、新材料更替频繁,设备制造成本逐年降低,能耗也逐步减少。2022年12月设备电机损坏,估计修复费用约45万元;设备其余部分为不可修复性损耗,工作正常。资产评估专业人员对该设备进行了询价,新型同类设备销售价格为400万元(不含税),分析确定的设备运杂费费率为1.5%,安装费费率为1.2%,设备基础在构筑物评估中已经考虑,不考虑间接成本、资金成本。评估基准日时,该设备比同新型同类设备多耗电8 000度/年,电价为0.5元/度,折现率设定为10%,10年的年金现值系数为6.144 6,企业所得税税率为25%。该设备不存在经济性贬值。

要求:

(1) 计算该设备的重置成本。

(2) 计算该设备的实体性贬值额。

(3) 计算该设备超额运营成本引起的功能性贬值额。

(4) 计算该设备的评估值。

9. 某企业的进口设备于2019年购进,当时的购置价格(离岸价)为8.5万欧元,2022年进行评估。根据调查得知,2022年与2019年相比,该类设备国际市场价格上升了12%。现行的海运费费率和保险费费率分别为5%和0.3%。该类设备进口关税税率为15%,增值税税率为16%。银行财务费用率为0.8%,外贸手续费费率为1.2%。国内运杂费费率为1%,安装费费率为0.5%,基础费费率为1.5%。评估基准日欧元同人民币的汇率为1∶8.11。

要求:计算该进口设备的重置成本。

第三部分 参考答案

一、名词解释

1. 机器设备是指人类利用机械原理以及其他科学原理制造的、特定主体拥有或者控制的有形资产,包括机器、仪器、器械、装置、附属的特殊建筑物等。

2. 生产经营用机器设备是指直接用于生产经营服务的机器设备,包括生产工艺设备、辅助生产设备、动力能源设备等。

3. 未使用机器设备是指企业尚未投入使用的新设备、库存的正常周转用设备、正在修理改造尚未投入使用的机器设备等。

4. 通用设备是指产品或加工对象不确定,具有综合加工能力的设备,或没有专门用途,可适用于多个国民经济部门的设备。

5. 专用设备是指专门对一种或一类产品具有生产、加工能力的设备,或专用于国民经济某一部门的设备。

6. 市场询价法是通过市场调查,从生产厂家、销售部门或其他途径获得设备销售价格,在认真分析的基础上确定设备自身购置价格的方法。

7. 功能价值法是通过市场调查获得同类全新设备的市场价格,然后以同类设备的市场价格为基础,并根据被评估设备功能与同类设备功能的比较,调整后得到被评估设备自身购置价格的方法。

8. 价格指数法是以被评估设备的原购置价格为基础,利用同类设备的价格指数将被评估设备的原购置价格调整为评估时购置价格的方法。

9. 重置核算法是根据设备建造时所消耗的材料、人工、燃料及动力,按现行价格水平和费用标准重新计算设备自身的生产成本,再加上合理的利润、税金等来确定被评估设备自身购置价格的方法。

10. 安装费率计算法是按国产设备的价格、进口设备的到岸价的一定比率作为设备的安装费率,并以此来计算设备的安装费的方法。

11. 银行财务费是银行为客户进口设备办理外汇结算业务而收取的费用。

12. 外贸手续费是外贸进出口公司为客户代理设备进口业务而收取的费用。

13. 观察法是评估人员根据对机器设备的现场观察和技术检测,在综合分析机器设备的已使用时间、使用状况、技术状态、维修保养状况、大修技改情况、工作环境和条件等因素的基础上,测定设备的成新率的方法。

14. 打分法又称分部分鉴定法,是按机器设备的构成部分分项,按各项的价值比重或贡献度打分(满分100),然后根据对设备各部分实际状况的技术鉴定,通过打分来确定被评估机器设备的成新率。

15. 使用年限法是假设机器设备在整个使用寿命期间,机器设备的实体性贬值与其寿命缩短是成正比的,于是就能够使用设备的尚可使用年限与总寿命年限的比确定设备的成新率,设备总寿命年限等于已使用年限加上尚可使用年限。

16. 折旧年限法是参照国家规定的机器设备的折旧年限,扣除实际已使用年限得到机器设备的尚可使用年限的方法。

17. 寿命年限平均法是根据企业已报废的机器设备使用寿命年限的记录,按加权平均法确定机器设备的平均寿命年限,并以此作为被评估机器设备的总寿命年限,扣除已使用年限后即得尚可使用年限的方法。

18. 预期年限法也称技术鉴定法,是应用工程技术手段现场勘查和技术鉴定,检测机器设备的各项性能指标,确定资产的磨损程度,并与现场操作人员和设备管理人员交谈,了解设备的使用状况、维修保养状况及运行环境状况,依靠专业知识和经验判定机器设备的尚可使用年限的方法。

19. 综合年限法根据机器设备投资是分次完成,机器设备进行过更新、改造和追加投资,以及机器设备的不同构成部分的剩余寿命不相同等一些情况,经综合分析判断,并采用加权平均法,确定被评估机器设备成新率的方法。

20. 修复费用法是根据修复设备磨损部件所需要的费用数额来确定机器设备实体性贬值及成新率的方法。

21. 经济性贬值率是资产经济性贬值额占重置成本的比重。

22. 机器设备的重置成本通常是指按现行价格水平购建与被评估机器设备相同的全新设备所需的成本。

23. 复原重置成本基本上是在不考虑技术条件、材料替代、制造标准等因素的变化的前提下,仅考虑物价因素对成本的影响,即将资产的历史成本按照价格变动指数或趋势转换成重置成本或现行成本。

24. 更新重置成本是在充分考虑了技术条件、制造标准、材料替代,以及物价变动等因素变化的前提下所确定的重置成本或现行成本。

25. 定基指数是以某一固定时期作为基期,按时间顺序编制的各个时期(年、月)的指数,价格指数用百分比表示。

26. 定基价格变动指数是反映报告期价格变动情况的指数。定基价格指数等于1加上定基价格变动指数。

27. 国产设备运杂费是指从生产厂家到安装使用地点所发生的装卸、运输、采购、保管、保险及其他有关费用。

28. 进口设备的国内运杂费,是指进口设备从出口国运抵我国后,从所到达的港口、车站、机场等地,将设备运至使用目的地所发生的港口费用、装卸费用、运输费用、保管费用、国内运输保险费等有关费用,不包括运输超限设备时发生的特殊措施费。

29. 设备安装费是指进口设备从出口国运抵我国后,从所到达的港口、车站、机场等地,将设备运至使用目的地所发生的所有材料费、人工费、机械费及其他费用等。

30. 设备基础费是指建造设备基础所发生的材料费、人工费、机械费和其他费用。

31. 机器设备已使用年限是指机器设备从开始使用到评估基准日所经历的时间。

32. 机器设备尚可使用年限是指从评估基准日开始到机器设备停止使用所经历的时间,即机器设备的剩余寿命。

33. 折旧年限是国家财政、税务部门规定的机器设备计提折旧的时间跨度。

34. 机器设备评估的市场法是以近期市场上相同或类似设备的交易价格为基础,通过对影响评估对象设备与参照物价格的各种因素对比分析,将参照物的市场交易价格修正为评估对象设备价值的评估思路和方法。

二、单项选择题

1	2	3	4	5	6	7	8	9	10	11	12
C	D	C	C	C	A	C	D	A	C	A	B
13	14	15	16	17	18	19	20	21	22	23	24
A	C	A	B	C	B	D	C	C	B	C	C

【重难点解析】

1. 根据固定资产分类标准的不同可将机器设备分为:通用设备;专用设备;交通运输设备;电气设备;电子及通信设备;仪器仪表、计量标准器具及工具、衡器。

2. 选项A不正确,整体性机器设备是一个有机整体,单台设备的有机联系对整体性机器设备的价值是有影响的,整体的价值不仅仅是单台设备价值的简单相加;选项B不正确,机器设备的贬值因素也包括经济性贬值;选项C不正确,机器设备评估主要应用成本法和市场法,收益法应用得很少。

3. 根据成新率=1-贬值率=设备尚可使用年限÷(设备已使用年限+设备尚可使用年限)

假设设备尚可使用年限为 n 年,则:$1-20\% = \dfrac{n}{(n+4)}$,计算得 $n=16$(年)

4. 物价指数只是按照物价的变化将已知的历史成本转变成基准日的成本,没有考虑技术进步和市场变化的影响,所以结果必然是复原重置成本。

6. 实体性贬值率＝1－成新率,则成新率＋实体性贬值率＝1

9. 被评估设备的重置成本＝参照物重置成本×(被评估设备产量÷参照物设备产量)^x

生产线的重置成本＝$200×(15/20)^{0.8}=158.88$(万元)

11. 经济性贬值率＝$[1-($实际使用生产能力÷额定生产能力$)^x]×100\%$

经济性贬值率＝$1-\left(\dfrac{12\,000}{18\,000}\right)^{0.5}=18\%$

13. 重置成本为 160 万元,可修复性损耗引起的贬值为 16.5 万元,不可修复性损耗引起的贬值为 $(160-16.5)×\dfrac{5}{25}=28.7$(万元),实体性贬值＝$16.5+28.7=45.2$(万元),则实体性贬值率＝$\dfrac{45.2}{160}×100\%=28.25\%$

14. CIF(到岸价)＝FOB(离岸价)＋保险费＋运费

16. 功能性贬值由超额投资成本和超额运营成本形成,因此,超额运营成本体现了功能性贬值。

18. 年超额运营成本额＝$(6-3)×10\,000=30\,000$(元)

19. 税后每年净超额运营成本＝税前超额运营成本×(1－所得税税率)＝$(6-3)×10\,000×(1-25\%)=22\,500$(元)

20. 被评估设备的功能性贬值额＝年超额运营成本净额×$PVIFA_{10\%,5}$＝$22\,500×3.790\,8=85\,293$(元)

三、多项选择题

1	2	3	4	5	6	7
ABC	ABC	ABCD	AD	ABC	ACD	ABCD
8	9	10	11	12	13	
ABC	BCD	ABC	BCD	AB	CD	

【重难点解析】

3. 机器设备评估程序是指机器设备评估的具体工作步骤,主要包括明确基本事项、签订业务约定书、制订工作计划、实地勘察评估对象、搜集评估资料、估算和确定机器设备价值、编制评估报告等工作。

4. 经济性贬值是因外界因素影响而引起的资产贬值。导致经济性贬值的因素主要有:对产品需求的减少;市场竞争的加剧;原材料供应情况的变化;通货膨胀;高利率;政府法律、政策的影响;环境保护因素等。最终表现为设备的利用率下降、闲置、收益减少。

5. 进口设备增值税的计税基数为：关税完税价+关税+消费税，计算公式为：（关税完税价格+关税+消费税）×增值税税率=增值税

7. 进口设备重置成本进口从属费用包括海运费、进口关税、消费税、增值税、银行财务费用、外贸手续费、海关监管手续费、车辆购置税等。

8. 机器设备实体性贬值的估算通常采用的方法有：使用年限法、观察法、修复费用法。

9. 在某些特定情况下，如一些机器设备，单台价值量较低，而数量多，规格型号及使用环境、使用条件相同或类似，评估人员为了提高评估工作效率，可以采用抽查的方式。

11. 通常采用的估算机器设备重置成本的方法有：市场询价法、功能价值法、价格指数法、重置核算法。

四、判断题

1	2	3	4	5	6	7	8	9	10
√	×	×	√	√	√	√	√	√	×
11	12	13	14	15	16	17	18	19	20
×	×	×	×	×	×	√	√	√	×

【重难点解析】

1. 机器设备在使用中通常将不同功能的设备进行分配组合，以完成某种生产工艺活动。按其组合方式和程度划分，可分为单台设备、独立设备；机组，如柴油发动机组等；成套设备，包括生产线。

2. 设备的直接成本一般包括设备本体重置成本、运杂费、安装费、基础费及其他合理成本。设备的间接成本一般包括管理费用、设计费、工程监理费、保险费等。

3. 机器设备还有许多分类方式，值得注意的是，上述分类并不是独立的。

8. 市场法主要适用于机器设备变现价值的评估，而不适用于机器设备的原地续用价值的评估。

10. 收益法对于单台机器设备的评估通常是不适用的，因为要想分别确定各台设备的未来收益相当困难。

11. 专用设备是指专门对一种或一类产品具有生产、加工能力的设备，或专用于国民经济某一部门的设备。具体包括探矿、采矿、选矿和造块设备，石油天然气开采专用设备，石油和化学工业专用设备，炼焦和金属冶炼轧制设备，电力工业专用设备，非金属矿物制品工业专用设备，核工业专用设备，航空航天工业专用设备等。

12. 对数量较多的成批同型号设备可采用抽查的办法，以落实评估对象。

13. 机器设备评估所需的资料主要由委托方提供和评估人员有针对性的搜集两种渠道

来源。

14. 机器设备评估中的成本法适用范围比较广,对于市场狭窄、没有市场交易案例和不具有现实收益或潜在收益的机器设备一般都可以运用成本法进行评估。

15. 设备离岸价(FOB)、国外运费、国外运输保险费三者之和为设备到岸价(CIF)。

16. 价格指数法通常适用于技术进步速度不快,技术进步因素对价格影响不大的设备自身购置价格的估测。

20. 机器设备的重置成本和成新率确定后,不应直接进行功能性贬值的评估,而是要对重置成本和成新率进行分析。如果已经扣除了功能性贬值,就不要重复计算;如果未扣除功能性贬值,并且功能性贬值存在,则应采取相应的方法估测。

五、简答题

1. 答：与其他资产相比较,机器设备的特点可以表现为以下几个方面：①单位价值大,使用寿命长。②价值补偿和实物更新不一致。③涉及专业门类多,工程技术性强。

2. 答：机器设备种类繁多,分类方法十分复杂。按不同的分类方式,机器设备可以被分成不同的类别。在资产评估中,对机器设备一般按下列标准进行分类。①按会计核算标准分类,机器设备可分为：生产经营用机器设备;非生产经营用机器设备;租出机器设备;未使用机器设备;融资租入机器设备等。②按国家固定资产分类标准,机器设备可分为：通用设备;专用设备;交通运输设备;电气设备;电子及通信设备;仪器仪表、计量标准器具等。③按机器设备的组合方式和程度划分,机器设备可分为单台设备、独立设备;机组,如柴油发动机组等;成套设备,包括生产线。④按来源划分,机器设备可分为自制设备和外购设备两种,外购设备又有国内购置和国外引进设备之分。

3. 答：①以单台(件)设备为评估对象。由于机器设备单位价值大,规格型号多,情况差异大,为了保证评估结果的真实性和准确性,通常要对机器设备逐台逐件进行评估。②以技术检测为评估基础。机器设备本身就是一类技术含量很高的资产,机器设备自身的技术含量多少就直接决定了机器设备评估价值的高低,技术检测是确定机器设备技术含量的重要手段。

4. 答：机器设备评估程序是指机器设备评估的具体工作步骤,主要包括明确基本事项、签订业务约定书、制订工作计划、实地勘察评估对象、搜集评估资料、估算和确定机器设备价值、编制评估报告等工作。

5. 答：成本法是机器设备评估的一种重要思路,成本法中包含的各种具体方法是机器设备评估的技术手段。机器设备评估的成本法是首先估测被评估机器设备的重置成本,然后判定和估测机器设备的实体性贬值、功能性贬值和经济性贬值,最后用机器设备的重置成本扣减各种贬值来测定被评估机器设备价值的评估技术思路。

6. 答：对外购的国产或进口设备的自身购置价格进行估测时，可以采用市场询价法、功能价值法、价格指数法等估测方法；对于自制的设备自身购置价格进行估测时，通常采用重置核算法。

7. 答：①观察法。观察法是评估人员根据对机器设备的现场观察和技术检测，在综合分析机器设备的已使用时间、使用状况、技术状态、维修保养状况、大修技改情况、工作环境和条件等因素的基础上，测定设备的成新率的方法。②使用年限法。使用年限法是假设机器设备在整个使用寿命期间，机器设备的实体性贬值与其寿命缩短是成正比的，于是就能够使用设备的尚可使用年限与总寿命年限的比确定设备的成新率，设备总寿命年限等于已使用年限加上尚可使用年限。③修复费用法。修复费用法是根据修复设备磨损部件所需要的费用数额来确定机器设备实体性贬值及成新率的方法。

8. 答：机器设备评估的市场法是以近期市场上相同或类似设备的交易价格为基础，通过对影响评估对象设备与参照物价格的各种因素对比分析，将参照物的市场交易价格修正为评估对象设备价值的评估思路和方法。

9. 答：①收集有关机器设备交易资料。②选择可供比较的交易实例作为参照物。③量化和调整交易情况的差异。④量化和调整品牌方面的差异。⑤量化和调整功能方面的差异。⑥量化和调整新旧程度方面的差异。⑦量化和调整交易日期的差异。⑧确定被评估机器设备的评估值。

10. 答：收益法对于单台机器设备评估通常是不适用的，因为要想分别确定各台设备的未来收益相当困难。如果把若干台机器设备组成生产线，作为一个整体生产出产品，它们就能为企业创造收益，在这种情况下，可以用收益法对这一组能产生收益的资产进行评估。此外，对于能够产生租金收入的出租设备也可以采用收益法进行评估。

11. 答：寿命年限平均法的运用前提是企业机器设备报废资料记录比较完整，且具有一定数量；企业的机器设备使用保养情况正常，或被评估对象与报废的机器设备使用情况、维修保养情况以及运行环境状况基本相同；被评估机器设备与报废的机器设备类型、规格型号、制造质量等方面基本相同。

12. 答：在使用修复费用法时，应注意以下两点：一是应当将实体性损耗中的可修复损耗和不可修复损耗区别开来。两者之间根本的不同点就是可修复的实体性损耗不仅在技术上具有修复的可能性，而且在经济上是合算的，不可修复的实体性损耗则无法以经济上合算的办法修复。于是，对于不可修复的损耗按观察法或使用年限法进行评估，可修复的损耗则按修复费用法来评估。二是应当将修复费用中用于修复设备实体与对设备技术更新和改造的支出区别开来。由于机器设备的修复往往同功能改进一并进行，这时的修复费用很可能不全用在实体性损耗上,而有一部分用在功能性贬值因素上,因此,在评估时应注意不要重复计算机器设备的功能性贬值。

13. 答:机器设备的功能性贬值是由于新技术发展导致资产价值的贬损。它包括两个方面:①超额投资成本造成的功能性贬值,主要是由于新技术引起的布局、设计、材料、产品工艺、制造方法、设备规格和配置等方面的变化和改进,使购建新设备比老设备的投资成本降低。②超额运营成本造成的功能性贬值,主要是由于技术进步,原有设备与新式设备相比功能落后,运营成本增加。

14. 答:测算功能性贬值时,可采用未来超额运营成本折现法估测,具体步骤如下:首先,对被评估设备的运营报告和生产统计进行分析,重点分析操作人员数量、维修保养人员数量、材料能源和水电消耗、产量等几个方面,为估测评估对象未来的运营成本提供依据。其次,估测被评估设备的剩余经济寿命,选择参照物,估测并分析在评估对象剩余经济寿命内,参照物与被评估对象在产量、成本方面的差异(以年为单位),并将参照物的未来年运营成本与被评估对象的未来年运营成本比较,计算被评估对象的年超额运营成本(一般假设评估对象和参照物的未来年运营成本不变)。最后,将年超额运营成本扣减采用新设备生产的新增利润应缴的所得税,得到被评估设备的年净超额运营成本。

15. 答:经济性贬值是因外界因素影响而引起的资产贬值。导致经济性贬值的因素主要有:对产品需求的减少;市场竞争的加剧;原材料供应情况的变化;通货膨胀;高利率;政府法律、政策的影响;环境保护因素等。经济性贬值最终表现为设备的利用率下降、闲置、收益减少。

16. 答:采用收益损失额折现法估测经济性贬值的步骤如下:①对外界影响因素进行综合分析,估测和确定外界因素对机器设备经济性贬值的影响时间(收益损失年限)。②估测在评估对象未来收益损失年限内,正常情况下(未受影响)年收益额和受外界因素影响情况下年收益额(一般假定未来年收益额不变),并计算年收益损失额。③将评估对象的年收益损失额扣减所得税得到年净收益损失额。④选择适当的折现率,将评估对象未来的年净收益损失额折现,即可得到经济性贬值额。

17. 答:市场法主要适用于机器设备变现价值的评估,而不适用于机器设备的原地续用价值的评估。变现价值与原地续用价值的不同,不仅在于价值构成项目的不同,更主要的是受市场因素影响的程度不同。应用市场法估价必须具备以下前提条件:①存在一个充分发育活跃的机器设备交易市场。充分发育活跃的机器设备交易市场是运用市场法的基本前提。②能够找到与被评估设备相同或类似的参照物设备。

18. 答:参照物选择的可比性应注意两个方面:①交易情况的可比性。②设备本身各项技术参数的可比性。这样可以对被评估设备与参照物之间的差异进行比较、量化和调整。

19. 答：运用收益法评估机器设备（以租赁设备为例）的价值，应按下列步骤进行：首先，要对租赁市场上类似设备的租金水平进行调查。其次，分析市场参照物设备的租金收入，经过比较调整后确定被评估设备的预期收益，调整的因素主要包括时间、地点、规格和使用年限等。再次，根据类似设备的租金及市场价格确定折现率。最后，根据被评估设备的预期收益、收益年限和折现率评估设备价值。

20. 答：现场勘察工作的主要任务是清查核实评估对象，对机器设备进行技术鉴定，以测定机器设备的各种技术参数。①清查核实评估对象应根据委托方提供的机器设备评估申报明细表，通过核对企业的账面记录和盘点实物两个方面对评估对象机器设备进行核对，要尽可能对所有申报评估的机器设备逐台核实。对数量较多的成批同型号设备可采用抽查的办法，以落实评估对象。②对机器设备进行勘察和技术鉴定。对机器设备进行勘察和技术鉴定是机器设备评估现场工作的核心。

21. 答：勘察鉴定的内容包括：①对机器设备所在整个生产系统、生产环境、生产强度以及生产系统的产品结构、产品市场需求状况进行总体鉴定和评价。以此为单台（件）机器设备的技术鉴定提供背景资料。②对机器设备的使用状况，包括机器设备的购建时间、已使用年限、利用率及运行负荷的大小、完好率、技术改造、大修理情况进行勘察和鉴定。③对机器设备的技术状况，包括设备的类别、规格型号、制造厂家、生产能力、加工精度、设备实际所处状况等进行分析和鉴定。对机器设备进行勘察和技术鉴定时，应注意向操作工人、技术人员、维修管理人员调查了解设备的使用、维护、修理情况，向财务人员了解资金发生和使用情况。对于大型、复杂、高精尖设备，应由多名专业技术人员组成专家组进行勘察鉴定。

22. 答：机器设备的重置成本一般包括设备自身购置价格、运杂费、安装费、基础费及其他合理成本。作为评估对象的机器设备包括外购国产设备、进口设备以及自制设备等，由于机器设备的取得方式不同，其成本构成项目也不一致。①外购国产设备重置成本主要包括：设备自身购置价格、运杂费、安装费、基础费、其他费用等。②进口设备重置成本主要包括：设备自身购置价格（通常为离岸价）、国外运输费、国外运输保险费、进口关税、增值税、银行财务费用、外贸手续费、国内运杂费、安装费、基础费、其他费用等。③自制设备重置成本主要包括：生产成本（包括直接材料、直接人工、燃料及动力和制造费用）、利润、税金、安装费、基础费、其他费用等。

23. 答：折旧年限法是参照国家规定的机器设备的折旧年限，扣除实际已使用年限得到机器设备的尚可使用年限的方法。折旧年限是国家财政、税务部门规定的机器设备计提折旧的时间跨度。它是综合考虑了机器设备物理使用寿命、技术进步因素、企业承受能力以及国家税收状况等因素确定的。从理论上讲，折旧年限并不等同于机器设备的总寿命年限，机器设备已折旧年限并不一定能全面反映出机器设备的磨损程度，因此，采用此法计算机器设备的尚可使用年限及成新率时,一定要注意法定年限与机器设备的经济寿命、已折旧年限与设备的实际损耗程度是否相吻合,并注明使用前提和使用的条件。折旧年限法一般适用于较新的机器设备尚可使用年限及成新率的确定。对于国家明文规定限期淘汰禁止超期使用的设备,其尚可使用年限不能超过国家规定禁止使用的日期,而不论设备的现时技术状态如何。

24. 答:估测机器设备的功能性贬值,首先应该对已经确定的重置成本和成新率(实体性贬值)进行分析,看其是否已经扣除了功能性贬值的因素,如采用价格指数法确定的设备重置成本中包含功能性贬值因素,采用功能价值法确定的设备重置成本已经扣除了功能性贬值。再如采用使用年限法确定成新率,没有考虑功能性贬值因素,而采用修复费用法可能扣除了全部或部分的功能性贬值。因此,机器设备的重置成本和成新率确定后,不应直接进行功能性贬值的评估,而是要对重置成本和成新率进行分析。如果已经扣除了功能性贬值,就不要重复计算;如果未扣除功能性贬值,并且功能性贬值存在,则应采取相应的方法估测。

25. 答:超额运营成本造成的功能性贬值与实体资产的任何有形损耗均无关联,它是由于技术的发展所引起但发生在设备现场的一种贬值。它很容易出现在下列类型的企业中:使用高技术设备和制造高技术产品的工业企业;新兴产业;长期以来不断扩大规模的老企业;拥有大量相同设备的企业;拥有一些开工不足或闲置设备的企业;加工处理大量材料的企业。

六、计算题

1. 解:根据题意,计算过程如下:

设备实体与进口配件重置成本 $=75\times(1+50\%)+15\times(1+30\%)\times 6.27=827.64$(万元)

其余部分重置成本 $=45\times(1+60\%)+18\times(1+50\%)+30=129$(万元)

重置成本总额 $=827.64+129=956.64$(万元)

2. 解:根据题意,计算过程如下:

CIF 价格 $=(FOB+国外运杂费+保险费)\times 7=(30+1+1.5)\times 7=227.5$(万元)

进口关税 $=CIF\times 20\%=227.5\times 20\%=45.5$(万元)

增值税 $=(关税完税价格+关税)\times 13\%=(227.5+45.5)\times 13\%=35.49$(万元)

银行及外贸手续费 $=2$(万元)

国内运杂费 $=4$(万元)

安装调试费 $=5$(万元)

该设备重置完全价值 $=227.5+45.5+35.49+2+4+5=319.49$(万元)

成新率 $= 7 \div (3+7) = 70\%$

该设备评估价值 $= 319.49 \times 70\% = 223.64$(万元)

3. 解:根据题意,计算过程如下:

(1) 确定该套设备2021年年底的重置成本:

设备材料费 $= 70 \times (1+25\%) \times (1+20\%) \times (1+15\%) \times (1+12\%) \times (1+10\%) \times (1+11\%) = 165.13$(万元)

安装费和其他费用2021年年底的金额为:

$(22+8) \times (1+9\%) \times (1+12\%) \times (1+10\%) \times (1+14\%) \times (1+18\%) \times (1+20\%) = 65.03$(万元)

重置成本 $= 165.13 + 65.03 = 230.16$(万元)

(2) 确定实体性贬值率:

实体性成新率 = 设备尚可使用年限 /(设备已使用年限 + 设备尚可使用年限) $\times 100\%$

$$= \frac{5}{6+5} \times 100\% = 45.5\%$$

实体性贬值率 $= 1 -$ 成新率 $= 1 - 45.5\% = 54.5\%$

(3) 确定经济性贬值率:

经济性贬值率 $= [1-($实际使用生产能力 $\div$ 额定生产能力$)^x] \times 100\%$

$$= (1-0.8^{0.6}) \times 100\%$$

$$= 12.5\%$$

(4) 确定设备评估价值:

评估价值 = 重置成本 − 实体性贬值 − 经济性贬值 = 重置成本 $\times (1-$实体性贬值率$)$ $\times (1-$经济性贬值率$) = 230.16 \times (1-54.5\%) \times (1-12.5\%) = 91.63$(万元)

4. 解:根据题意,计算过程如下:

(1) 计算重置成本:

重置成本 = 历史成本 $\times \dfrac{\text{评估基准日定基物价指数}}{\text{设备构建时定基物价指数}} = 200 \times \dfrac{140}{105} + 15 \times \dfrac{140}{120}$

$$= 266.67 + 17.5 = 284.17(\text{万元})$$

(2) 计算成新率:

加权投资年限 $= \sum$ 加权更新成本 $\div \sum$ 更新成本

$$= (4 \times 266.67 + 3 \times 17.5) \div 284.17 \times 80\% = 3.15(\text{年})$$

成新率 $= \dfrac{\text{尚可使用年限}}{\text{加权投资年限} + \text{尚可使用年限}} = \dfrac{5}{3.15+5} \times 100\% = 61.35\%$

(3) 计算功能性增值:

功能性增值＝税前节约成本×(1－所得税税率)×折现系数
$$= (6+10) \times (1-25\%) \times PVIFA_{10\%,5}$$
$$= 12 \times 3.790\ 8 = 45.49(万元)$$

(4) 计算评估值：

评估值＝重置成本×成新率＋功能性增值
$$= 284.17 \times 61.35\% + 45.49 = 219.83(万元)$$

5. 解：根据题意,计算过程如下：

(1) 计算经济性贬值率：

经济性贬值率＝[1－(实际使用生产能力÷额定生产能力)^x]×100%
$$= [1-(7\ 000 \div 10\ 000)^{0.6}] \times 100\% = 19\%$$

(2) 计算经济性贬值额：

每年经济性贬值额＝重置成本×经济性贬值率＝100×10 000×(1－25%)
$$= 750\ 000(万元)$$

经济性贬值额＝$750\ 000 \times PVIFA_{10\%,3} = 750\ 000 \times 2.486\ 9 = 18\ 651\ 75(万元)$

6. 解：根据题意,计算过程如下：

(1) 参照物的交易时间因素修正系数：

参照物 $A = 105 \div 100 = 1.05$

参照物 $B = 101 \div 100 = 1.01$

(2) 参照物的功能因素修正系数：

参照物 $A = (50\ 000 \div 40\ 000)^{0.6} = 1.14$

参照物 $B = (50\ 000 \div 60\ 000)^{0.6} = 0.90$

(3) 参照物的成新率修正系数：

参照物 A＝70%÷60%＝1.17

(4) 参照物因素调整后的价格：

参照物 $A = 1\ 100\ 000 \times 1.05 \times 1.14 \times 1.17 = 1\ 540\ 539(元)$

参照物 $B = 1\ 800\ 000 \times 1.01 \times 0.90 \times 1 = 1\ 636\ 200(元)$

(5) 被评估设备的评估值：

评估值＝$(1\ 540\ 539 + 1\ 636\ 200) \div 2 = 1\ 588\ 370(元)$

7. 解：根据题意,计算过程如下：

根据公式 $P = \dfrac{A}{r}\left[1 - \dfrac{1}{(1+r)^n}\right] = \dfrac{20\ 000}{24.52\%}\left[1 - \dfrac{1}{(1+24.52\%)^{10}}\right] = 72\ 464(元)$

8. 解：根据题意,计算过程如下：

(1) 运杂费＝$400 \times 1.5\% = 6(万元)$

安装费＝400×1.2％＝4.8(万元)

设备的重置成本＝400＋6＋4.8＝410.8(万元)

(2) 可修复性损耗引起的贬值＝45(万元)

不可修复性损耗引起的贬值＝(410.8－45)×5÷15＝121.93(万元)

实体性贬值＝45＋121.93＝166.93(万元)

(3) 年超额运营成本＝8 000×0.5×10－4＝0.4(万元)

税后超额运营成本＝0.4×(1－25％)＝0.3(万元)

净超额运营成本折现值＝0.3×$PVIFA_{10\%,10}$＝0.3×6.144 6＝1.84(万元)

该设备超额运营成本引起的功能性贬值额为 1.84 万元

(4) 设备的评估值＝410.8－166.94－1.84＝242.02(万元)

9. 解：根据题意，计算过程如下：

设备的离岸价＝8.5×(1＋12％)＝9.52(万欧元)

国外运费＝9.52×5％＝0.48(万欧元)

保险费＝(9.52＋0.48)×0.3％＝0.03(万欧元)

到岸价(外汇计价)＝9.52＋0.48＋0.03＝10.03(万欧元)

到岸价(人民币计价)＝10.03×8.11＝81.34(万元)

关税＝81.34×15％＝12.20(万元)

增值税＝(81.34＋12.20)×17％＝15.90(万元)

银行财务费＝9.52×8.11×0.8％＝0.62(万元)

外贸手续费＝81.34×1.2％＝0.98(万元)

国内运杂费＝81.34×1％＝0.81(万元)

安装费＝81.34×0.5％＝0.41(万元)

基础费＝81.34×1.5％＝1.22(万元)

进口设备重置成本＝81.34＋12.20＋15.90＋0.62＋0.98＋0.81＋0.41＋1.22＝113.48(万元)

第四章 房地产评估

第一部分 内容概要

一、房地产评估概述

(一) 房地产的概念与特点

1. 房地产的概念

房地产是指土地、建筑物及其他地上定着物,包括物质实体和依托于物质实体的权益。其中,物质实体是指一般的土地或房屋,它是权益的载体,也是一切经济活动的物质基础。

2. 房地产的特点

与其他资产相比较,房地产的特点可以表现为以下几个方面:①位置固定性。②使用长期性。③异质性。④投资风险性。⑤保值增值性。⑥影响因素多样性。

(二) 房地产的分类

房地产的分类如表4-1所示。

表4-1　　　　　　　　　　　房地产分类

分类标准	包含内容
房地产用途	居住、商业、金融用、信息用、办公、娱乐、工业和仓储、农业房地产等
开发程度	生地、毛地、熟地(通平)、在建工程、现房等
建筑结构	钢结构、钢筋混凝土结构、砖混结构、砖木结构、其他结构类型房地产
使用方式	自用、出租、销售、承租、投资等房地产

(三) 房地产评估的特点

房地产评估的特点:①房地合估。②建筑物产权受土地使用权年限的制约。③以房地产最佳使用为评估前提。

(四) 影响房地产价值的因素

房地产价值影响因素如表4-2所示。

表 4-2　　　　　　　　　　　　房地产价值影响因素

影响因素	包含内容
房地产自身因素	区位因素、实物因素、权益因素
房地产外部因素	政治因素、政策因素、经济因素、社会因素等
房地产交易因素	房地产的供求关系、变现因素、心理因素、其他因素等

(五) 房地产评估的程序

房地产评估程序是指房地产评估的具体工作步骤,主要包括明确基本事项、签订业务约定书、制订评估工作计划、现场调查评估对象、搜集评估资料、估算房地产价值、编制评估报告等工作。

二、市场法在房地产评估中的应用

(一) 市场售价类比法

1. 市场售价类比法的基本思路

市场售价类比法又称市场比较法、交易案例比较法等,它是将作为评估对象的特定房地产与在近期交易的同类房地产加以比较对照,并根据已发生交易的类似房地产的价格,经过因素修正得出评估对象房地产在评估基准日可能实现的合理价值的评估方法。其计算公式如下:

$$P = P' \cdot A \cdot B \cdot C \cdot D \cdot E$$

2. 市场售价类比法的评估步骤

运用市场售价类比法评估房地产价值时,通常采用以下步骤进行操作:①搜集房地产交易资料。②选择可供比较的交易实例作为参照物。③对可比交易实例价格进行因素修正。④确定评估对象房地产评估价值。

(二) 基准地价修正法

1. 基准地价修正法的含义

基准地价修正法,是指利用当地政府确定的评估对象宗地所处地段的基准地价作为参照,对出让年限、交易日期、土地状况、市场转让因素等进行修正,从而计算评估对象宗地在评估基准日市场价值的一种方法。基准地价修正法实质上是市场途径的一种具体方法。基准地价一般由3个部分组成:①土地出让金。②基础设施配套费。③土地开发及其他费用。

基准地价修正法的数学表达式为:

$$P = A \cdot a_1 \cdot a_2 \cdot a_3 \cdot a_4$$

2. 基准地价修正法的评估步骤

运用基准地价修正法评估房地产价值时,通常采用以下步骤进行操作:①收集有关资料。②计算土地使用权年限修正系数。③计算交易日期修正系数。④确定评估对象房地产评估价计算土地状况修正系数。⑤计算市场转让因素修正系数。⑥计算评估对象宗地的评估价值。

(三) 市场租金倍数法

市场租金倍数是用于评估对象房地产类似的参照物房地产的市场交易价格除以其相关口径的年收益(租金)后所得的倍数。市场租金倍数的计算公式为:

$$市场租金倍数 = \frac{参照物房地产市场交易价格}{参照物房地产的租金}$$

三、收益法在房地产评估中的应用

(一) 收益法的基本思路

1. 收益法的含义

收益法是估测评估对象房地产的预期收益,选用适当的折现率将房地产预期收益折算为现值,以确定房地产价值的思路及方法。收益法既可以评估房地合一的价值,也可以评估土地或建筑物的价值。

2. 收益法的适用条件和对象

运用收益法对房地产进行评估,需满足以下前提条件:①房地产的未来收益必须是可以预测并可用货币来衡量的。②收益期内,房地产权益拥有者获得未来预期收益所承担的风险可以预测,并可用货币来衡量。③房地产预期获利年限可以预测。

收益法适用的对象是有收益或潜在收益的房地产,如商场、商务办公楼、公寓、宾馆、酒店、餐馆、游乐场、影剧院等房地产。

3. 收益法的评估步骤

收益法评估步骤分为以下几步:①收集房地产有关收入和费用的资料。②估算房地产的预期收益。③确定房地产的折现率。④确定房地产的收益年限。⑤估测并确定房地产评估价值。

(二) 房地产预期收益估测

1. 预期收益的估测思路

房地产预期收益首先是通过测算房地产的预期收入和房地产的预期费用,然后用房地产的预期收入减去房地产的预期费用得到。房地产预期收入是以评估对象房地产或类似房地产的现实客观收入为基础,并对房地产未来收入状况进行分析、预测和估算得到的。房地产预期收益是房地产未来的客观收益,估算房地产预期收益的基本公式为:

预期收益＝预期收入－预期费用＝潜在收入－空置损失－预期费用
　　　＝有效收入－预期费用

2. 不同类型房地产预期收益的估测

房地产预期收益应根据房地产出租、直接经营、自用等不同情况，采用不同的思路进行测算。房地产预期收益计算公式如表4-3所示。

表4-3　　　　　　　　　　　房地产预期收益计算公式

房地产类型	收益计算方法
出租型	预期收益＝租赁收入－维修费－管理费－保险费－税费
直接经营型	预期收益＝销售收入－销售成本－税金及附加－销售费用－管理费用－财务费用
自用型	直接比较得出预期收益或比照同一市场上类似房地产的有关资料计算
混合型	视为各种单一收益类型房地产的组合，先分别计算，然后进行综合汇总

（三）房地产折现率的估测

1. 房地产折现率的种类

房地产折现率是一种期望的投资收益率，投资收益率的大小与投资的风险呈正相关，因此在确定房地产折现率时，应选择那些与获取评估对象房地产的预期收益具有同等风险的投资的收益率。在房地产评估中，由于评估对象不同，应采用的折现率也不同，主要有以下几种类型：①土地折现率。②建筑物折现率。③综合折现率。

土地折现率、建筑物折现率和综合折现率三者虽然含义不同，但又是相互联系的。当不考虑房地产收益期限时，三种折现率的联系可用下列公式表示：

$$r = \frac{r_1 P_1 + r_2 P_2}{P_1 + P_2}$$

$$r_1 = \frac{r(P_1 + P_2) - r_2 P_2}{P_1}$$

$$r_2 = \frac{r(P_1 + P_2) - r_1 P_1}{P_2}$$

2. 房地产折现率的估测方法

折现率估测方法如表4-4所示。

表4-4　　　　　　　　　　　折现率估测方法

估测方法	计算公式
累加法	房地产折现率＝无风险收益率＋风险收益率
市场租价比法	$r = \sum_{i=1}^{n} \frac{A_i}{P_i} \div n$

(四) 房地产收益年限的确定

1. 单独土地评估

单独土地评估,应考虑土地的不同取得方式。土地收益年限确定方法如表 4-5 所示。

表 4-5　　　　　　　　　土地收益年限确定方法

取得方式	计算公式
有偿出让	土地使用权证中载明的土地使用权年限－土地已使用年限
无偿划拨	土地收益年限为永续

2. 单独建筑物评估

单独建筑物评估,建筑物收益年限为建筑物的剩余经济寿命年限,可根据建筑物总使用年限减去已使用年限确定。建筑物总使用年限通常根据建筑物的建筑结构、建造质量、使用和维修保养情况,结合同类建筑物平均经济寿命情况确定。建筑物已使用年限为建筑物从投入使用到评估时点时的使用年限。

3. 房地评估

房地评估即土地和建筑物合成一体情况下的房地产评估,房地产收益年限应根据土地使用权剩余年限和建筑物剩余经济寿命年限长短的不同情况分别确定。房地产收益年限确定方法如表 4-6 所示。

表 4-6　　　　　　　　　房地产收益年限确定方法

土地年限和建筑物年限关系	收益年限
相等	土地使用权剩余年限或建筑物剩余经济寿命年限
土地年限比建筑物年限短	土地使用权剩余年限
土地年限比建筑物年限长	第一段以建筑物剩余经济寿命为界,将房地合一的纯收益折现;第二段将土地使用权剩余年限超过建筑物剩余经济寿命期限的土地纯收益折现

(五) 房地产和土地价值的估测

1. 房地产价值的估测

房地产价值计算公式如表 4-7 所示。

表 4-7　　　　　　　　　房地产价值计算公式

分类	收益计算方法
收益年限为有限期,各年收益额不相等	$P = \sum_{i=1}^{n} \dfrac{R_i}{(1+r)^i}$

(续表)

分类	收益计算方法
收益年限为有限期,各年收益额相等	$P = \dfrac{A}{r}\left[1 - \dfrac{1}{(1+r)^n}\right]$
收益年限为无限期,各年收益额相等	$P = \dfrac{A}{r}$

2. 土地价值的估测

(1) 单独土地出租的计算公式如表 4-8 所示。

表 4-8　　　　　　　　单独出租土地价值计算公式

分类	收益计算方法
收益年限为有限期,各年收益额相等	$P = \dfrac{A}{r}\left[1 - \dfrac{1}{(1+r)^n}\right]$
收益年限为无限期,各年收益额相等	$P = \dfrac{A}{r}$

(2) 房地产出租或经营,土地价值的计算公式如表 4-9 所示。

表 4-9　　　　　　　　出租、经营土地价值计算公式

	收益计算方法
房地产收益年限为有限期,各年收益额相等	$P_1 = \dfrac{(A - A_2)}{r_1}\left[1 - \dfrac{1}{(1+r_1)^n}\right]$ $A_2 = P_2 \cdot r_2$
房地产收益年限为无限期,各年收益额相等	$P_1 = \dfrac{(A - A_2)}{r_1}$

3. 建筑物价值的估测

建筑物价值的计算公式如表 4-10 所示。

表 4-10　　　　　　　　建筑物价值计算公式

	收益计算方法
收益年限为有限期,各年收益额相等	$P_2 = \dfrac{(A - A_1)}{r_2}\left[1 - \dfrac{1}{(1+r_2)^n}\right]$ $A_2 = P_1 \cdot r_1$
收益年限为无限期,各年收益额相等	$P_1 = \dfrac{(A - A_1)}{r_2}$

四、成本法在房地产评估中的应用

(一) 成本法的基本思路

1. 成本法的含义

成本法是通过估测被评估房地产的重新构建成本，然后扣除各种贬值，以确定评估对象房地产价值的评估思路和技术方法。

2. 成本法的适用条件和对象

运用成本法评估时，要求被评估房地产具备以下前提条件：①被评估房地产处于继续使用状态或被假定处于继续使用状态，被评估房地产的实体特征、内部结构及其功能必须与假设的重置全新房地产具有可比性。②被评估房地产应当具备可利用的历史资料。③房地产建造过程中的工程量是可以计量的，且该类房地产可以重复"生产"。④随着时间的推移，房地产具有一定损耗特性。

3. 成本法的基本步骤

成本法的基本步骤：①搜集有关房地产成本项目的资料。②估算房地产重置成本。③估算各种贬值。④估算土地增值收益。⑤求取评估值。

(二) 房地产重置成本的估测

1. 土地取得成本

土地取得成本构成如表4-11所示。

表4-11　　　　　　　　土地取得成本构成

取得方式	取得成本内容
征用农地取得	农地征用费和土地使用权出让金
房屋拆迁取得	房屋拆迁补偿安置费和土地使用权出让金
市场交易取得	土地价款和买地缴纳的税费（手续费、契税等）

2. 开发成本

开发成本可分为土地开发成本和房屋建造成本两部分，是在取得土地后进行土地开发和房屋建设所需的直接费用、税金等。具体有：①勘察设计及前期工程费。②建筑安装工程费。③基础及配套设施建设费。④城市基础设施配套费。

3. 管理费用

管理费用包括开发商管理人员的工资、办公费、差旅费等。可按土地取得成本与开发成本之和乘以一定的比率计算。

4. 投资利息

以土地取得成本、开发成本和管理费用之和为基数计算投资利息。利息率应选择评估基准日建设银行基本建设贷款的利率。土地取得成本的计息期一般为整个开发建设期；开发成本和管理费用的计息期一般为开发建设期的一半。

5. 开发利润

开发利润是在正常情况下开发商所能获得的平均利润。开发利润通常以土地取得成本、开发成本和管理费用之和为基数按房地产行业开发同类房地产平均利润率水平进行计算。

6. 销售税费

销售税费是销售开发完成后的房地产所需的费用及应由开发商缴纳的税费，主要分为销售费用和销售税金。

(三) 房地产实体性贬值的估测

由于土地不存在有形损耗，房地产中的实体性贬值主要指的是建筑物。建筑物实体性贬值可以通过实体性贬值率或成新率来反映。成新率的估测方法一般采用使用年限法。

(四) 房地产功能性贬值的估测

测算房地产功能性贬值的方法有：①修复费用法。②市价比较法。③综合分析法。

(五) 房地产经济性贬值的估测

测算房地产经济性贬值的方法有：①市价比较法。②收益损失折现法。③综合分析法。

(六) 房地产价值的估测

房地产价值估算公式如表 4-12 所示。

表 4-12　　　　　　　房地产价值估算公式

分类	计算公式
土地价值的估算	土地价值=取得成本与开发成本+管理费用等+投资利息+开发利润
建筑物价值估算	建筑物价值=建筑物重置成本-建筑物贬值 建筑物重置成本=建造成本+管理费用等+投资利息+开发利润
房地价值的估算	房地价值=土地重置成本+建筑物重置成本-建筑物贬值

五、其他评估技术方法在房地产评估中的应用

(一) 假设开发法在房地产评估中的应用

1. 假设开发法的基本思路

假设开发法又称剩余法，它是将评估对象房地产预期开发完成后的价值，减去未来正常的开发成本利润和税费等，以此确定评估对象价值的方法。计算公式如下：

$$\text{待开发房地产价值} = \text{开发完成后房地产价值} - \text{开发成本} - \text{管理费用} - \text{投资利息} - \text{开发利润} - \text{销售税费}$$

假设开发法的运用范围为：①待开发土地，包括生地、毛地、熟地。②在建工程，主要指各类未完工的建筑工程项目。③可装修改造或可改变用途的旧房。

2. 假设开发法的评估步骤

运用假设开发法评估时，具有以下评估步骤：①调查待开发房地产的基本情况。②选择最佳的开发利用方式。③估计建设期。④预测开发完成后房地产价值。⑤估测开发成本。⑥估测管理费用。⑦估测投资利息。⑧估测开发利润。⑨估测销售税费。⑩计算并确定待开发房地产价值。

（二）路线价法在房地产评估中的应用

1. 路线价法的基本思路

路线价法是对面临特定街道、接近性相等的城镇土地，设定标准深度，计算在该深度上数宗地块的平均单价并附设于该特定街道上（此单价称为路线价），然后据此路线价，再配合深度价格修正率表，计算出临街该街道的其他土地地价的一种估价方法。计算公式如下：

$$土地单价 = 路线价 \times 深度价格修正率$$

$$土地总价 = 路线价 \times 深度价格修正率 \times 土地面积$$

路线价法对于城市土地价格评估具有普遍的适用性。它特别适用于土地课税、征地拆迁、土地重划或其他需要在大范围内对大量土地进行评估的情况。

2. 路线价法的评估步骤

运用路线价法评估时，具有以下评估步骤：①划分路线价区段。②设定标准深度。③确定路线价。④制定深度指数表和其他修正率表。⑤计算各地块的价值。

本章内容如表 4-13 所示。

表 4-13 第四章主要内容

房地产评估概述	房地产的概念		房地产是土地和土地上的建筑物、定着物及其衍生的权利与义务关系的总和
	房地产的特点		位置固定性、使用长期性、异质性、投资风险性、保值增值性、影响因素多样性
	房地产的分类	按用途分类	居住、商业、金融、信息、办公、娱乐、工业和仓储、农业房地产等
		按开发程度分类	生地、毛地、熟地（通平）、在建工程、现房
		按建筑结构分类	钢、钢筋混凝土、砖混、砖木结构等
		按使用方式分类	自用、出租、销售、承租、投资等
	影响因素	自身因素	区位、实物、权益因素
		外部因素	政治、政策、经济、社会因素等
		交易因素	供求关系、变现、心理、其他因素等

(续表)

市场法	市场售价类比法			$P = P' \cdot A \cdot B \cdot C \cdot D \cdot E$
	基准地价修正法			$P = A \cdot a_1 \cdot a_2 \cdot a_3 \cdot a_4$
	市场租金倍数法			市场租金倍数 = $\dfrac{\text{参照物房地产市场交易价格}}{\text{参照物房地产的租金}}$
收益法	房地价值估测		收益年限为有限期,各年收益额不相等	$P = \sum\limits_{i=1}^{n} \dfrac{R_i}{(1+r)^i}$
			收益年限为有限期,各年收益额相等	$P = \dfrac{A}{r}\left[1 - \dfrac{1}{(1+r)^n}\right]$
			收益年限为无限期,各年收益额相等	$P = \dfrac{A}{r}$
	土地价值的估测	单独土地出租	收益年限为有限期,各年收益额相等	$P_1 = \dfrac{A_1}{r_1}\left[1 - \dfrac{1}{(1+r_1)^n}\right]$
			收益年限为无限期,各年收益额相等	$P_1 = \dfrac{A_1}{r_1}$
		房地产出租或经营	收益年限为有限期,各年收益额相等	$P_1 = \dfrac{(A-A_2)}{r_1}\left[1 - \dfrac{1}{(1+r_1)^n}\right]$ $A_2 = P_2 \cdot r_2$
			收益年限为无限期,各年收益额相等	$P_1 = \dfrac{(A-A_2)}{r_1}$
	建筑物价值的估测		收益年限为有限期,各年收益额相等	$P_2 = \dfrac{(A-A_1)}{r_2}\left[1 - \dfrac{1}{(1+r_2)^n}\right]$ $A_2 = P_1 \cdot r_1$
			收益年限为无限期,各年收益额相等	$P_1 = \dfrac{(A-A_1)}{r_2}$
成本法	重置成本的估测			土地取得成本、开发成本、管理费用、投资利息、开发利润、销售税费
	实体性贬值估测			成新率 = $\dfrac{\text{建筑物尚可使用年限}}{\text{建筑物尚可使用年限}+\text{建筑物实际已使用年限}} \times 100\%$
	功能性贬值估测			修复费用法、市价比较法、综合分析法
	经济性贬值估测			市价比较法、收益损失折现法、综合分析法
	房地产价值估测	土地价值估测		土地价值=土地取得成本+土地开发成本+管理费用等+投资利息+开发利润
		建筑物价值估测		重置成本=建筑物建造成本+管理费用等+投资利息+开发利润
		房地价值估测		房地价值=土地重置成本+建筑物重置成本-建筑物贬值
其他方法	假设开发法			$P = P_n \cdot \dfrac{1}{(1+r)^n}$
	路线价法			土地总价 = 路线价×深度价格修正率×其他价格修正率×土地面积

第二部分 练习题

一、名词解释

1. 房地产
2. 用地面积
3. 建筑面积
4. 容积率
5. 建筑密度
6. 商品房
7. 商品房销售面积
8. 生地
9. 毛地
10. 熟地
11. 在建工程
12. 现房
13. 钢结构
14. 钢筋混凝土结构
15. 砖混结构
16. 砖木结构
17. 自用房地产
18. 出租房地产
19. 销售房地产
20. 承租房地产
21. 投资性房地产
22. 市场售价类比法
23. 基准地价修正法
24. 土地出让金
25. 基础设施配套费
26. 市场租金倍数
27. 收益法
28. 出租型房地产

29. 直接经营型房地产

30. 混合型房地产

31. 累加法

32. 市场租价比法

33. 建筑安装工程费

34. 基础及配套设施建设费

35. 城市基础设施配套费

36. 修复费用法

37. 市价比较法

38. 综合分析法

39. 市价比较法

40. 收益损失折现法

41. 假设开发法

42. 路线价法

43. 三通一平

44. 五通一平

45. 七通一平

二、单项选择题

1. 待评估建筑物账面原值为 100 万元,竣工于 2018 年年底,假定 2018 年的物价指数为 100%,2018 年到 2021 年的价格增长幅度每年为 15%,则 2021 年年底该建筑物的重置成本为(   )万元。

    A. 115　　　　　B. 152.09　　　　　C. 132.25　　　　　D. 174.9

2. 一般说来,相同建筑质量、相同功能和用途的建筑物价格,沿海城市(   )内地城市。

    A. 高于　　　　　B. 低于　　　　　C. 等于　　　　　D. 不确定

3. 商业用房和商品住宅可根据建筑物经营收益或建筑物的交易状况运用(   )进行评估。

    A. 收益法　　　　　　　　　　　B. 市场法
    C. 收益法或市场法　　　　　　　D. 收益法或成本法

4. 交易实例土地的价格为 1 800 元/平方米,待估土地达到与交易实例同等环境条件预计需要 8 年,折现率定为 9%,则待估土地的价格为(   )元。

    A. 901.21　　　　　B. 903.36　　　　　C. 902.22　　　　　D. 900

5. 建筑物的墙、柱用砖砌筑,楼屋、屋架采用木材制造,这种结构是( )。
   A. 砖木结构   B. 砖混结构   C. 木结构   D. 简易建筑物

6. 国家规定的土地使用权出让年限,工业用地使用权最高出让年限是( )年。
   A. 70   B. 40   C. 60   D. 50

7. 在采用假设开发法评估土地使用权价格时,假设总建筑费用为100万元,第一年投入60%,第二年投入40%,年折现率为10%,则总建筑费为( )元。
   A. 921 473   B. 918 791   C. 907 523   D. 934 156

8. 下列选项中,适用成本法的是( )。
   A. 预计出售的土地   B. 新开发的土地
   C. 对包含土地使用权的企业整体评估   D. 土地市场发育完善条件下的土地评估

9. 某工业用地最高出让年限为50年,实际利用年限为20年,还原利率为18%,在适用基准地价系数修正法评估时,年限修正系数是( )。
   A. 0.861   B. 0.751   C. 0.964   D. 0.872

10. 地块建筑面积与地块总面积的比率是( )。
    A. 建筑密度   B. 容积率   C. 建筑高度   D. 建筑覆盖率

11. 一块土地上底层建筑面积与全部土地面积的百分比是( )。
    A. 建筑高度   B. 容积率   C. 建筑密度   D. 建筑环境

12. 某一宗土地用于住宅开发时的价值为300万元,用于商业建筑开发时的价值为500万元,用于工业厂房开发时的价值为280万元。城市规划确认该土地可用于住宅或工业生产。该宗土地的价值应评估为( )万元。
    A. 500   B. 300   C. 280   D. 360

13. 在运用市场法评估房地产价值时,通过交易日期修正,将可比交易实例价格修正为( )的价格。
    A. 评估时间   B. 评估基准日   C. 过去时点   D. 未来时点

14. 市场比较法中的个别因素修正目的在于将可比交易实例价格转化为( )价格。
    A. 评估基准日   B. 正常交易
    C. 待估对象自身状况下   D. 类似地区

15. 有一宗地,占地面积为500平方米,地上建有一幢3层的楼房,建筑密度为0.7,容积率为2.0,土地单价为3 000元/平方米,则楼面地价为( )元/平方米。
    A. 1 000   B. 1 500   C. 2 100   D. 2 800

16. 若反映宗地地价水平,( )指标更具说服力。
    A. 建筑总价格÷土地总面积   B. 土地总价格÷土地总面积

C. 房地总价格÷土地总面积　　　　　D. 土地总价格÷建筑总面积

17. 地产市场的不完全竞争性是由土地的（　　）决定的。
    A. 稀缺性　　　B. 用途多样性　　　C. 位置固定性　　　D. 价值增值性

18. 土地价格的地域性特征是由土地的（　　）决定的。
    A. 稀缺性　　　B. 用途多样性　　　C. 位置固定性　　　D. 价值增值性

19. 我国土地使用权出让的最高年限由（　　）确定并公布。
    A. 自然资源部　　B. 建设部　　　C. 财政部　　　D. 国务院

20. 如果房地产的售价 P_1+P_2 为 5 000 万元,其中建筑物价格 P_2 为 3 000 万元,地价 P_1 为 2 000 万元,该房地产的年客观净收益 A 为 450 万元,建筑物的资本化率 r_2 为 10%,那么土地的资本化率 r_1 最接近于（　　）。
    A. 9%　　　B. 12.5%　　　C. 7.5%　　　D. 5%

21. 已知某房地产月租金收入为 20 万元,月费用总额为 5 万元,建筑物价格 P_2 为 1 000 万元,建筑物的资本化率 r_2 为 10%,该房地产的土地年纯收益最接近于（　　）万元。
    A. 50　　　B. 60　　　C. 80　　　D. 100

22. 被评估土地的使用权剩余年限为 30 年,参照物使用权剩余年限为 25 年,假定折现率为 8%,被评估土地的年限修正系数最接近于（　　）。
    A. 0.965 9　　　B. 0.948　　　C. 1.152　　　D. 1.054

23. 某宗土地的土地取得成本为 500 万元,土地开发费为 1 000 万元,土地开发期为 1 年,银行一年期贷款利率为 8%。该土地投资利息为（　　）万元。
    A. 120　　　B. 80　　　C. 60　　　D. 100

24. 下列选项中,不属于影响不动产价格的自身因素的是（　　）。
    A. 区位因素　　B. 实物因素　　C. 权益因素　　D. 社会因素

25. 在影响不动产价格的区位因素中,对价格影响最大的是（　　）。
    A. 位置的优劣　　B. 城市规划　　C. 交通通达程度　　D. 公共配套设施状况

26. 对于下列不动产的评估,可以采用收益法的是（　　）。
    A. 学校　　　B. 公园　　　C. 写字楼　　　D. 寺院

27. 某厂房建成 8 年后被改造为超级市场,并补办了土地使用权出让手续,土地使用权出让年限为 40 年,建筑物的经济寿命为 50 年,则计算该建筑物贬值的总使用年限应为（　　）年。
    A. 50　　　B. 42　　　C. 48　　　D. 40

三、多项选择题

1. 与其他资产相比较,房地产的特点可以表现为（　　）。

A. 位置固定性   B. 使用长期性   C. 异质性   D. 投资风险性

2. 下列选项中,属于房地产的分类标准的有( )。

  A. 房地产用途   B. 开发程度   C. 建筑结构   D. 使用方式

3. 下列选项中,属于房地产评估的特点的有( )。

  A. 房地合估

  B. 建筑物产权受土地使用权年限的制约

  C. 以房地产最佳使用为评估前提

  D. 单独评估土地

4. 影响房地产价值的主要因素有( )。

  A. 房地产自身因素   B. 房地产外部因素

  C. 房地产交易因素   D. 购买者因素

5. 下列选项中,属于市场售价类比法的评估步骤的有( )。

  A. 搜集房地产交易资料

  B. 选择可供比较的交易实例作为参照物

  C. 对可比交易实例价格进行因素修正

  D. 确定评估对象房地产评估价值

6. 基准地价一般由( )部分组成。

  A. 土地出让金   B. 基础设施配套费

  C. 土地开发及其他费用   D. 修复费用

7. 下列选项中,适用收益法进行评估的有( )。

  A. 游乐场   B. 图书馆   C. 学校   D. 宾馆

8. 在房地产评估中,由于评估对象不同,应采用的折现率也不同,主要有( )类型。

  A. 土地折现率   B. 建筑物折现率

  C. 无风险利率   D. 综合折现率

9. 采用征用农地方式取得土地的成本包括( )。

  A. 土地使用权出让金   B. 农地价款

  C. 农地征用费   D. 手续费

10. 采用房屋拆迁方式取得土地的成本包括( )。

  A. 房屋拆迁补偿安置费   B. 土地价款

  C. 教育税附加   D. 土地使用权出让金

11. 采用市场交易方式取得土地的成本包括( )。

  A. 农地征用费   B. 土地价款

  C. 教育税附加   D. 买地缴纳的税费

12. 下列选项中,属于土地开发成本的有( )。

A. 勘察设计及前期工程费　　　　B. 建筑安装工程费

C. 基础及配套设施建设费　　　　D. 城市基础设施配套费

13. 下列选项中,属于测算房地产功能性贬值的方法的有(　　)。

A. 修复费用法　　B. 价格指数法　　C. 市价比较法　　D. 综合分析法

14. 下列选项中,属于测算房地产经济性贬值的方法的有(　　)。

A. 修复费用法　　　　　　　　　B. 收益损失折现法

C. 市价比较法　　　　　　　　　D. 综合分析法

15. 下列选项中,属于假设开发法运用范围的有(　　)。

A. 毛地　　　　B. 生地　　　　C. 熟地　　　　D. 商品房

16. 下列选项中,属于路线价法的评估步骤的有(　　)。

A. 划分路线价区段　　　　　　　B. 建筑安装工程费

C. 设定标准深度　　　　　　　　D. 制定深度指数表和其他修正率表

四、判断题

1. 一个城市房地产的供给过剩并不能解决另一个城市供给不足的问题是因为房地产的位置固定性。（　）

2. 人民政府对国有土地使用权最高出让年限作出规定。（　）

3. 决定房地产价值高低的关键在于其位置的优劣。（　）

4. 房地产评估的价值类型是对房地产评估结果价值属性的分类,一般分为市场价值和市场价值以外的价值两类。（　）

5. 市场售价类比法的理论依据是房地产价格形成的替代原理。（　）

6. 房地产市场不发达或交易规模很小,市场售价类比法也可在房地产评估中应用。（　）

7. 收益法与市场法的理论依据都是预期原理。（　）

8. 房地产的折现率是一种实际的投资收益率,投资收益率的大小与投资风险呈正相关的关系。（　）

9. 对于以无偿划拨方式取得土地使用权的情况,土地收益年限为永续。（　）

10. 对于土地使用权剩余年限比建筑物剩余经济寿命年限短的情况,应根据建筑物剩余年限确定房地产收益年限。（　）

11. 成本法的理论依据,从卖方的角度来看是替代原理,从买方的角度来看是生产费用价值论。（　）

12. 房地产的重置成本通常包括土地取得成本、开发成本、管理费用、投资利息、开发利润、销售税费等。（　）

13. 路线价法对于城市土地价格评估具有普遍的适用性。它特别适用于土地课税、征地拆迁、土地重划或其他需要在大范围内对大量土地进行评估的情况。（　　）

五、简答题

1. 房地产的特点有哪些？
2. 房地产的分类主要包括哪些内容？
3. 房地产评估的特点包括哪些内容？
4. 影响房地产价值的因素有哪些？
5. 房地产变现能力的影响因素有哪些？
6. 房地产评估的程序有哪些步骤？
7. 房地产评估中市场售价类比法适用的条件和对象有哪些？
8. 房地产评估中市场售价类比法的评估步骤有哪些？
9. 房地产评估中基准地价修正法的估价步骤有哪些？
10. 房地产评估中收益法的适用条件和对象包括哪些内容？
11. 房地产评估中成本法的适用条件和对象包括哪些内容？
12. 房地产评估中成本法的基本步骤有哪些？
13. 房地产的功能性贬值的估测方法有哪些？
14. 假设开发法的运用范围包括哪些内容？
15. 假设开发法的评估步骤包括哪些内容？
16. 房地产评估中市场法如何选择可比交易实例？
17. 基准地价由哪几个部分组成？
18. 房地产评估中的收益法包含哪些原理？
19. 如何确定房地产收入的年限？
20. 房地产评估中收集交易案例时应收集哪些内容？

六、计算题

1. 评估某收益性房地产价值，该房地产建筑物剩余经济寿命为30年，土地剩余使用权年限为35年，经估测，房地产的预期年租金为280万元，运营成本为年租金的20%，单纯土地的年预期收益为50万元，房地产的预期收益率为9%，土地的预收益率为5%。

要求：根据上述资料，评估该房地产的价值。

2. 某商场的土地使用期限和建筑物使用期限，均为40年，自2019年8月起计算。该商场共有两层，每层面积均为2 000平方米。一层于2020年8月租出，租赁期限为5年，出租率为90%,月租金为180元/平方米,且每年不变;二层现暂空置,打算进行出租,预计出租率与一层相同,均为90%。附近类似商场一、二层出租的正常月租金分别为200元/平方米和120元/平方米。该商场年运营费用约占年租赁有效毛收入的25%,折现率为10%。

要求:请使用收益法计算该商场2022年8月带租约出售时的正常价格。

3. 有一宗土地,出让年期为40年。资本化率为6%,预计未来前5年的纯收益分别为30万元、32万元、35万元、33万元和38万元,第6~40年每年纯收益稳定保持在40万元左右。

要求:试用收益法评估该宗地的价值。

4. 评估对象是一出租写字楼,土地总面积为5 300平方米,总建筑面积为25 000平方米,建筑层数为18层,建筑结构为钢筋混凝土结构。该写字楼的土地使用权于2016年6月1日以出让的方式获得,土地使用权年限为50年,写字楼于2018年6月1日建成并开始出租,建筑物的耐用年限为60年。通过调查,收集的有关资料如下:

(1) 租金按净使用面积计算。可供出租的净使用面积为15 000平方米,占总建筑面积的60%,其余部分为大厅、公共过道、楼梯、电梯、公共卫生间、大楼管理员用房、设备用房等占用面积。

(2) 租金平均每月每平方米85元。

(3) 空置率年平均为10%,即出租率年平均为90%。

(4) 建筑物原值为4 800万元。

(5) 家具设备原值为420万元,家具设备的经济寿命平均为10年,残值率为4%。

(6) 经常费用平均每月8万元,包括工资、水电、供暖、维修、保洁、保安费用。

(7) 房产税按年总收入的12%缴纳,保险费按建筑物原值的3‰计算。

(8) 增值税的征收率为5%。

(9) 折现率为8%。

要求:根据上述资料,采用收益法评估该写字楼2021年6月1日的价值。

5. 某写字楼的相关资料如下。

(1) 参照物的交易日期和交易价格如表4-14所示。

表4-14　　　　　　　　参照物A、B、C的交易日期和交易价格

项目	参照物A	参照物B	参照物C
交易日期	2022年3月10日	2022年2月15日	2022年7月18日
交易价格(元/平方米)	9 000	8 800	9 210

(2) 参照物的交易情况如表4-15所示。

表 4-15　　　　　　　　　　参照物 A、B、C 的交易情况

项目	参照物 A	参照物 B	参照物 C
交易情况	2%	−1%	5%

表中正值表示参照物交易价格高于正常交易价格幅度,负值表示参照物交易价格低于正常交易价格幅度。

(3) 该类房地产价格变化情况如表 4-16 所示。

表 4-16　　　　　　　　　　同类房地产价格变化情况

月份	1	2	3	4	5	6	7	8	9
环比价格指数	100%	100.5%	98.6%	102.3%	101.2%	103.4%	101.6%	99.8%	104.1%

(4) 参照物区域因素比较与打分如表 4-17 所示。

表 4-17　　　　　　　　　　参照物区域因素比较和打分

区域因素	权重	评估对象	参照物 A	参照物 B	参照物 C
因素 1	0.4	100	98	92	108
因素 2	0.35	100	105	96	97
因素 3	0.25	100	103	98	104

(5) 参照物个别因素综合打分如表 4-18 所示。

表 4-18　　　　　　　　　　参照物个别因素综合得分

项目	评估对象	参照物 A	参照物 B	参照物 C
个别因素综合得分	100	103	108	94

要求:根据上述资料,采用市场法评估该写字楼 2022 年 9 月 30 日的市场价值。

6. 评估对象为某事业单位办公楼,占地面积 5 000 平方米,建筑总面积 10 000 平方米,该建筑的建筑结构为 4 层砖混结构,建于 2020 年 5 月。通过调查,收集的有关资料如下:

(1) 由于评估对象房地产为事业单位办公楼,无直接收益,也很少有交易实例,故在评估时采用成本途径及方法。评估计算公式如下:

$$房地产价值 = 土地价值 + 建筑价值$$

$$建筑物价值 = 重置成本 + 建筑价值$$

(2) 建筑物安装成本的估测采用单位工程造价比较法,通过市场调查,选取 3 个比较实例作为参照物,进行分析比较,具体情况如表 4-19 所示。

表 4-19　　　　　　　　　　　　参照物成本情况

项目参照物	参照物 A	参照物 B	参照物 C
单位造价(元/平方米)	860	820	846
建筑面积(平方米)	7 200	6 300	6 800
层数	5	4	4
建筑结构	框架	框架	框架
竣工(决算)时间	2022.4	2022.2	2022.4
用途	培训中心	办公楼	办公楼

经分析比较,得知:参照物 A 外部装修好于评估对象,因此单位工程造价比评估对象高 3%;参照物 B 门窗的材质较评估对象差,因此单位工程造价比评估对象对低 2%;参照物 C 与评估对象的情况基本相同,无须调整。

(3) 勘查设计费按建筑安装成本的 2% 计取,其他前期工程费按建筑安装成本的 1.5% 计取。

(4) 根据政府有关规定及费用标准基础设施及配套工程费为 120 万元。

(5) 建设单位管理费用按建筑安装成本的 3% 计。

(6) 该项目建设期为 2 年,评估时 1 年期基本建设贷款利率为 6%,假设勘查设计及前期工程费为一次性投入,建筑安装工程费、基础及配套工程费、管理费用在建设期内均匀投入。

(7) 经调查分析,房地产行业开发该类房地产项目的平均投资利润率为 15%。

(8) 经分析,销售费用及增值税、城市维护建设税、教育费附加合计为建筑物开发成本、管理费用、投资利息、开发利润之和的 9%。

(9) 经评估人员现场勘查,采用打分法计算得出该建筑物的成新率为 94.63%,如表 4-20 所示。

表 4-20　　　　　　　　　　　房屋建筑物成新率评定表

建筑名称	办公楼	结构类型	框架	建造年份	2018 年	层数	4 层	建筑面积	10 000 平方米
分部	序号	项目		评分		评分依据			
机构部分	①	地基基础		24		完好,有足够承载力			
	②	承重构件		24		墙体、楼板等完好			
	③	非承重墙		14		平直完好,无倾斜			
	④	屋面		19		完好平整,不渗漏			
	⑤	楼地面		14		整体面层平整牢固,无裂缝			
	⑥	(①+②+③+④+⑤)×G		71.25					

(续表)

分部	序号	项目	评分	评分依据
装修部分	⑦	门窗	24	开关灵活、完整无损
	⑧	外装饰	19	完整、牢固、无裂缝、空鼓
	⑨	内装饰	19	完整、无破损
	⑩	顶棚	18	完整、无破损
	⑪	细木装修	13	完整牢固,油漆完好
	⑫	(⑦+⑧+⑨+⑩+⑪)×S	11.16	
设备部分	⑬	水卫	38	上下水通畅、器具齐全、无锈蚀
	⑭	电气照明	23	线路装置完好、牢固、绝缘
	⑮	暖气	33	设备管道完好,使用正常
	⑯	(⑬+⑭+⑮)×B	12.22	
总计			94.63	成新率 94.63%

说明:G、S、B分别为结构、装修、设备部分的修正系数,本次评估G、S、B分别取0.75、0.12、0.13。

(10)经分析,该建筑物不存在功能性贬值和经济性贬值。

要求:根据上述资料,计算建筑物评估值。

7. 评估对象土地基本数据资料如下:评估对象土地为征用农地,面积为500平方米。土地取得成本为230元/平方米,土地开发成本(包括管理费)为246元/平方米。土地开发期为2年,第1年投入的开发费占总开发费的3/4,第2年投入的开发费占总开发费的1/4。银行基本建设贷款年利率为8%,土地开发的平均利润率为10%,增值税的征收率为5%,城市维护建设税税率为7%,教育费附加为增值税的3%,销售费用为开发后土地售价的3%。

要求:根据上述资料,计算评估对象土地2022年5月18日开发后的市场价值。

8. 某公司于2018年4月1日在某城市水源地附近取得一宗土地使用权,建设休闲度假村。该项目总用地面积10 000平方米,土地使用权期限为40年,建筑总面积为20 000平方米,并于2020年10月1日完成,该公司申请竣工验收。根据环保政策要求,环保管理部门在竣工验收时要求该公司必须对项目的排污系统进行改造。欲对2020年10月1日的正常市场价格进行评估。

据评估师调查,在该时点重新取得该项目建设用地的土地取得费用为1 000元/平方米。新建一个与上述项目相同功能且符合环保要求的项目开发成本为2 500元/平方米;销售费用为200万元;管理费用为开发成本的3%;开发建设期为2.5年,开发成本、管理费用、销售费用为开发成本的3%;开发建设期为2.5年,开发成本、管理费用、销售费用在第1年投入30%,第2年投入50%,最后半年投入20%,各年内均匀投入,贷款年利率为7.02%;其他销售税费为售价的5.53%;开发利润按土地取得成本、开发成本、管理费用、销售费用之和计算,利润率为12%。

新建符合环保要求的排污系统设备购置费和安装工程费分别为500万元和90万元,而已建成项目中排污系统设备购置费和安装工程费分别为300万元和70万元。对原项目排污系统进行改造,发生拆除费用50万元,拆除后的排污系统设备可回收价值为110万元。

原项目预计于2021年1月1日正常营业,当年可获得净收益500万元,由于排污系统改造,项目营业开始时间将推迟到2022年1月1日,为获得与2021年1月1日开始营业时可获得的相同的年净收益,该公司当年需要额外支付运营费用100万元,之后将保持预计的盈利水平。该类度假村项目的报酬率为8%。

要求:评估该地块价值。

9. 某资产评估机构对一企业工业厂房进行评估,评估基准日为2022年6月30日,采用重置成本法。该企业厂房由企业出资委托施工企业承建,建设周期为1年,于2017年6月底建成并投入使用,建筑面积6 000平方米,经济适用年限50年,厂房使用、维修和保养正常。自查评估专业人员对厂房的结构部分、装修部分和设备部分的状况进行了评判打分(满分100分),分值分别为94、70、90,修正系数分别为80%、10%、10%。按照重编预算的方法计算得出土建工程造价为3 883万元,安装工程造价675万元,前期费用的综合费率为2%,期间费用费率为5%。假设利润率为3.5%,不考虑资金成本。

要求:

(1)列出使用重置成本法评估单独房屋建筑物的计算公式,并列出建筑安装工程造价常用的确定方法。

(2)计算委估厂房的重置成本。

(3)计算委估厂房的年限法成新率、打分法成新率、综合成新率。(采用加权平均法计算,年限法权重取0.4,打分法权重取0.6)

(4)计算委估厂房的评估值。(计算结果以万元为单位,保留两位小数)

10. 某评估对象为2022年6月1日取得的6层砖混结构办公楼,土地总面积500平方米,房屋建筑面积1 500平方米,出租的月租金4.5万元,假设建筑物的折现率为10%,耐用年限为60年,土地折现率为8%,管理费以年租金的3%计,维修费以建筑物价值的1.5%计,房租损失准备费按半月租金计,保险费按建筑物价值3‰计,房产税为年租金收入的12%,土地使用税每年每平方米2元,增值税的征收率为5%,建筑物尚可使用年限为50年,土地使用权年限为40年,建筑物价值按成本法求得为120万元。

要求:用收益法评估该房屋基地使用权2022年6月1日的价值。

11. 某评估对象土地为七通一平的空地,面积为1 000平方米,且土地形状规则;允许用途为商住混合,允许建筑容积率为7,覆盖率50%,土地使用年限为50年,出售时间为2022

年10月10日。该地块为待开发土地,可采用假设开发法评估。设房地产开发完成时点的地价为P_n。

根据规划的要求和市场调查,该地块最佳开发方式如下:

(1) 建筑覆盖率适宜为50%,建造商业居住混合楼。该建筑为框架结构,总建筑面积为7 000平方米,单层建筑面积均为500平方米,共14层,其中1~2层为商业用房,共1 000平方米,3~14层为住宅,共6 000平方米。

(2) 预计2年完成建造,即2022年10月完成。

(3) 预计建造完成后,其中的商业楼即可全部售出,住宅楼的80%在建造完成后可售出,20%半年后才能售出。预计当时售价,商业楼为4 000元/平方米,住宅楼为2 500元/平方米,折现率为10%。

(4) 经估测,总开发费用(包括管理费)为800万元。该房地产在未来2年的建设期内,开发费用的投入情况为:第1年投入60%,第2年投入40%。

(5) 经调查了解,建行基本建设贷款年利息率为8%。房地产行业开发同类房地产的平均利润率为20%。

(6) 评估对象的增值税的征收率为5%,城市维护建设税税率为7%,教育费附加费率为3%。销售费用为开发后房地产价值的3.5%。

要求:评估出该地块2020年10月10日的市场价值。

第三部分 参考答案

一、名词解释

1. 房地产是指土地、建筑物及其他地上定着物,包括物质实体和依托于物质实体的权益。

2. 用地面积是指用地方案图中划定的面积。

3. 建筑面积是指建筑物各层外墙或结构外围水平投影面积之和。

4. 容积率是指项目规划用地范围内总建筑面积与总建设用地面积之比。

5. 建筑密度又称建筑覆盖率,是指项目用地范围内所有建筑基底面积之和与规划建设用地面积之比。

6. 商品房是指在以市场地价获得的土地上建造的可自由转让或出租的建筑物,其权益包含建筑物的所有权和所占用土地的使用权,二者合一,不可分割。

7. 商品房销售面积是指商品房整幢出售,其销售面积为整幢商品房的建筑面积(地下室作为人防工程的,应从整幢商品房的建筑面积中扣除)。

8. 生地是指完成土地征用,未经开发,不可直接作为建筑用地的农用地或荒地等。

9. 毛地是指在城市旧区范围内,具有一定基础设施条件,但未经过拆迁安置补偿等土地开发过程,不具备基本建设条件的土地。

10. 熟地是指经过开发,具备基础设施条件且场地平整,已经拆迁完毕,可供直接建设的土地。

11. 在建工程是指正在建设,尚未竣工投入使用的建设工程。

12. 现房是指已经竣工并投入使用的房屋建筑物。

13. 钢结构是指建筑物的承重构件(梁、柱、墙等)为钢材。

14. 钢筋混凝土结构是指建筑物的承重构件为钢筋混凝土,包括框架结构和剪力墙结构。

15. 砖混结构是指建筑物竖向承重结构的墙、柱等采用砖砌筑,横向承重的梁、楼板、屋面板等采用钢筋混凝土结构。

16. 砖木结构是指建筑物竖向承重结构的墙、柱等采用砖或砌块砌筑,楼板、屋架等用木结构。

17. 自用房地产是指投资建设或购置并用于自身居住或生产经营的房地产。

18. 出租房地产是指将自有或承租的房地产租予他人使用的房地产。

19. 销售房地产是指投资建设并用于销售给他人的房地产。

20. 承租房地产是指租用他人的房地产。

21. 投资性房地产是指为赚取租金或资本增值,或两者兼有而持有的房地产。

22. 市场售价类比法又称市场比较法、交易案例比较法等,它是将作为评估对象的特定房地产与在近期交易的同类房地产加以比较对照,并根据已发生交易的类似房地产的价格,经过因素修正得出评估对象房地产在评估基准日可能实现的合理价值的评估方法。

23. 基准地价修正法,是指利用当地政府确定的评估对象宗地所处地段的基准地价作为参照,对出让年限、交易日期、土地状况、市场转让因素等进行修正,从而计算评估对象宗地在评估基准日市场价值的一种方法。基准地价修正法实质上是市场途径的一种具体方法。

24. 土地出让金是指国家作为土地所有者向受让者收取的一定年限的土地使用费中的纯收入部分。

25. 基础设施配套费是指政府用于城市基础设施配套建设已经投入和近期预期投入的费用部分,包括城市基础设施配套费、小区建设配套费等。

26. 市场租金倍数是用评估对象房地产类似的参照物房地产的市场交易价格除以其相关口径的年收益(租金)后所得的倍数。

27. 收益法是估测评估对象房地产的预期收益,选用适当的折现率将房地产预期收益折算为现值,以确定房地产价值的思路及方法。

28. 出租型房地产预期收益,通常是用房地产预期租赁收入减去房地产租赁期间正常的维修费、管理费、保险费、税费等项目得到的收益。

29. 直接经营型房地产通常是指房地产所有者同时又是经营者,房地产租金与房地产经营者利润没有分开的房地产,如商场、宾馆、饭店等。

30. 混合型房地产是指有多种收益类型(出租、经营、自用等)的房地产。

31. 累加法是通过无风险收益率加上风险收益率来确定房地产折现率的方法。

32. 市场租价比法也称市场提取法,是在市场上选取多个(通常为3个以上)与评估对象相似的房地产作为可比实例,并根据可比实例的纯租金与价格的比率计算出折现率,然后求出各可比实例折现率的平均值,在进行综合分析的基础上,确定评估对象房地产的折现率的方法。

33. 建筑安装工程费是指直接用于建筑安装工程建设的总成本费用。

34. 基础及配套设施建设费为经规划部门批准建设的、国家建设项目用地规划红线以内的道路、供水、排水、电力、通信、燃气、热力等的建设以及配套设施发生的费用。

35. 城市基础设施配套费是指按城市总体规划要求,为筹集城市市政公用基础设施建设资金所收取的费用。

36. 修复费用法是按通过修复房地产原有功能使其达到能够满足现实需要所花费的修复费用确定房地产功能性贬值的方法。

37. 市价比较法是将功能陈旧的房地产与功能先进的类似房地产的交易价格进行比较,以二者之间的价格差额确定房地产的功能性贬值的方法。

38. 综合分析法是在估测房地产功能性贬值时与房地产的实体性贬值一起考虑,确定包括功能性贬值因素在内的综合成新率。

39. 市价比较法是将被评估房地产及和它外部条件发生变化前相同的房地产的交易价格进行比较的方法。

40. 收益损失折现法是通过对收益性房地产的未来收益净损失额进行折现,以收益损失额的现值确定房地产经济性贬值的方法。

41. 假设开发法又称剩余法,它是将评估对象房地产预期开发完成后的价值,减去未来正常的开发成本利润和税费等,以此确定评估对象价值的方法。

42. 路线价法是对面临特定街道、接近性相等的城镇土地,设定标准深度,计算在该深度上数宗地块的平均单价并附设于该特定街道上(此单价称为路线价),然后据此路线价,再配合深度价格修正率表,计算出临街该街道的其他土地地价的一种估价方法。

43. 三通一平是指通路、通电、通水及场地平整。

44. 五通一平是指通路、通电、通信、供水、排水及场地平整。

45. 七通一平是指通路、通电、通信、供水、排水、燃气、供热及场地平整。

二、单项选择题

1	2	3	4	5	6	7	8	9
B	A	C	B	A	D	B	B	C
10	11	12	13	14	15	16	17	18
B	C	B	B	C	B	D	C	C
19	20	21	22	23	24	25	26	27
D	C	C	D	B	D	A	C	D

【重难点解析】

1. 建筑物的重置成本 $=100\times(1+15\%)^2=152.09$(万元)。

2. 由于经济地理因素，相同建筑质量、相同功能和用途的建筑物价格，大城市高于小城市，沿海城市高于内地城市。

3. 商业用房和商品住宅价值评估属于市场法适用范围，建筑物经营收益价值评估属于收益法范围内。

4. 待评估土地价格 $=1\,800\times PVIF_{9\%,8}=903.36$(元/平方米)。

5. 运用成本法评估时，要求被评估房地产具备以下前提条件：①被评估房地产处于继续使用状态或被假定处于继续使用状态，被评估房地产的实体特征、内部结构及其功能必须与假设的重置全新房地产具有可比性。②被评估房地产应当具备可利用的历史资料。③房地产建造过程中的工程量是可以计量的，且该类房地产可以重复"生产"。④随着时间的推移，房地产具有一定损耗特性。

6. 开发成本可分为土地开发成本和房屋建造成本两部分，是在取得土地后进行土地开发和房屋建设所需的直接费用、税金等。具体有：①勘察设计及前期工程费。②建筑安装工程费。③基础及配套设施建设费。④城市基础设施配套费。

7. 总建筑费 $=1\,000\,000\times 60\%\times(1+10\%)^{-0.5}+1\,000\,000\times 40\%\times(1+10\%)^{-1.5}=918\,791$(元)。

8. 成本法一般适用于新开发土地的评估，特别是土地市场发育不完善，土地成交实例不多，无法利用市场法等其他方法评估时采用。

9. 由题意可知：

年限修正系数 $=\left[1-\dfrac{1}{(1+18\%)^{20}}\right]\div\left[1-\dfrac{1}{(1+18\%)^{50}}\right]=0.964$

10. 容积率是指项目规划用地范围内总建筑面积与总建设用地面积之比。

11. 容积率＝总建筑面积÷总用地面积，建筑密度是指在具体"宗地"内建筑物基底面积与宗地面积之比。当宗地内各房屋的层数相同，且对单个房屋来说各层建筑面积相等时，三者之间的关系可表示为：容积率＝建筑密度×层数，此种情况下，建筑层数与容积率呈正比例关系。本题应当选择 C 项。

15. 楼面地价＝土地价格÷楼房面积＝土地单位价值×土地面积÷楼房面积＝土地单价÷容积率＝3 000÷2＝1 500(元/平方米)。

20. 由题可知：

$$r_1 = \frac{450 - 3\,000 \times 10\%}{2\,000} = 7.5\%$$

21. $A = (20-5) \times 12 = 180(万元)$

$A_2 = P_2 \cdot r_2 = 1\,000 \times 10\% = 100(万元)$

$A - A_1 = 80(万元)$

22. 由题可知：

年限修正系数 $= \left[1 - \frac{1}{(1+8\%)^{30}}\right] \div \left[1 - \frac{1}{(1+8\%)^{25}}\right] = 1.054$

23. 取得成本利息＝500×80%＝40(万元)，开发成本利息＝1 000×8%×0.5＝40(万元) 所以，总投资利息为80万元。

三、多项选择题

1	2	3	4	5	6	7	8
ABCD	ABCD	ABC	ABC	ABCD	ABC	AD	ABD
9	10	11	12	13	14	15	16
AC	AD	BD	ABCD	ACD	BCD	ABC	ABCD

【重难点解析】

1. 与其他资产相比较，房地产的特点可以表现为以下几个方面：①位置固定性。②使用长期性。③异质性。④投资风险性。⑤保值增值性。⑥影响因素多样性。

3. 房地产评估的特点：①房地合估。②建筑物产权受土地使用权年限的制约。③以房地产最佳使用为评估前提。

5. 运用市场售价类比法评估房地产价值时，通常采用以下步骤进行操作：①搜集房地产交易资料。②选择可供比较的交易实例作为参照物。③对可比交易实例价格进行因素修正。④确定评估对象房地产评估价值。

6. 基准地价一般由3个部分组成：①土地出让金。②基础设施配套费。③土地开发及其他费用。

7. 收益法适用的对象是有收益或潜在收益的房地产，如商场、商务办公楼、公寓、宾馆、酒店、餐馆、游乐场、影剧院等房地产。

8. 在房地产评估中，由于评估对象不同，应采用的折现率也不同，主要有以下几种类型：①土地折现率。②建筑物折现率。③综合折现率。

12. 开发成本可分为土地开发成本和房屋建造成本两部分，是在取得土地后进行土地开发和房屋建设所需的直接费用、税金等。具体有：①勘察设计及前期工程费。②建筑安装工程费。③基础及配套设施建设费。④城市基础设施配套费。

13. 通常采用的估算机器设备重置成本的方法有：市场询价法、功能价值法、价格指数法、重置核算法。

14. 测算房地产功能性贬值的方法有：①修复费用法。②市价比较法。③综合分析法。

15. 假设开发法的运用范围为：①待开发土地，包括生地、毛地、熟地。②在建工程，主要指各类未完工的建筑工程项目。③可装修改造或可改变用途的旧房。

16. 运用路线价法评估时，具有以下评估步骤：①划分路线价区段。②设定标准深度。③确定路线价。④制定深度指数表和其他修正率表。⑤计算各地块的价值。

四、判断题

1	2	3	4	5	6	7	8	9	10	11	12	13
√	×	√	√	√	×	×	×	√	×	×	√	√

【重难点解析】

1. 由于房屋固着在土地上，因此房地产的相对位置是固定不变的。并且房地产不可能通过移动位置来调节地区之间的房地产供求，即一个城市房地产的供给过剩并不能解决另一个城市供给不足的问题。

2. 国务院对国有土地使用权最高出让年限作出规定。

6. 如果房地产市场不发达或交易规模很小，市场售价类比法就难以在房地产评估中应用。

7. 收益法的理论依据是预期原理。市场法的理论依据是替代原理。

8. 房地产的折现率是一种期望的投资收益率，而投资收益率的大小与投资的风险呈正相关。

10. 对于土地使用权剩余年限比建筑物剩余经济寿命年限短的情况，应根据土地使用权剩余年限确定房地产收益年限。

11. 成本法的理论依据,从卖方的角度来看是生产费用价值论,即卖方愿意接受的价格,不能低于其为开发建造该房地产所花费的代价(包括建造费用、税金、利润等);从买方的角度来看是替代原理,即买方愿意支付的最高价格,不能高于其所预计的重新开发建造该房地产所花费的代价。

五、简答题

1. 答:房地产的特点是由其组成物质的自然特征以及由自然特征衍生的社会经济特征所决定的,主要表现为以下几个方面:①位置固定性。②使用长期性。③异质性。④投资风险性。⑤保值增值性。⑥影响因素多样性。

2. 答:房地产可以从不同的角度进行分类,常见的有按房地产用途、开发程度、建筑结构和使用方式等进行分类:①按房地产用途分类,房地产可以分为:居住房地产、商业房地产、金融用房地产、信息用房地产、办公房地产、娱乐房地产、工业和仓储房地产、农业房地产、特殊用地房地产、军用房地产、综合房地产。②按照开发程度,房地产可分为生地、毛地、熟地(通平)、在建工程、现房等。③按照建筑物的主要承重构件所用的建筑材料,可分为:钢结构、钢筋混凝土结构、砖混结构、砖木结构及其他结构类型。④按照使用方式,房地产可划分为自用、出租、销售、承租、投资等。

3. 答:房地产评估的特点:①房地合估。②建筑物产权受土地使用权年限的制约。③以房地产最佳使用为评估前提。

4. 答:房地产价格是众多因素相互影响、相互作用的结果,归纳起来,可以分为房地产自身因素、房地产外部因素、房地产交易因素三个方面。①房地产自身因素包括区位因素、实物因素和权益因素。②房地产外部因素包括政治因素、政策因素、经济因素、社会因素等。③房地产交易因素包括房地产的供求关系、变现因素、心理因素、其他因素等。

5. 答:房地产变现能力的影响因素主要包含以下几点:①用途的专业化。②结构形式与房屋质量。③房地产的价值大小。④房地产的开发程度。⑤区位条件。⑥房地产市场状况。

6. 答:房地产评估程序是指房地产评估的具体工作步骤,主要包括明确基本事项、签订业务约定书、制订评估工作计划、现场调查评估对象、搜集评估资料、估算房地产价值、编制评估报告等工作。

7. 答:市场售价类比法的适用条件是具备发达、完善的房地产市场,并且在市场上能够搜集到大量的与被评估房地产相类似的市场交易实例资料。如果房地产市场不发达或交易规模很小,市场售价类比法就难以在房地产评估中应用。市场售价类比法适用的对象是具有交易性的房地产,如房地产开发用地、商品住宅、高档公寓、别墅、写字楼、商业地产、标准工业厂房等。

8. 答：运用市场售价类比法评估房地产价值时，通常采用以下步骤进行操作：①搜集房地产交易资料。②选择可供比较的交易实例作为参照物。③对可比交易实例价格进行因素修正，通常包括交易情况修正、权益状况修正、区位因素修正、实物状况修正和交易日期修正。④确定评估对象房地产评估价值。

9. 答：运用基准地价修正法评估房地产价值时，通常采用以下步骤进行操作：①收集有关资料。②计算土地使用权年限修正系数。③计算交易日期修正系数。④确定评估对象房地产评估价计算土地状况修正系数。⑤计算市场转让因素修正系数。⑥计算评估对象宗地的评估价值。

10. 答：运用收益法对房地产进行评估时，需满足以下几个前提条件：①房地产的未来收益必须是可以预测并可用货币来衡量的。②收益期内，房地产权益拥有者获得未来预期收益所承担的风险可以预测，并可用货币来衡量。③房地产预期获利年限可以预测。收益法适用的对象是有收益或潜在收益的房地产，如商场、商务办公楼、公寓、宾馆、酒店、餐馆、游乐场、影剧院等房地产。

11. 答：成本法适用的条件是能够量化房地产的重新构建成本费用及各种贬值。运用成本法评估时，要求被评估房地产具备以下前提条件：①被评估房地产处于继续使用状态或被假定处于继续使用状态，被评估房地产的实体特征、内部结构及其功能必须与假设的重置全新房地产具有可比性。②被评估房地产应当具备可利用的历史资料。③房地产建造过程中的工程量是可以计量的，且该类房地产可以重复"生产"。④随着时间的推移，房地产具有一定损耗特性。

12. 答：成本法的步骤有：①搜集有关房地产成本项目的资料。②估算房地产重置成本。③估算各种贬值。④估算土地增值收益。⑤求取评估值。

13. 答：测算房地产功能性贬值的方法有：①修复费用法。修复费用法是按通过修复房地产原有功能使其达到能够满足现实需要所花费的修复费用确定房地产功能性贬值的方法。②市价比较法。市价比较法是将功能陈旧的房地产与功能先进的类似房地产的交易价格进行比较，以二者之间的价格差额确定房地产的功能性贬值。③综合分析法。综合分析法是在估测房地产功能性贬值时与房地产的实体性贬值一起考虑，确定包括功能性贬值因素在内的综合成新率。

14. 答：假设开发法的运用范围为：①待开发土地，包括生地、毛地、熟地。②在建工程，主要指各类未完工的建筑工程项目。③可装修改造或可改变用途的旧房。

15. 答：运用假设开发法评估时，具有以下评估步骤：①调查待开发房地产的基本情况。②选择最佳的开发利用方式。③估计建设期。④预测开发完成后房地产价值。⑤估测开发成本。⑥估测管理费用。⑦估测投资利息。⑧估测开发利润。⑨估测销售税费。⑩计算并确定待开发房地产价值。

16．答：运用市场法评估房地产时，应按照以下几点选择可比交易实例：①可比交易实例是与评估对象类似的房地产。②可比交易实例交易类型与评估目的吻合。③可比交易实例成交日期与评估基准日相近，不宜超过1年。④可比交易实例成交价格为正常价格或可修正为正常价格。⑤参照物应选择多个，一般为3个以上。

17．答：基准地价一般由3个部分组成：①土地出让金，土地出让金是指国家作为土地所有者向受让者收取的一定年限的土地使用费中的纯收入部分。②基础设施配套费，基础设施配套费是指政府用于城市基础设施配套建设已经投入和近期预期投入的费用部分，包括城市基础设施配套费、小区建设配套费等。③土地开发及其他费用，土地开发及其他费用包括平整土地费用、征地拆迁费用等。

18．答：收益法的理论依据是预期原理。预期原理认为，房地产的价值通常是基于市场参与者对其未来所能获得的收益得到满足的预期。根据预期原理，如果现在购买一宗在未来一定年限可产生收益的房地产，即预示着该房地产的所有者在未来的收益年限内可源源不断地获得预期收益，房地产价值最高也不会超过未来的预期收益现值。

19．答：①单独土地评估，土地收益年限的确定，应考虑土地的不同取得方式。对于以有偿出让方式取得土地使用权的情况，土地收益年限为土地剩余使用权年限，可根据土地使用权证中载明的土地使用权年限（通常为某类用地出让的最高年限）减去土地已使用年限确定。对于以无偿划拨方式取得土地使用权的情况，土地收益年限为永续。②单独建筑物评估，建筑物收益年限为建筑物的剩余经济寿命年限，可根据建筑物总使用年限减去已使用年限确定。③房地评估，对于土地剩余使用权和建筑物剩余经济寿命年限相等的情况，可根据土地剩余使用权或建筑物剩余经济寿命年限确定房地产收益年限。对于土地剩余使用权年限比建筑物剩余经济寿命短的情况，应根据土地剩余使用权年限确定房地产收益年限。对于土地剩余使用年限比建筑物剩余经济寿命长的情况，以土地剩余使用权年限为房地产总的收益年限。

20．答：所收集的交易资料一般包括房地产坐落位置、用途、交易价格、交易日期、交易双方的基本情况、建筑物的结构、设备及装修情况、建筑物建造质量及新旧程度、基础设施状况、周围环境以及市场状况等。

六、计算题

1．解：根据题意，计算过程如下：

折现率 $=6\%+3\%=9\%$

房地产预期收益 $=280\times(1-20\%)=224$（万元）

评估值 $=\dfrac{224}{9\%}\times\left[1-\dfrac{1}{(1+9\%)^{30}}\right]+\dfrac{50}{5\%}\times\left[1-\dfrac{1}{(1+5\%)^{35-30}}\right]\times\dfrac{1}{(1+5\%)^{30}}$

$= 2\ 301.3 + 216.47 \times 0.231\ 4 = 2\ 351.39(万元)$

2. 解：根据题意，计算过程如下：

商场一层的预期收益：

租赁期限内年收益 $= 2\ 000 \times 180 \times 12 \times 90\% \times (1-25\%) = 291.6(万元)$

租赁期限外年收益 $= 2\ 000 \times 200 \times 12 \times 90\% \times (1-25\%) = 324(万元)$

评估值 $= \dfrac{291.6}{10\%} \times \left[1 - \dfrac{1}{(1+10\%)^3}\right] + \dfrac{324}{10\%} \times \left[1 - \dfrac{1}{(1+10\%)^{37-3}}\right] \times \dfrac{1}{(1+10\%)^3}$

$= 3\ 064.1(万元)$

商场二层的预期收益：

租赁期限内年收益 $= 2\ 000 \times 120 \times 12 \times 90\% \times (1-25\%) = 194.4(万元)$

评估值 $= \dfrac{194.4}{10\%} \times \left[1 - \dfrac{1}{(1+10\%)^{40-3}}\right] = 1\ 886.8(万元)$

该商场价值 $= 3\ 064.1 + 1\ 886.8 = 4\ 950.9(万元)$

3. 解：根据题意，计算过程如下：

该宗地的价值为：

$\dfrac{30}{(1+6\%)} + \dfrac{32}{(1+6\%)^2} + \dfrac{35}{(1+6\%)^3} + \dfrac{33}{(1+6\%)^4} + \dfrac{38}{(1+6\%)^5}$

$+ \dfrac{40}{6\%} \times \dfrac{1}{(1+6\%)^5} \times \left[1 - \dfrac{1}{(1+6\%)^{35}}\right]$

$= 28.301\ 9 + 28.479\ 9 + 29.386\ 7 + 26.139\ 1 + 28.395\ 8 + 433.359\ 99$

$= 574.06(万元)$

4. 解：根据题意，计算过程如下：

(1) 计算年预期收入：

房地产预期收入 $= 15\ 000 \times 85 \times 12 \times 90\% = 1\ 377(万元)$

房地产不含增值税预期收入 $= 1\ 377 \div (1+5\%) = 1\ 311.43(万元)$

(2) 计算年预期费用：

① 经常费用 $= 8 \times 12 = 96(万元)$

② 房产税 $= 1\ 377 \times 12\% = 165.24(万元)$

③ 家具设备折旧费 $= 420 \times (1-4\%) \div 10 = 40.32(万元)$

④ 保险费 $= 4\ 800 \times 3‰ = 14.40(万元)$

⑤ 预期费用 $= 96 + 165.24 + 40.32 + 14.40 = 315.96(万元)$

(3) 计算年预期收益：

预期收益 $= 1\ 311.43 - 315.96 = 995.47(万元)$

(4) 计算房地产收益年限：

房地产收益年限＝土地使用权年限－开发建设期－房地产开始出租至评估基准日的年数

$$=50-2-3=45(年)$$

(5) 计算房地产价值：

$$P=\frac{A}{r}\left[1-\frac{1}{(1+r)^n}\right]=\frac{995.47}{8\%}\left[1-\frac{1}{(1+8\%)^{45}}\right]=12\,053.55(万元)$$

5. 解：根据题意，计算过程如下：

(1) 计算时间因素修正系数：

可比实例 A 时间因素修正系数＝$102.3\%\times101.2\%\times103.4\%\times101.6\%\times99.8\%\times104.1\%=113\%$

可比实例 B 时间因素修正系数＝$98.6\%\times102.3\%\times101.2\%\times103.4\%\times101.6\%\times99.8\%\times104.1\%=111.4\%$

可比实例 C 时间因素修正系数＝$99.8\%\times104.1\%=103.9\%$

(2) 计算区域因素综合得分：

可比实例 A 区域因素综合得分＝$98\times0.4+105\times0.35+103\times0.25=101.7$

可比实例 B 区域因素综合得分＝$92\times0.4+96\times0.35+98\times0.25=101.7$

可比实例 C 区域因素综合得分＝$108\times0.4+97\times0.35+104\times0.25=101.7$

(3) 计算标准价值：

比准价值 $A=9\,000\times\frac{100}{102}\times\frac{100}{101.7}\times\frac{100}{103}\times113\%=9\,518(元／平方米)$

比准价值 $B=8\,800\times\frac{100}{99}\times\frac{100}{94.9}\times\frac{100}{108}\times111.4\%=9\,661(元／平方米)$

比准价值 $C=9\,210\times\frac{100}{105}\times\frac{100}{103.2}\times\frac{100}{94}\times103.9\%=9\,395(元／平方米)$

(4) 计算评估值：

评估值＝$(9\,518+9\,661+9\,395)\div3=9\,525(元／平方米)$

6. 解：根据题意，计算过程如下：

(1) 估测建筑安装成本：

参照物 A 调整后的单位造价＝$860\times100/103=834(元／平方米)$

参照物 B 调整后的单位造价＝$820\times100/98=837(元／平方米)$

评估对象的单位工程造价＝$(834+837+846)/3=839(元／平方米)$

评估对象的建筑安装成品＝$839\times10\,000=839(万元)$

(2) 计算勘察设计及前期安装费：

勘察设计及前期安装费 $=839\times(2\%+1.5\%)=29.37$（万元）

(3) 计算管理费用：

管理费用 $=839\times 3\%=25.17$（万元）

(4) 计算投资利息：

投资利息 $=29.37\times[(1+6\%)^2-1]+(839+120+25.17)\times 6\%=62.68$（万元）

(5) 计算开发利润：

开发利润 $=(839+29.37+120+25.17)\times 15\%=152.03$（万元）

(6) 计算销售费用：

销售费用 $=(839+29.37+120+25.17+62.68+152.03)\times 9\%=110.55$（万元）

(7) 计算重置成本：

重置成本 $=839+29.37+120+25.17+62.68+152.03+110.55=1\,338.80$（万元）

(8) 计算建筑物评估值：

建筑物评估值 $=$ 重置成本 $\times$ 成新率 $=1\,338.80\times 94.63\%=1\,266.91$（万元）

7. 解：根据题意，计算过程如下：

(1) 计算土地取得成本：

土地取得成本 $=500\times 230=115\,000$（元）

(2) 计算土地开发成本：

土地开发成本 $=500\times 246=123\,000$（元）

(3) 计算投资利息：

土地取得费的计息期为2年，土地开发费为分段投入，则：

土地取得费利息 $=115\,000\times[(1+8\%)^2-1]=19\,136$（元）

$$开发费利息 =123\,000\times\frac{3}{4}\times[(1+8\%)^{1.5}-1]+123\,000\times\frac{1}{4}\times[(1+8\%)^{0.5}-1]$$
$$=11\,289+1\,206=12\,495（元）$$

总投资利息 $=19\,136+12\,495=31\,631$（元）

(4) 计算开发利润：

开发利润 $=(115\,000+123\,000)\times 10\%=23\,800$（元）

(5) 计算增值税及附加：

增值税 $=$（土地取得成本＋土地开发成本＋投资利息＋开发利润）$\times$ 征收率
　　　$=(115\,000+123\,000+31\,631+23\,800)\times 5\%=14\,672$（元）

城市维护建设税 $=14\,672\times 7\%=1\,027$（元）

教育费附加 $=14\,672\times 3\%=440$（元）

增值税及附加合计＝14 672＋1 027＋440＝16 139(元)

(6) 计算销售费用：

销售费用＝(115 000＋123 000＋31 631＋23 800＋16 139)×3％＝9 287(元)

(7) 计算土地价值：

土地价格＝115 000＋123 000＋31 631＋23 800＋16 139＋9 287＝318 857(元)

土地单价＝318 857÷500＝638(元/平方米)

8. 解：根据题意，计算过程如下：

(1) 土地的重新取得费用＝1 000×10 000÷10 000＝1 000(万元)

(2) 开发成本＝2 500×20 000÷10 000＝5 000(万元)

(3) 管理费用＝5 000×3％＝150(万元)

(4) 销售费用＝200(万元)

(5) 投资利息＝$1\,000×[(1+7.02\%)^{2.5}-1]+(5\,000+150+200)×$
$\{30\%×[(1+7.02\%)^2-1]+50\%×[(1+7.02\%)^1-1]+20\%×$
$[(1+7.02\%)^{0.25}-1]\}$
＝624.185(万元)

(6) 设重新构建价格为 P，则销售税费为 $5.53\%×P$。

(7) 开发利润＝(1 000＋5 000＋150＋200)×12％＝762(万元)

(8) 计算重新构建价格：

$P=1\,000+5\,000+150+200+624.185+5.53\%P+762=8\,189.04$(万元)

(9) 计算经济性贬值：

经济性贬值＝$\left[\dfrac{500}{1+8\%}+\dfrac{100}{(1+8\%)^2}\right]×\dfrac{1}{(1+8\%)^{0.25}}=538.24$(万元)

(10) 功能性贬值＝50－110＋500＋90＝530(万元)

(11) 总价＝8 189.04－538.24－530＝7 120.8(万元)

9. 解：根据题意，计算过程如下：

(1) 重置成本法房屋建筑物评估值计算公式：

房屋建筑物评估值＝重置成本－实体性贬值－功能性贬值－经济性贬值

房屋建筑物评估值＝单位面积重置成本×建筑面积×成新率＝重置成本×成新率

一般可根据实际情况采用重编预算法、决算调整法、类比系数调整法、单方造价指标法等方法中的一种方法或同时运用几种方法综合确定评估对象的建筑安装工程综合造价。

(2) 土建工程造价＝3 883(万元)

安装工程造价＝675(万元)

建安工程造价＝3 883＋675＝4 558(万元)

前期费用＝4 558×2％＝91.16(万元)

期间费用＝(91.16＋4 558)×5％＝232.46(万元)

利润＝(91.16＋4 558＋232.46)×3.5％＝170.86(万元)

重置成本＝建安工程造价＋前期费用＋期间费用＋利润
$$= 4\,558 + 91.16 + 232.46 + 170.86$$
$$= 5\,052.48(万元)$$

(3) 年限法成新率＝(50－5)÷50×100％＝90％

打分法成新率＝(94×80％＋70×10％＋90×10％)÷100×100％＝91.20％

综合成新率＝90％×0.4＋91.20％×0.6＝90.72％

(4) 委估厂房的评估值＝重置成本×成新率＝5 052.48×90.72％＝4 583.61(万元)

10．解：根据题意，计算过程如下：

(1) 计算年预期收入：

预期收入＝45 000×12－45 000÷2＝517 500(元)

不含增值税的预期收入＝517 500÷(1＋5％)＝492 857(元)

(2) 计算年预期费用：

管理费＝45 000×12×3％＝16 200(元)

维修费＝1 200 000×1.5％＝18 000(元)

保险费＝1 200 000×3‰＝3 600(元)

房产税＝540 000×12％＝64 800(元)

土地使用税＝500×2＝1 000(元)

预期费用＝16 200＋18 000＋3 600＋64 800＋1 000＝103 600(元)

(3) 计算年预期收益：

预期收益＝492 857－103 600＝389 257(元)

(4) 计算土地预期收益：

房屋预期收益＝1 200 000×10％＝120 000(元)

土地预期收益＝389 257－120 000＝269 257(元)

(5) 计算土地使用权价值：

土地使用权价值＝$\dfrac{269\,257}{8\%}×\left[1-\dfrac{1}{(1+8\%)^{40}}\right]$＝3 210 786(元)

土地单价＝3 210 786÷500＝6 422(元／平方米)

11．解：根据题意，计算过程如下：

开发完成后房地产价值＝$4\,000×1\,000+2\,500×6\,000×\left[80\%+\dfrac{20\%}{(1+10\%)^{0.5}}\right]$
$$=18\,860\,388(元)=1\,886.04(万元)$$

投资利息 $= P \times [(1+8\%)^2 - 1] + 800 \times 60\% \times [(1+8\%)^{1.5} - 1] + 800 \times 40\% \times [(1+8\%)^{0.5} - 1] = 0.17P + 71.29(万元)$

开发利润 $= (P + 800) \times 20\% = 0.2P + 160(万元)$

增值税 $= 1\,886.04 \div (1+5\%) \times 5\% = 89.81(万元)$

城市维护建设税 $= 89.81 \times 7\% = 6.29(万元)$

教育费附加 $= 89.81 \times 3\% = 2.69(万元)$

增值税及附加合计 $= 89.81 + 6.29 + 2.69 = 98.79(万元)$

销售费用 $= 1\,886.04 \times 3.5\% = 66.01(万元)$

$P_n = 1\,886.04 - 800 - 0.17P - 0.2P - 71.29 - 160 - 98.79 - 66.01$

$P_n = (1+10\%)^2 P$

$1\,886.04 - 800 - 0.17P - 0.2P - 71.29 - 160 - 98.79 - 66.01 = (1+10\%)^2 P$

$P = 689.95 \div 1.58 = 436.68(万元)$

第五章 无形资产评估

第一部分 内容概要

一、无形资产评估概述

(一) 无形资产的概念与特性

1. 无形资产的概念

无形资产是指特定主体所拥有或者控制的,不具有实物形态,能持续发挥作用并且能带来经济利益的资源。

无形资产应从以下三个方面理解:①无形资产具有非实体性。②无形资产具有控制性。③无形资产具有效益性。

无形资产同时满足下列条件的,才能予以确认:①符合无形资产的定义。②与该无形资产相关的预计未来经济利益很可能流入企业。③该无形资产的成本能够可靠地计量。

2. 无形资产的特性

无形资产的功能特性:积累性、共益性、替代性、附着性。

无形资产的成本特性:不完整性、弱对应性、虚拟性。

(二) 无形资产的内容与分类

1. 无形资产的内容

无形资产包括社会无形资产和自然无形资产。社会无形资产通常包括专利权、非专利技术、商标权、著作权、特许经营权、商誉等。自然无形资产包括不具有实体物质形态的天然气等自然资源。具体内容如表 5-1 所示。

表 5-1　　　　　　　　　　　无形资产的内容

相关概念	内容
专利权	专利权,是指国家专利主管机关依法授予发明、创造专利申请人对其发明、创造在法定期限内所享有的专有权利,包括发明专利权、实用新型专利权和外观设计专利权
非专利技术	非专利技术,也称专有技术,是指不为外界所知,在生产经营活动中应采用的,不享有法律保护的,可以带来经济效益的各种技术和诀窍
商标权	商标权,是指专门在某类指定的商品或产品上使用特定的名称或图案的权利

（续表）

相关概念	内容
著作权	著作权，是指作者对其创作的文学、科学和艺术作品依法享有的某些特殊权利
特许经营权	特许经营权，是指企业在某一地区经营或销售某种特定产品的权利或是一家企业接受另一家企业使用其商标、商号、技术秘密等的权利
商誉	商誉，是指能在未来期间为企业带来超额利润的潜在经济价值，或一家企业预期的获利能力超过可辨认资产正常获利能力的资本化价值

2. 无形资产的分类

按无形资产的性质分类，无形资产可分为知识型无形资产、关系型无形资产、权利型无形资产以及组合型无形资产。

按无形资产的取得方式分类，无形资产可分为自创无形资产和外购无形资产。

按无形资产是否独立存在分类，无形资产可分为可确指无形资产和不可确指无形资产。

按无形资产有无法律保护分类，无形资产可分为法定无形资产和收益性无形资产。

按无形资产存在期限分类，无形资产可分为有期限无形资产和无期限无形资产。

按无形资产作用的领域分类，无形资产可分为营销型无形资产（如许可证、销售网络以及顾客名单）、制造型无形资产（如专利权、专有技术）和金融型无形资产（优惠融资、租赁权）等。

按无形资产的技术含量分类，无形资产可分为技术型无形资产和非技术型无形资产。

无形资产的分类如图 5-1 所示。

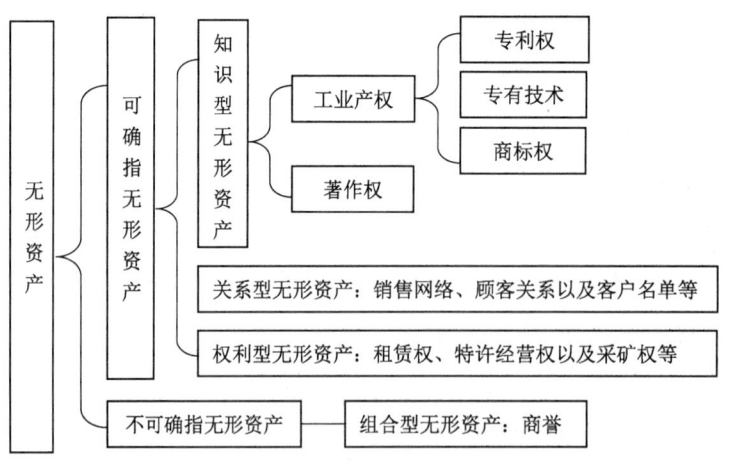

图 5-1　无形资产的分类

（三）无形资产评估的特点

无形资产评估的特点：无形资产评估通常以产权变动为前提；无形资产评估是对超额获利能力的评估。

(四)影响无形资产价值的因素

一般来说,影响无形资产价值的因素主要有:无形资产的取得成本、无形资产的机会成本、收益状况、使用期限、技术成熟程度、转让内容、市场供需状况等。除上述因素外,国家宏观政策、无形资产更新换代速度以及无形资产研发风险等因素也影响着无形资产的价值。

(五)无形资产评估的程序

无形资产评估程序是指无形资产评估的具体工作步骤,主要包括明确基本事项、订立业务委托合同、制订无形资产评估工作计划、鉴定无形资产搜集评估资料、估算无形资产价值、编制评估报告等工作。

二、收益法在无形资产评估中的应用

(一)收益法的基本思路

无形资产评估中的收益法是将无形资产带来的超额收益以适当的折现率折现求和,以此确定无形资产价值的评估思路和技术方法。

收益法的基本参数:①无形资产的超额收益。②无形资产的折现率。③无形资产的收益期限。

收益法的基本前提条件:①无形资产的未来预期超额收益能够预测和计量。②无形资产未来所面临的风险状况能够预测和计量。③无形资产获得超额收益的年限能够确定。

(二)无形资产超额收益的估测

1. 直接估算法

1) 价格提高型

无形资产应用于生产经营过程,使产品能够以高出其他企业同类产品的价格出售,从而获得超额收益。假设在销售量和单位成本不变,不考虑销售税金的情况下,无形资产形成的超额收益的计算公式为:

$$R = (P_2 - P_1)Q(1-T)$$

2) 销量增加型

无形资产应用于生产经营过程,使产品的销售数量大幅度增加,从而获得超额收益。假设单位价格和单位成本不变,不考虑销售税金的情况下,无形资产形成的超额收益的计算公式为:

$$R = (Q_2 - Q_1)(P - C)(1-T)$$

3) 成本节约型

无形资产应用于生产经营过程,使产品的成本费用降低,从而获得超额收益。假设销售量和单位价格不变,不考虑销售税金的情况下,无形资产形成的超额收益的计算公式为:

$$R = (C_1 - C_2)Q(1-T)$$

2. 分成率法

1）分成率换算法

分成率换算法是通过已知的销售收入分成率和销售利润率指标计算销售利润分成率，或者通过已知的销售利润分成率和销售利润率指标计算销售收入分成率。其计算公式为：

$$销售利润分成率 = 销售收入分成率 \div 销售利润率$$

$$销售收入分成率 = 销售利润分成率 \times 销售利润率$$

2）边际分析法

边际分析法是依据经济学中的边际贡献理论估算销售利润分成率。该方法的具体步骤如下：

（1）对无形资产的边际贡献因素进行分析。

（2）测算使用无形资产后，受让方可以实现的总额利润和无形资产带来的新增利润。

（3）根据无形资产的剩余经济寿命或设定年限，将各年的新增利润和总额利润分别折现累加，得到剩余经济寿命或设定年限内的新增利润现值之和与利润总额现值之和。

（4）用新增的利润现值之和与总额利润现值之和的比率作为无形资产销售利润分成率。其计算公式为：

$$K = \sum_{t=1}^{n} \frac{\Delta R_t}{(1+r)^t} \div \sum_{t=1}^{n} \frac{R_t}{(1+r)^t}$$

3）约当投资分成法

约当投资分成法是根据等量资本获得等量报酬的思想，将购买方共同发挥作用的有形资产和无形资产按照各自的适用成本利润率换算成约当投资量，然后按照无形资产的约当投资量占总约当投资量的权重确定无形资产利润分成率的方法。其计算公式为：

$$利润分成率 = \frac{无形资产约当投资量}{购买方约当投资量 + 无形资产约当投资量} \times 100\%$$

$$无形资产约当投资量 = 无形资产重置成本 \times (1 + 适用的成本利润率)$$

$$购买方约当投资量 = 购买方投入资产的重置成本 \times (1 + 适用的成本利润率)$$

3. 差额法

差额法是采用无形资产和其他类型资产在经济活动中的综合收益与行业平均水平进行比较，从而得到无形资产超额收益的方法。该方法的具体步骤：首先，搜集有关使用无形资产的产品生产经营活动财务资料，进行盈利分析，计算得到企业的销售收入和销售利润。其次，搜集并确定行业平均销售利润率指标，用企业的销售收入乘以行业的平均销售利润率得到按行业评价销售利润率计算的企业利润。最后，计算无形资产带来的超额收益。其计算公式为：

$$超额收益 = 销售利润 - 销售收入 \times 行业平均销售利润率$$

总之,无形资产超额收益的估测方法通常包括直接估算法、分成率法以及差额法,如图5-2所示。

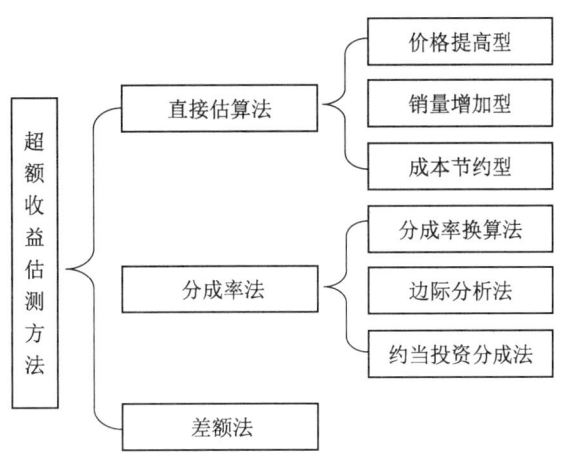

图 5-2 超额收益估测方法

(三) 无形资产折现率的估测

无形资产的折现率是将无形资产带来的超额收益折算成现值的利率,其实质上是无形资产投资的预期收益率。无形资产折现率的高低取决于无风险报酬率和无形资产的风险报酬率。从理论上讲,无形资产的折现率是无风险报酬率与无形资产的风险报酬率之和。其计算公式为:

$$无形资产的折现率 = 无风险报酬率 + 无形资产的风险报酬率$$

(四) 无形资产收益期限的确定

无形资产收益期限又称有效期限,是指无形资产发挥作用,并具有超额收益能力的时间。无形资产在发挥作用的过程中,其损耗是客观存在的。无形资产损耗的价值量是确定无形资产有效期限的前提。无形资产因为没有物质实体,所以无形资产不存在由于使用或自然力作用形成的有形损耗。无形资产价值的降低是由于无形损耗形成的,即由于科学技术进步而引起价值减少。

确定无形资产的有效期限,可以依照下列方法确定:①法律或合同、企业申请书分别规定有法定寿命和合同期限的,可按照法定寿命与合同期限孰短的原则确定。②法律未规定有效期,企业合同或企业申请书中规定有合同期限的,可按照规定的合同期限确定。③法律和企业合同或申请书均未规定法定寿命和合同期限的,按预计受益期限确定。

在判断无形资产获得超额收益持续的期限时,要把握一个原则,即剩余经济寿命、法定寿命以及合同期限孰短的原则。

（五）无形资产价值的估测

在已确定了无形资产的超额收益、折现率和收益期限后，便可按照收益法的基本思路将无形资产在其发挥效用的年限内的超额收益折现累加求得评估值。其计算公式为：

$$P = \sum_{t=1}^{n} \frac{R_t}{(1+r)^t}$$

三、成本法在无形资产评估中的应用

（一）成本法的基本思路

运用成本法评估无形资产，是在确信无形资产具有现实或潜在的获利能力，但不易量化的情况下，可以根据替代原则，以无形资产的现行重置成本扣除无形资产贬值因素估算其价值。

运用成本法评估无形资产需要把握两大基本要素：①无形资产的重置成本。②无形资产的贬值，包括无形资产的功能性贬值和经济性贬值。其计算公式为：

$$无形资产评估值 = 无形资产的重置成本 \times (1 - 贬值率)$$

（二）无形资产重置成本的估测

1. 自创无形资产重置成本的估测

1) 重置核算法

重置核算法是将以现行价格水平和费用标准计算的无形资产研发过程中的全部成本费用（包括直接成本和间接成本）加上合理的利润、税费确定无形资产的重置成本。其计算公式为：

$$无形资产重置成本 = 直接成本 + 间接成本 + 合理利润 + 税费$$

2) 倍加系数法

对于智力资本密集的技术型无形资产，考虑到科研劳动的复杂性和高风险性，可采用倍加系数法估算无形资产的重置成本。其计算公式为：

$$C_r = \frac{C + \beta_1 V}{1 - \beta_2}(1+r)\frac{1}{1-T}$$

2. 外购无形资产重置成本的估测

1) 市价类比法

市价类比法是在无形资产市场中选择与被评估对象类似的无形资产近期交易实例作为参照物，再根据功能、技术先进性以及适用性等对参照物的交易价格进行调整和修正，从而确定评估对象现行购买价格，再根据现行标准和实际情况核定无形资产的购置费用，以此来确定无形资产的重置成本。

2）价格指数法

价格指数法是以被评估无形资产的历史成本为基础,采用同类无形资产的价格指数,将无形资产的历史成本调整为重置成本的方法。

采用定基价格指数进行调整的公式为:

$$重置成本 = 历史成本 \times \frac{评估时定基价格指数}{购置时定基价格指数}$$

采用环比价格指数进行调整的公式为:

$$重置成本 = 历史成本 \times \prod_{t=t_0+1}^{t_n} 环比价格指数$$

(三) 无形资产贬值的估测

1. 专家鉴定法

专家鉴定法是指通过有关技术领域的专家,对被评估无形资产的先进性、适用性做出判断,综合分析同类无形资产的状况以及国家有关政策等方面,从而确定无形资产贬值率的方法。专家鉴定法需要具有丰富的专业知识和实践经验。

2. 使用年限法

无形资产的功能性贬值和经济性贬值往往会通过其剩余经济寿命的缩短体现出来。因此,无形资产贬值率的确定,可以采用年限平均法进行估测。其计算公式为:

$$贬值率 = \frac{已使用年限}{已使用年限 + 尚可使用年限} \times 100\%$$

(四) 无形资产价值的估测

1. 无形资产所有权价值的估测

无形资产所有权是无形资产最根本的权利。其计算公式为:

$$无形资产评估值 = 无形资产的重置成本 \times (1 - 贬值率)$$

2. 无形资产许可使用权价值的估测

无形资产许可使用权通常可分为独占使用权、排他使用权和普通使用权等。无形资产使用权的价值就不是全部无形资产重置成本净值,而是全部无形资产重置成本净值的分摊额与无形资产转让的机会成本之和。其计算公式为:

$$无形资产评估值 = 重置成本 \times (1 - 贬值率) \times 转让成本分摊率 + 转让的机会成本$$

式中:

$$转让成本分摊率 = \frac{购买方运用无形资产的设计能力}{运用无形资产总的设计能力} \times 100\%$$

转让的机会成本 = 无形资产转让的净减收益现值 + 无形资产再开发的净增费用现值

四、市场法在无形资产评估中的应用

(一) 市场法的基本思路

无形资产评估中的市场法是指通过市场调查,选择与被评估无形资产相同或者类似的近期交易实例作为参照物,并通过对交易情况、交易时间以及交易价格类型,无形资产的先进性、适用性、可靠性、使用范围、剩余经济寿命等各方面因素的比较、量化和修正,将参照物无形资产的市场交易价格调整为被评估对象价值的评估思路和技术方法。

(二) 参照物的选择

在对所收集资料进行分析、整理和筛选的基础上,合理选择参照物,参照物的选择要注意:①所选择的参照物应与评估对象在功能、性质、适用范围等方面相同或基本相同。②参照物的成交时间应尽可能接近评估基准日,或其价格可调整为评估基准日价格。③参照物的价格类型要与评估对象要求的价格类型相同或接近。④至少有3个参照物可供比较。

(三) 可比因素的确定

可比因素就是影响被评估对象和参照物之间价格差异的因素。从大的方面来看,这些影响因素包括交易情况因素、交易时间因素、无形资产状况因素等。

无形资产的评估方法为本章的主要内容,现将其总结如表 5-2 所示。

表 5-2 第五章主要内容

评估方法	基本参数	估算方法		
收益法	超额收益	直接估算法	价格提高型	$R = (P_2 - P_1)Q(1-T)$
			销量增加型	$R = (Q_2 - Q_1)(P-C)(1-T)$
			成本节约型	$R = (C_1 - C_2)Q(1-T)$
		分成率法	分成率转换法	销售利润分成率 = 销售收入分成率 × 销售利润率
			边际分析法	$K = \sum_{i=1}^{n} \frac{\Delta R_i}{(1+r)^i} \div \sum_{i=1}^{n} \frac{R_i}{(1+r)^i}$
			约当投资分成法	销售利润分成率 = $\frac{无形资产约当投资量}{购买方约当投资量 + 无形资产约当投资量} \times 100\%$
			差额法	超额收益 = 销售利润 - 销售收入 × 行业平均销售利润率
	折现率	无形资产的折现率 = 无风险报酬率 + 无形资产的风险报酬率		
	收益期限	剩余经济寿命、法定寿命以及合同期限孰短的原则		

(续表)

评估方法	基本参数	估算方法			
成本法	重置成本	自创型	重置核算法	无形资产重置成本＝直接成本＋间接成本＋合理利润＋税费	
			倍加系数法	$C_r = \dfrac{C+\beta_1 V}{1-\beta_2}(1+r)\dfrac{1}{1-T}$	
		外购型	市价类比法		
			价格指数法	定基	重置成本＝历史成本×$\dfrac{评估时定基价格指数}{购置时定基价格指数}$
				环比	重置成本＝历史成本×$\prod\limits_{t=t_0+1}^{t_n}$环比价格指数
	贬值率	专家鉴定法			
		使用年限法	贬值率＝$\dfrac{已使用年限}{已使用年限＋尚可使用年限}\times 100\%$		
市场法	选择参照物				
	确定可比因素				

第二部分 练习题

一、名词解释

1. 无形资产
2. 专利权
3. 非专利技术
4. 商标权
5. 著作权
6. 特许经营权
7. 商誉
8. 知识型无形资产
9. 权利型无形资产
10. 关系型无形资产
11. 组合型无形资产
12. 可确指无形资产

13. 不可确指无形资产

14. 无形资产评估中的收益法

15. 分成率法

16. 边际分析法

17. 约当投资分成法

18. 差额法

19. 无形资产的折现率

20. 无形资产收益期限

22. 合同期限

23. 剩余经济寿命

24. 无形资产评估中的成本法

25. 重置核算法

26. 市价类比法

27. 价格指数法

28. 专家鉴定法

29. 使用年限法

30. 无形资产转让的净减收益

31. 无形资产再开发的净增费用

32. 无形资产评估中的市场法

二、单项选择题

1. 下列选项中,不属于无形资产功能特点的是( )。

    A. 共益性　　　B. 积累性　　　C. 替代性　　　D. 弱对应性

2. 无形资产的有效期限是无形资产获得( )的期限。

    A. 正常收益　　B. 超额收益　　C. 客观收益　　D. 实际收益

3. 确定无形资产收益期限通常按照剩余经济寿命、法定寿命以及合同期限( )。

    A. 孰短原则　　B. 孰长原则　　C. 平均原则　　D. 任选原则

4. 下列有关无形资产分成率的公式中,正确的是( )。

    A. 销售收入分成率＝销售利润分成率＋销售利润率

    B. 销售利润分成率＝销售收入分成率×销售利润率

    C. 销售利润分成率＝销售收入分成率÷销售利润率

    D. 销售收入分成率＝1－销售利润分成率

5. 评估时点,某计算机软件已使用4年,尚可使用2年,该软件的重置成本为60万元,则依据成本法估算该无形资产的评估值为( )万元。
   A. 20   B. 40   C. 60   D. 12

6. 若转让双方共同使用该无形资产,则评估重置成本净值分摊率的依据是( )。
   A. 已使用年限   B. 尚可使用年限
   C. 设计能力   D. 重置成本

7. 评估对象为一项外观设计专利,经评估人员分析,预计评估基准日后实施该专利可使产品每年的销售量由过去的5万台上升到10万台。假定每台的售价和成本均与实施专利前相同,分别为500元/台和450元/台,收益期为3年,折现率为10%,企业所得税税率为25%,不考虑流转税等其他因素,则该外观设计专利的评估值等于( )万元。
   A. 250   B. 466.29   C. 621.72   D. 833.1

8. 对无形资产进行评估时,下列说法正确的是( )。
   A. 收益法是唯一的方法   B. 收益法、市场法、成本法都可应用
   C. 只能采用收益法和市场法   D. 只能采用收益法和成本法

9. 假定某无形资产设计生产能力为1 000万件,购买方被许可的无形资产的设计能力为500万件,购买方实际运用生产能力为400万件,则无形资产的成本分摊率为( )。
   A. 40%   B. 200%   C. 50%   D. 150%

10. 银行存款利率为5.67%,贷款利率为7.67%,企业所处行业的风险报酬率为6%,则该企业拟采用的折现率为( )。
    A. 5.67%   B. 7.67%   C. 11.67%   D. 13.67%

11. 下列选项中,不属于无形资产的是( )。
    A. 非注册商标   B. 专利权
    C. 计算机软件   D. 非专利技术

12. 甲企业研制出一种含锌矿泉粉材料,在研制过程中共消耗物料及其他费用50万元,人员开支20万元。评估人员经测算,确定科研人员创造性劳动倍加系数为1.5,科研平均风险系数为0.2,该无形资产的投资报酬率为30%,不考虑税费影响,采用倍加系数法估算其重置成本为( )万元。
    A. 70   B. 91   C. 120   D. 130

13. 评估无形资产使用频率最高的方法是( )。
    A. 成本法   B. 市场法   C. 收益法   D. 市场法和成本法

14. 一项专利技术还有15年的法律寿命、12年的合同寿命、10年的剩余经济寿命,则该项专利技术的预期收益期限应确定为( )年。

A. 15　　　　　　B. 12　　　　　　C. 10　　　　　　D. 无法确定

15. 某企业的预期年收益额为 25 万元,该企业的各单项资产的重估价值之和为 90 万元,企业所在行业的平均收益率为 20%,并以行业平均收益率作为适用资产收益率。该商誉的评估值为(　　)万元。

A. 35　　　　　　B. 7　　　　　　C. 85　　　　　　D. 15

16. 某无形资产 2020 年购买时账面价值为 100 万元,2022 年对其进行评估。2020 年、2022 年使用的定基价格指数分别为 110%、125%,则该项无形资产的重置成本为(　　)万元。

A. 100　　　　　B. 110　　　　　C. 125　　　　　D. 113.64

17. 某企业 5 年前获得一项专利,法定寿命为 10 年,现对其价值进行评估。经专家估算,至评估基准日,其重置成本为 120 万元,尚可使用 3 年,则该项专利的评估值为(　　)万元。

A. 45　　　　　　B. 50　　　　　　C. 36　　　　　　D. 72

三、多项选择题

1. 下列各项中,属于无形资产分成率的估测方法的有(　　)。

   A. 分成率换算法　　　　　　B. 边际分析法
   C. 约当投资分成法　　　　　D. 差额法

2. 用收益法评估无形资产时,折现率是一个重要概念。折现率一般包括(　　)。

   A. 无风险报酬率　　　　　　B. 风险报酬率
   C. 收益率　　　　　　　　　D. 收益额

3. 下列情况中,会造成无形资产贬值的有(　　)。

   A. 无形资产所决定的产品销量骤减,需求大幅下降
   B. 传播面逐渐扩大,社会普遍接受和掌握
   C. 新的更为先进的无形资产出现
   D. 无形资产创造收益的能力下降

4. 下列选项中,属于无形资产转让的机会成本的有(　　)。

   A. 转让的重置成本　　　　　B. 转让的重置成本净值
   C. 转让净减收益的现值　　　D. 转让净增费用的现值

5. 运用市场法评估无形资产会受到一定的限制,这个限制主要源于无形资产的(　　)。

   A. 非实体性　　B. 个别性　　C. 垄断性　　D. 保密性

6. 下列选项中,属于无形资产的成本特性的有(　　)。

   A. 不完整性　　B. 虚拟性　　C. 弱对应性　　D. 积累性

7. 无形资产鉴定的内容有(　　)。
   A. 确认无形资产的存在　　　　　　B. 确认无形资产的权利状况
   C. 鉴定无形资产的效用　　　　　　D. 确定无形资产的有效期限

8. 知识产权通常包括(　　)。
   A. 专利权　　B. 商誉　　C. 商标权　　D. 著作权

9. 无形资产作为独立的转让对象评估,其前提有(　　)。
   A. 能带来正常利润　　　　　　　　B. 能带来超额利润
   C. 能带来垄断利润　　　　　　　　D. 能带来预期利润

10. 下列无形资产中,评估值较高的有(　　)。
    A. 技术较成熟的无形资产
    B. 运用风险较小的无形资产
    C. 创造成本很高但不为市场所需求的无形资产
    D. 收益较高的无形资产

11. 预计和确定无形资产的有效期限,通常采用的方法有(　　)。
    A. 法律或合同、企业申请书分别规定有法定寿命和合同期限的,可按照法定寿命与合同期限孰短的原则确定
    B. 法律未规定有效期,企业合同或企业申请书中规定有合同期限的,可按照规定的合同期限确定
    C. 法律和企业合同或申请书均未规定法定寿命和合同期限的,按预计受益期限确定
    D. 按照国际惯例确定

12. 自创无形资产的重置成本包括(　　)。
    A. 直接成本　　B. 间接成本　　C. 合理利润　　D. 税费

13. 下列对无形资产概念的理解中,正确的有(　　)。
    A. 由一定主体拥有或控制
    B. 对生产经营长期持续发挥作用并能带来经济效益的经济资源
    C. 不具有实物形态,但又依托于一定的实体
    D. 对生产经营长期持续发挥作用并能带来经济效益的非经济资源

14. 工业产权主要包括(　　)。
    A. 专利权　　B. 商誉　　C. 商标权　　D. 著作权

15. 商誉属于(　　)。
    A. 不可确指无形资产　　　　　　　B. 技术型无形资产
    C. 非技术型无形资产　　　　　　　D. 组合型无形资产

16. 收益法评估无形资产价值时,需要考虑的参数包括(　　)。
    A. 预期收益　　B. 收益期限　　C. 资本化率　　D. 成新率
17. 下列选项中,属于有期限无形资产的有(　　)。
    A. 版权　　B. 商标权　　C. 专利权　　D. 非专利技术

四、判断题

1. 由于无形资产具有替代性的功能特性,因此在评估时必须要考虑无形资产的经济寿命,尤其是尚可使用年限。　　　　　　　　　　　　　　　　　　　　　　　　(　　)
2. 考虑无形资产的共益性,就要求在资产评估时考虑机会成本的补偿问题。(　　)
3. 无形资产交易中所有权和使用权不具有可分割性。　　　　　　　　　(　　)
4. 无形资产剩余经济寿命应主要根据其带来的超额受益的时间来判断。　(　　)
5. 无形资产只存在无形损耗,不存在有形损耗。　　　　　　　　　　　(　　)
6. 无形资产评估一般只采用收益法,这是由无形资产的特征决定的。　　(　　)
7. 商誉本身不能单独产生收益,也不能离开企业而单独存在和出售。　　(　　)
8. 从法律角度讲,非专利技术没有法律保护期限。所有者只能通过保密手段自我保护。
   　　　　　　　　　　　　　　　　　　　　　　　　　　　　　　(　　)
9. 同类无形资产的发展和更新速度越快,该无形资产的贬值速度就会越快,其预期能够创造的超额利润的期限就越短,该无形资产的价值就越低。　　　　　　　(　　)
10. 从法律角度讲,非专利技术是一种法定权利,也是一种自然权利。　　(　　)

五、简答题

1. 无形资产主要有哪些分类?
2. 影响无形资产价值的因素有哪些?
3. 无形资产评估的程序包括哪些内容?
4. 运用边际分析法估算销售利润分成率的具体步骤有哪些?
5. 运用差额法估算无形资产超额收益的具体步骤有哪些?
6. 导致无形资产价值降低的具体情况有哪些?
7. 如何理解和确定无形资产的收益期限?
8. 运用市场法评估无形资产价值应如何选择参照物?
9. 影响评估对象和参照物之间价格差异的因素有哪些?

六、计算题

1. 某企业转让 AR 新技术,购买方用于改造年产 10 万套 AR 设备生产线。经对无形资产边际贡献因素的分析,测算在其寿命期间各年度分别可带来新增利润 100 万元、120 万元、90 万元、70 万元,分别占当年利润总额的 40%、30%、20%、15%,折现率为 10%。

要求:计算无形资产的销售利润分成率。

2. 甲企业以制造四轮驱动汽车的技术向乙企业投资,该技术的重置成本为 100 万元,乙企业拟投入合营的资产重置成本为 8 000 万元,甲企业无形资产成本利润率为 500%,乙企业拟合作的资产原利润率为 12.5%。

要求:计算甲企业无形资产的利润分成率。

3. 甲企业拥有一项专利,该专利保护期限还有 8 年,评估人员调查分析认为该专利的剩余经济寿命为 6 年。乙企业拟购买该项专利,预计乙企业运用该项专利后,每年可新增税前利润 120 万元,该专利对新增利润的贡献度为 60%,企业所得税税率为 25%,折现率为 10%。

要求:根据上述资料,评估该项专利的转让价值。

4. 甲企业拟将 AR 专利技术使用权转让给乙企业,有关资料如下:

(1) 该专利技术是甲企业 2 年前获得的,历史成本为 260 万元。

(2) 与 2 年前相比,该类技术的价格上涨了 8%。

(3) 该专利技术的剩余经济寿命为 6 年。

(4) 该专利为甲乙企业共享使用,甲乙企业设计生产能力分别为 500 万部和 300 万部。

(5) 专利转让后,甲企业未来净减收益现值为 60 万元,增加研发费用现值为 18 万元。

要求:根据上述资料,评估该项专利使用权的价值。

5. 甲企业将其注册商标通过许可使用合同许可给乙企业使用,使用时间为 5 年。双方约定乙企业按照使用商标新增加利润的 25% 支付给甲企业。根据估测乙企业使用该商标后,每件产品可新增加税前利润 10 元,预计 5 年内的生产销售量分别为 40 万件、45 万件、55 万件、60 万件、65 万件。假定折现率为 10%,企业所得税税率为 25%。

要求:根据上述资料,评估该商标许可使用权价值。

第三部分 参考答案

一、名词解释

1. 无形资产是指特定主体所拥有或者控制的,不具有实物形态,能持续发挥作用并且能带来经济利益的资源。

2. 专利权是指国家专利主管机关依法授予发明、创造专利申请人对其发明、创造在法定期限内所享有的专有权利,包括发明专利权、实用新型专利权和外观设计专利权。

3. 非专利技术也称专有技术,是指不为外界所知,在生产经营活动中应采用的,不享有法律保护的,可以带来经济效益的各种技术和诀窍。

4. 商标权是指专门在某类指定的商品或产品上使用特定的名称或图案的权利。

5. 著作权是指作者对其创作的文学、科学和艺术作品依法享有的某些特殊权利。

6. 特许经营权是指企业在某一地区经营或销售某种特定产品的权利或是一家企业接受另一家企业使用其商标、商号、技术秘密等的权利。

7. 商誉是指能在未来期间为企业带来超额利润的潜在经济价值,或一家企业预期的获利能力超过可辨认资产正常获利能力的资本化价值。

8. 知识型无形资产也称为知识产权,是指主要依靠人的知识、智力或技术创造的知识密集型无形资产,包括工业产权和著作权,工业产权又包括如专利权、专有技术以及商标权等。

9. 权利型无形资产主要指通过法律行为创设的非知识型无形资产,它由书面或非书面契约条款产生,对于契约双方具有经济利益,如租赁权、特许经营权以及采矿权等。

10. 关系型无形资产是指可以获得盈利条件的特殊关系,通常是非契约性质的经济资源,在没有契约约束的条件下能短期存在,对于关系方具有巨大的价值,如销售网络、顾客关系以及客户名单等。

11. 组合型无形资产也称结合型无形资产,是指运用多种因素综合形成的无形资产,如商誉等。这类资产的价值源泉无法和具体的因素对应起来,不能一一区分产生价值的各种因素。

12. 可确指无形资产是指那些具有专门名称,可单独取得、转让或出售的无形资产。

13. 不可确指无形资产是指那些不能辨识、不可单独取得、离开企业就不复存在的无形资产,如商誉。

14. 无形资产评估中的收益法是将无形资产带来的超额收益以适当的折现率折现求和,以此确定无形资产价值的评估思路和技术方法。

15. 分成率法是以运用无形资产后的税后收入或税后利润为基数,乘以无形资产的分成率来确定无形资产超额收益的方法。

16. 边际分析法是依据经济学中的边际贡献理论估算销售利润分成率的方法。

17. 约当投资分成法是根据等量资本获得等量报酬的思想,将购买方共同发挥作用的有形资产和无形资产按照各自的适用成本利润率换算成约当投资量,然后按照无形资产的约当投资量占总约当投资量的权重确定无形资产利润分成率的方法。

18. 差额法是采用无形资产和其他类型资产在经济活动中的综合收益与行业平均水平进行比较,从而得到无形资产超额收益的方法。

19. 无形资产的折现率是将无形资产带来的超额收益折算成现值的利率,其实质上是无形资产投资的预期收益率。

20. 无形资产收益期限又称有效期限,是指无形资产发挥作用,并具有超额收益能力的时间。

21. 法定寿命是指无形资产受法律保护的有效期限。

22. 合同期限是指通过合同规定的无形资产的收益期限。

23. 剩余经济寿命是指无形资产能够有效使用并持续产生超额收益的时间。

24. 无形资产评估中的成本法是在确信无形资产具有现实或潜在的获利能力,但不易量化的情况下,可以根据替代原则,以无形资产的现行重置成本扣除无形资产贬值因素估算其价值的评估思路和技术方法。

25. 重置核算法是将以现行价格水平和费用标准计算的无形资产研发过程中的全部成本费用(包括直接成本和间接成本)加上合理的利润、税费确定无形资产的重置成本的方法。

26. 市价类比法是在无形资产市场中选择与被评估对象类似的无形资产近期交易实例作为参照物,再根据功能、技术先进性以及适用性等对参照物的交易价格进行调整和修正,从而确定评估对象现行购买价格,再根据现行标准和实际情况核定无形资产的购置费用,以此来确定无形资产的重置成本。

27. 价格指数法是以被评估无形资产的历史成本为基础,采用同类无形资产的价格指数将无形资产的历史成本调整为重置成本的方法。

28. 专家鉴定法是指通过有关技术领域的专家,对被评估无形资产的先进性、适用性做出判断,综合分析同类无形资产的状况以及国家有关政策等方面,从而确定无形资产贬值率的方法。

29. 使用年限法是由资产评估专业人员通过对无形资产已使用年限和尚可使用年限的判断和预测基础上,确定无形资产贬值率的方法。

30. 无形资产转让的净减收益一般是指在无形资产尚能发挥作用期间减少的净现金流量。

31. 无形资产再开发的净增费用包括保护和维持无形资产追加的科研费用和其他费用。

32. 无形资产评估中的市场法是指通过市场调查,选择与被评估无形资产相同或者类似的近期交易实例作为参照物,并通过对交易情况、交易时间以及交易价格类型,无形资产的先进性、适用性、可靠性、使用范围、剩余经济寿命等各方面因素的比较、量化和修正,将参照物无形资产的市场交易价格调整为被评估对象价值的评估思路和技术方法。

二、单项选择题

1	2	3	4	5	6	7	8	9
D	B	A	C	A	C	B	B	C
10	11	12	13	14	15	16	17	
C	A	D	C	C	A	D	C	

【重难点解析】

1. 无形资产的功能特性包括积累性、共益性、替代性、附着性；无形资产的成本特性包括不完整性、弱对应性、虚拟性。

5. 根据题意，计算过程如下：

无形资产的评估值 $=60\times\dfrac{2}{4+2}=20$（万元）

7. 根据题意，计算过程如下：

外观设计专利的评估值 $=(10-5)\times(500-450)\times(1-25\%)\times PVIFA_{10\%,3}$
$=187.5\times2.4869$
$=466.29$（万元）

9. 根据题意，计算过程如下：

转让成本分摊率 $=\dfrac{购买方运用无形资产的设计能力}{运用无形资产总的设计能力}\times100\%=\dfrac{500}{1\,000}\times100\%=50\%$

10. 根据题意，计算过程如下：

无形资产的折现率 = 无风险报酬率 + 无形资产的风险报酬率 = $5.67\%+6\%=11.67\%$

12. 根据题意，计算过程如下：

不考虑税费影响时：

$C_r=\dfrac{C+\beta_1 V}{1-\beta_2}\times(1+r)=\dfrac{50+1.5\times20}{1-0.2}\times(1+30\%)=130$（万元）

13. 无形资产评估中，收益法、成本法、市场法的使用频率依次降低。

14. 在判断无形资产获得超额收益持续的期限时，要把握一个原则，即剩余经济寿命、法定寿命以及合同期限孰短的原则。

15. 根据题意，计算过程如下：

商誉的评估值 $=\dfrac{25}{20\%}-90=125-90=35$（万元）

16. 根据题意，计算过程如下：

无形资产的重置成本 $=100\times\dfrac{125\%}{110\%}=113.64$（万元）

17. 根据题意，计算过程如下：

专利的评估值 $= 120 \times \dfrac{3}{10} = 36$（万元）

三、多项选择题

1	2	3	4	5	6	7	8	9
ABC	AB	ABCD	CD	BCD	ABC	ABCD	ACD	BC
10	11	12	13	14	15	16	17	
ABD	ABC	ABCD	ABC	AC	ACD	ABC	ABC	

【重难点解析】

1. 差额法属于无形资产超额收益的估测方法。

2. 知识产权通常包括工业产权和著作权，工业产权主要包括专利权和商标权。

11. 确定无形资产的有效期限，可以依照下列方法确定：①法律或合同、企业申请书分别规定有法定寿命和合同期限的，可按照法定寿命与合同期限孰短的原则确定。②法律未规定有效期，企业合同或企业申请书中规定有合同期限的，可按照规定的合同期限确定。③法律和企业合同或申请书均未规定法定寿命和合同期限的，按预计受益期限确定。在判断无形资产获得超额收益持续的期限时，要把握一个原则，即剩余经济寿命、法定寿命以及合同期限孰短的原则。

12. 自创无形资产重置成本＝直接成本＋间接成本＋合理利润＋税费

13. 无形资产属于经济资源。

17. 非专利技术属于无期限无形资产。

四、判断题

1	2	3	4	5	6	7	8	9	10
√	√	×	√	√	×	√	√	√	×

【重难点解析】

3. 无形资产交易中所有权和使用权具有可分割性。

4. 对无形资产进行评估时，收益法、市场法、成本法都可应用，只是其使用频率依次降低。

5. 非专利技术不属于法定权利。

五、简答题

1. 答：无形资产种类繁多，按不同的标准分类如下：①按无形资产的性质分类，无形资产可分为知识型无形资产、关系型无形资产、权利型无形资产以及组合型无形资产。②按无形资产的取得方式分类,无形资产可分为自创无形资产和外购无形资产。前者是由自主研究创造形成的无形资产;后者则是通过外购方式取得无形资产。③按无形资产是否独立存在分类,无形资产可分为可确指无形资产和不可确指无形资产。除商誉以外的无形资产都是可确指无形资产。④按无形资产有无法律保护分类,无形资产可分为法定无形资产和收益性无形资产。⑤按无形资产存在期限分类,无形资产可分为有期限无形资产和无期限无形资产。⑥按无形资产作用的领域分类,无形资产可分为营销型无形资产(如许可证、销售网络以及顾客名单)、制造型无形资产(如专利权、专有技术)和金融型无形资产(优惠融资、租赁权)等。⑦按无形资产的技术含量分类,无形资产可分为技术型无形资产和非技术型无形资产。

2. 答:一般来说,影响无形资产评估价值的因素主要有以下几个:无形资产的取得成本、无形资产的机会成本、收益状况、使用期限、技术成熟程度、转让内容、市场供需状况。除上述因素外,国家宏观政策、无形资产更新换代速度以及无形资产研发风险等因素也影响着无形资产的价值。

3. 答:无形资产评估程序是指无形资产评估的具体工作步骤,主要包括明确基本事项、订立业务委托合同、制订无形资产评估工作计划、鉴定无形资产、搜集评估资料、估算无形资产价值、编制评估报告等工作。其中,明确无形资产评估的基础事项主要是明确无形资产评估目的、评估对象、价值类型和评估基准日等基本情况。无形资产业务委托合同的主要内容包括无形资产评估目的、评估对象和评估范围、评估价值类型、评估基准日、评估收费、评估报告提交日等内容。无形资产评估工作计划主要包括评估人员安排计划、评估工作进度计划和评估作业经费计划等内容。鉴定无形资产直接影响评估范围和评估价值的科学性,通过鉴定无形资产可以确认无形资产是否存在,鉴别和确定无形资产的权利状况、效用和有效期限。无形资产评估所需要的资料主要包括:无形资产的法律文件或其他证明材料、无形资产取得成本资料、无形资产技术资料、无形资产转让内容和条件、无形资产盈利能力资料、无形资产期限、无形资产的市场供求状况以及其他所需资料。采用收益法评估时,要合理确定超额收益,分析收益期限,选择与无形资产风险匹配的折现率。采用成本法评估时,以无形资产的重置成本为基础,并充分考虑无形资产存在的功能性贬值和经济性贬值因素。采用市场法评估时,要根据有关资料,选择可比的参照物,考虑交易条件、时间因素、交易地点以及影响无形资产价值的其他因素的差异,调整并确定评估值。上述工作完成后,应根据评估报告规范要求的格式和内容,在对评估过程综合分析的基础上撰写无形资产评估报告。无形资产评估报告中要明确阐述评估结论产生的前提、假设和限定条件,各种参数的选用依据,评估方法使用的理由及逻辑推理方式。

4. 答：运用边际分析法估算销售利润分成率的具体步骤：首先，对无形资产的边际贡献因素进行分析：①新市场的开辟，产品销售量的提高。②原材料消耗量的降低，用工数量的减少，成本费用的节省。③产品质量的改进，功能增加，产品单位价格的提高等。其次，测算使用无形资产后受让方可以实现的总额利润和无形资产带来的新增利润。再次，根据无形资产的剩余经济寿命或设定年限，将各年的新增利润和总额利润分别折现累加，得到剩余经济寿命或设定年限内的新增利润现值之和与利润总额现值之和。最后，用新增的利润现值之和与总额利润现值之和的比率作为无形资产销售利润分成率。

5. 答：运用差额法估算无形资产超额收益的具体步骤：首先，搜集有关使用无形资产的产品生产经营活动财务资料，进行盈利分析，计算得到企业的销售收入和销售利润。然后，搜集并确定行业平均销售利润率指标，用企业的销售收入乘以行业的平均销售利润率得到按行业评价销售利润率计算的企业利润。最后，计算无形资产带来的超额收益。

6. 答：无形资产价值的降低是由于无形损耗形成的，即由于科学技术进步而引起价值减少。具体来说，主要由下列三种情况决定产生：①更新、更先进、更经济的无形资产出现，新的无形资产逐渐替代旧的无形资产，旧的无形资产的价值就会逐渐降低，直至丧失。②由于无形资产传播面的扩大，其他企业逐渐也掌握了该项无形资产，使拥有该项无形资产的企业超额收益能力减少，该项无形资产价值也会随之减少。③企业应用某项无形资产生产的产品销售量骤减，需求大幅度下降时，该项无形资产的价值就会减少。

7. 答：无形资产收益期限或称有效期限，是指无形资产发挥作用，并具有超额收益能力的时间。剩余经济寿命就是要确定的无形资产的收益期限，确定无形资产的有效期限，可以依照下列方法确定：①法律或合同、企业申请书分别规定有法定寿命和合同期限的，可按照法定寿命与合同期限熟短的原则确定。②法律未规定有效期，企业合同或企业申请书中规定有合同期限的，可按照规定的合同期限确定。③法律和企业合同或申请书均未规定法定寿命和合同期限的，按预计受益期限确定。总之，在判断无形资产获得超额收益持续的期限时，要把握一个原则，即剩余经济寿命、法定寿命以及合同期限熟短的原则。

8. 答：在对所收集资料进行分析、整理和筛选的基础上，合理选择参照物，参照物的选择要注意：①所选择的参照物应与评估对象在功能、性质、适用范围等方面相同或基本相同。②参照物的成交时间应尽可能接近评估基准日，或其价格可调整为评估基准日价格。③参照物的价格类型要与评估对象要求的价格类型相同或接近。④至少有3个参照物可供比较。

9. 答：影响评估对象和参照物之间价格差异的因素包括交易情况因素、交易时间因素、无形资产状况因素等。其中，交易情况因素包括交易类型、市场供求状况、交易双方状况、交易内容（如所有权转让或使用权转让）、交易条件、付款方式等；交易时间因素主要分析参照物交易时同类无形资产的价格水平与评估时点是否发生变化,变化的幅度以及对无形资产价格的影响程度;无形资产的类型不同,无形资产状况因素也不完全相同,技术型无形资产的状况因素主要包括无形资产的产权状况,无形资产的适用性、先进性、安全可靠性和配套性,无形资产的剩余经济寿命,无形资产受法律保护和自我保护的程度,无形资产的保密性和扩散性,无形资产的研发和宣传成本等。

六、计算题

1. 解:根据题意,计算过程如下:

第一步,计算各年度总额利润的现值之和:

$$\frac{100 \div 40\%}{1+10\%} + \frac{120 \div 30\%}{(1+10\%)^2} + \frac{90 \div 20\%}{(1+10\%)^3} + \frac{70 \div 15\%}{(1+10\%)^4}$$

$= 250 \times 0.9091 + 400 \times 0.8264 + 450 \times 0.7513 + 467 \times 0.6830$

$= 227.275 + 330.56 + 338.085 + 318.961$

$= 1\,214.881(万元)$

第二步,计算各年度新增利润的现值之和:

$$\frac{100}{1+10\%} + \frac{120}{(1+10\%)^2} + \frac{90}{(1+10\%)^3} + \frac{70}{(1+10\%)^4}$$

$= 100 \times 0.9091 + 120 \times 0.8264 + 90 \times 0.7513 + 70 \times 0.6830$

$= 90.91 + 99.168 + 67.617 + 47.81$

$= 305.505(万元)$

第三步,计算无形资产销售利润分成率:

$$\frac{305.505}{1\,214.881} \times 100\% = 25\%$$

2. 解:根据题意,计算过程如下:

无形资产的约当投资量 $= 100 \times (1+500\%) = 600(万元)$

乙企业投入合营资产的约当投资量 $= 8\,000 \times (1+12.5\%) = 9\,000(万元)$

甲企业无形资产的利润分成率 $= \dfrac{600}{9\,000+600} \times 100\% = 6.25\%$

3. 解:根据题意,计算过程如下:

超额收益 $= 120 \times 60\% \times (1-25\%) = 54(万元)$

评估值 $= 54 \times PVIFA_{10\%,6} = 54 \times 4.3553 = 235.19(万元)$

4. 解:根据题意,计算过程如下:

(1) 计算无形资产重置成本:

重置成本＝260×(1+8%)＝280.8(万元)

(2) 计算无形资产的贬值率：

贬值率＝$\frac{2}{2+6}$×100%＝25%(万元)

(3) 计算无形资产重置成本净值：

重置成本＝280.8×(1－25%)＝210.6(万元)

(4) 计算无形资产的转让成本分摊率：

转让成本分摊率＝$\frac{300}{300+500}$×100%＝37.5%

(5) 计算无形资产转让的机会成本：

转让的机会成本＝60+18＝78(万元)

(6) 计算无形资产使用权转让价值：

无形资产使用权转让价值＝210.6×37.5%+78＝156.975(万元)

5. 解：根据题意，计算过程如下：

$$\text{商标许可使用权价值}=\frac{40\times10\times(1-25\%)\times25\%}{1+10\%}+\frac{45\times10\times(1-25\%)\times25\%}{(1+10\%)^2}$$

$$+\frac{55\times10\times(1-25\%)\times25\%}{(1+10\%)^3}+\frac{60\times10\times(1-25\%)\times25\%}{(1+10\%)^4}$$

$$+\frac{65\times10\times(1-25\%)\times25\%}{(1+10\%)^5}$$

$$=27.27+27.89+30.99+30.74+30.27$$

$$=147.16(万元)$$

第六章 企业价值评估

第一部分 内容概要

一、企业价值评估概述

(一) 企业与企业价值

1. 企业的概念与特点

从资产评估和企业价值评估的角度看,可以把企业看作以营利为目的、按照法律程序建立起来的经济实体;从形式上它体现为固定地点的相关资产的有序组合。

企业作为一类特殊的资产有其自身的特点:①合法性。②营利性。③整体性。④持续经营与环境适应性。⑤权益的可分性。

2. 企业价值的概念与决定因素

如果从资产评估的角度来看,企业价值需要从两个方面考虑和界定:①资产评估揭示的是评估对象在交易假设前提下的公允价值。②由企业特点所决定,企业在市场上的货币表现实际上是企业所具有的获利能力可实现部分的货币化和资本化。

(二) 企业价值评估的概念与对象

1. 企业价值评估的概念

从理论上讲,企业价值评估是指对持续经营条件下的企业的获利能力转化为市场价值的评估,而不包括由破产清算或其他原因引起的非持续经营"企业"的价值评估。

2. 企业价值评估的对象

企业价值经常被理解为企业总资产价值、企业整体价值、企业投资资本价值、企业股东全部权益价值以及企业股东部分权益价值等。企业价值的五个层次及其构成如表 6-1 所示。

表 6-1 企业价值的五个层次及其构成

企业价值的层次	构成
总资产价值	所有者权益+全部负债
企业整体价值	所有者权益+付息负债

(续表)

企业价值的层次	构成
投资资本价值	所有者权益+长期负债
股东全部权益价值	所有者权益
企业股东部分权益价值	部分所有者权益

(三) 企业价值评估的特点和价值类型

1. 企业价值评估的特点

当把企业作为一种独立的整体评估对象进行评估时,它有以下特点:①从评估对象载体的构成来看,评估对象载体是由多个或多种单项资产组成的资产综合体。②从决定企业价值高低的因素看,其决定因素是企业的整体获利能力。③企业价值评估是对企业具有的潜在获利能力所能实现部分的估计。④企业价值评估是一种整体性评估,它充分考虑了企业各构成要素资产之间的匹配与协调,以及企业资产结构、产品结构与市场结构之间的协调。

2. 企业价值评估的价值类型

企业的市场价值是指企业在评估基准日公开市场上正常经营所表现出来的市场交换价值的估计值,或者说是整个市场对企业认同的价值。企业的非市场价值是指不满足企业市场价值定义和条件的所有其他企业价值表现形式的集合。

(四) 企业评估价值辨析

企业的评估价值是企业的公允价值;企业的评估价值基于企业的盈利能力;资产评估中的企业价值有别于账面价值、公司市值和清算价值。

(五) 企业价值评估的基本程序

企业价值评估的基本程序包括:企业价值评估中需要明确的基本事项;企业价值评估中的评估方法的选择;收集信息资料;运用评估技术分析判断企业价值;撰写企业价值评估报告。

(六) 企业价值评估的范围和假设

1. 企业价值评估的范围

1) 企业价值评估的一般范围

企业价值评估的一般范围是指一般意义上的企业价值评估对象载体的权益边界和资产数量边界,即企业拥有的全部资产及其权益。

2) 企业价值评估的具体范围

在界定企业价值评估的具体范围时,应注意以下几点:①对于在评估时点产权不清的资产,应划为"待定产权资产",不列入企业价值评估的资产范围。②在产权清晰的基础上,对企业的有效资产、溢余资产进行区分。③在企业价值评估中,对溢余资产进行处理。④如企业出售方拟通过"填平补齐"的方法对影响企业盈利能力的薄弱环节进行改进时,评估人员应着重判断该改进对正确揭示企业盈利能力的影响,以及必要改进所要付出的成本及代价。

2. 企业价值评估的假设

企业价值评估的假设包括:①交易假设。②市场条件假设。③持续经营假设。④清算假设。

二、收益法在企业价值评估中的应用

(一) 收益法评估企业价值的核心问题

运用收益法对企业进行价值评估,关键在于对以下三个问题的解决:①要对企业的预期收益予以界定。②要对企业的预期收益进行合理的预测。③在对企业的预期收益做出合理的预测后,要选择合适的折现率。

(二) 企业预期收益的估测

1. 企业预期收益的界定

1) 企业预期收益的范围

在具体界定企业预期收益时应注意以下几个方面:①从性质上讲,企业创造的不归企业权益主体所有的收入不能作为企业价值评估中的企业预期收益。②凡是归企业权益主体所有的企业收支净额,可视同企业预期收益,无论是营业收支、资产收支,还是投资收支,只要形成净现金流入量,就应视同企业预期收益。③从企业价值评估操作的层面上讲,企业价值评估中的企业预期收益是作为反映企业获利能力的一个重要参数和指标。

2) 关于企业预期收益的口径

在企业价值评估中经常使用的收益口径主要包括:净利润、净现金流量、息前净利润、息前净现金流量等。收益口径和表现形式与不同层次的企业价值的对应关系如表 6-2 所示。

表 6-2　　收益口径和表现形式与不同层次的企业价值的对应关系

企业预期收益	企业价值
净利润 净现金流量(股东自由现金流量)	股东全部权益价值
净利润+长期负债利息×(1-所得税税率) 净现金流量+长期负债利息×(1-所得税税率)	投资资本价值
净利润+负债利息×(1-所得税税率) (息前净利润) 净现金流量+负债利息×(1-所得税税率) (企业自由现金流量/息前净现金流量)	企业整体价值

(续表)

企业预期收益	企业价值
净利润＋负债利息×（1－所得税税率）（息前净利润） 净现金流量＋负债利息×（1－所得税税率） （企业自由现金流量/息前净现金流量）	总资产价值

2. 企业预期收益的预测

1）企业预期收益预测的基础

企业价值评估的预期收益的基础应该是在正常的经营条件下，排除影响企业盈利能力的偶然因素和不可比因素之后的企业正常收益，即以企业在评估时点的实际收益为出发点，扣除一次性的或者偶然性的因素，作为企业预期收益预测的基础。

2）企业预期收益预测的步骤

企业预期收益的预测大致可分为以下几个步骤：①评估基准日对企业实际收益或正常收益的审核和调整。②企业预期收益趋势的总体分析和判断。③企业预期收益预测。

(三) 折现率和资本化率的估测

1. 企业价值评估中选择折现率的基本原则

企业价值评估中选择折现率的基本原则：①折现率不低于投资的机会成本。②行业基准收益率不宜直接作为折现率，但行业平均收益率可作为确定折现率的重要参考指标。③贴现率不宜直接作为折现率。

2. 风险报酬率的测算

风险报酬率的测算方法包括风险累加法和 β 系数法。

3. 折现率的测算

折现率的测算方法有累加法、资本资产定价模型以及加权平均资本成本模型。

(四) 收益额、折现率以及企业价值口径一致问题

在运用收益法评估企业价值时，必须注意收益额与计算折现率所使用的收益额之间结构与口径上的匹配和协调，以保证评估结果合理且有意义。企业预期收益额、折现率以及企业价值口径如表6-3所示。

表6-3　　　　　企业预期收益额、折现率以及企业价值口径一致性

企业价值	企业预期收益额	折现率
股东全部权益价值	净利润 净现金流量（股东自由现金流量）	股权投资回报率 （净资产收益率）
投资资本价值	净利润＋长期负债利息×（1－所得税税率） 净现金流量＋长期负债利息×（1－所得税税率）	股权和长期债权综合投资回报率 （投资资本收益率）

(续表)

企业价值	企业预期收益额	折现率
企业整体价值	净利润＋负债利息×(1－所得税税率) （息前净利润） 净现金流量＋负债利息×(1－所得税税率) （企业自由现金流量/息前净现金流量）	股权和付息债权综合投资回报率
总资产价值	净利润＋负债利息×(1－所得税税率) （息前净利润） 净现金流量＋负债利息×(1－所得税税率) （企业自由现金流量/息前净现金流量）	股权和全部债权综合投资回报率 （总资产收益率）

（五）收益法的分类

收益法的分类如表6-4所示。

表6-4　　　　　　　　　　　收益法的分类

永续经营假设前提下的具体方法	年金法	$P = \dfrac{A}{r}$
		$P = \left[\sum\limits_{i=1}^{n} \dfrac{R_i}{(1+r)^i} \div \sum\limits_{i=1}^{n} \dfrac{1}{(1+r)^i} \right] \div r$
	分段法	$P = \sum\limits_{i=1}^{n} \dfrac{R_i}{(1+r)^i} + \dfrac{R_n}{r} \times (1+r)^{-n}$
		$P = \sum\limits_{t=1}^{n} \dfrac{R_t}{(1+r)^t} + \dfrac{R_n(1+g)}{(r-g)} \cdot (1+r)^{-n}$
有限持续经营假设前提下的具体方法		$P = \sum\limits_{i=1}^{n} \dfrac{R_i}{(1+r)^i} + \dfrac{P_n}{(1+r)^n}$

三、市场法在企业价值评估中的应用

（一）市场法的含义

市场法在企业价值评估中的应用是通过在市场上找出若干个与被评估企业相同或相似的参照企业，分析比较被评估企业和参照企业的重要指标的可比性，在此基础上确定若干价值比率，利用价值比率估测被评估企业的初步价值，再做必要的修正和调整，最后确定被评估企业的价值。

（二）市场法的分类

市场法常用的两种具体方法是上市公司比较法和并购案例比较法。不论是上市公司比较法还是并购案例比较法，运用上述方法的核心是确定适当的价值比率。确定价值比率的关键在于两点：①对可比企业的选择。②对可比指标的选择。

（三）运用市场法评估企业价值存在的两个障碍

运用市场法评估企业价值存在的两个障碍：①企业的个体差异。②企业交易案例的差异。

四、成本法在企业价值评估中的应用

（一）运用资产加和法应注意的有关事项

在运用资产加和法评估之前，应对企业的盈利能力以及相匹配的单项资产进行认定，以便在委托方委托的评估一般范围基础上，进一步界定纳入企业盈利能力范围内的有效资产和溢余资产的界限，明确企业价值评估的具体范围及其具体评估对象和评估前提。作为一项原则，评估人员在对评估具体范围内构成企业的各个单项资产进行评估时，应该首先明确各项资产的评估前提，即持续经营假设前提和非持续经营假设前提。

（二）流动资产评估

1. 流动资产的概念

流动资产是指企业可以在1年或者超过1年的一个营业周期内变现或者耗用的资产，包括库存现金、银行存款、应收及预付款项、存货等。流动资产的分类如表6-5所示。

表6-5　　　　　　　　　　　　　流动资产的分类

分类标志	内容
按流动资产在企业生产经营中的形态和作用分类	货币资金、储备资金、生产资金、产品资金以及结算资金
按流动资产取得或重置时的资金形态分类	非实物性流动资产和实物性流动资产
按流动性大小分类	速动资产和非速动资产

流动资产的特点包括以下几个方面：①周转速度快。②变现能力强。③形态多样化。④存量波动大。⑤现行市价与原始成本比较接近。

2. 流动资产评估的特点

流动资产评估的特点：①流动资产评估属于单项资产评估。②合理选择流动资产评估的基准时间。③既要认真进行资产清查，同时又要分清主次，掌握重点。④受企业牵制大，对企业流动资产会计核算资料的依赖程度很高。⑤流动资产账面价值基本上可以反映其现值。

3. 流动资产评估的一般方法

目前我国的流动资产评估通常有以下四种评估计价标准和评估方法：①历史成本法。②重置成本法。③现行市价法。④清算价格法。

4. 实物类流动资产的评估

实物类流动资产的评估如表 6-6 所示。

表 6-6　　　　　　　　　　实物类流动资产的评估

原材料的评估	① 对近期购进原材料的评估 ② 对购进批次间隔时间长、价格变化较大的原材料的评估 ③ 对缺乏准确现行市价的原材料的评估 ④ 对呆滞材料的评估	
低值易耗品的评估	库低值易耗品的评估	
	在用低值易耗品的评估	
在产品的评估	成本法	
	市场法	
产成品及库存商品的评估	成本法	
	市场法	

5. 非实物类流动资产的评估

非实物类流动资产的评估如表 6-7 所示。

表 6-7　　　　　　　　　　非实物类流动资产的评估

库存现金的评估	点钞法	
银行存款的评估	银行存款余额调节表	
应收账款的评估	坏账比例法	
	账龄分析法	
预付账款的评估	只有那些在评估基准日之后仍将发挥作用的预付账款,才是评估的对象	
应收票据的评估	按票据的本利和计算	不带息票据的评估值=票面金额
		带息票据的评估值=票面金额×(1+利率×时间)
	按应收票据的贴现值计算	应收票据评估值=票据到期价值-贴现利息
交易性金融资产的评估	① 对于公开挂牌交易的有价证券可按评估基准日的收盘价计算确定其评估值 ② 不能公开交易的有价证券可按其本金加持有期间利息计算其评估值	

(三) 长期投资性资产评估

1. 债券投资评估

1) 债券投资的要素

债券投资的要素包括票面价值、票面利率、到期日以及市场利率。

2) 债券的估值模型

债券的估值模型如表 6-8 所示。

表 6-8　　　　　　　　　　　债券的估值模型

债券类型		评估价值的计算公式
平息债券		$P = I \cdot PVIFA_{r,n} + M \cdot PVIF_{r,n} = I \cdot \dfrac{1}{r}\left[1 - \dfrac{1}{(1+r)^n}\right] + \dfrac{M}{(1+r)^n}$
到期一次还本付息债券	单利计息	$P = \dfrac{M \cdot (1 + m \cdot i)}{(1+r)^n}$
	复利计息	$P = \dfrac{M \cdot (1+i)^m}{(1+r)^n}$
零息债券		$P = \dfrac{M}{(1+r)^n} = M \cdot PVIF_{r,n}$

2. 股权投资评估

1）股票形式股权的评估

股票的估值模型如表 6-9 所示。

表 6-9　　　　　　　　　　　股票的估值模型

股票估值模型		评估价值的计算公式
基本模型	永久持有	$P = \sum\limits_{t=1}^{\infty} \dfrac{D_t}{(1+r)^t}$
	未来出售	$P = \sum\limits_{t=1}^{n} \dfrac{D_t}{(1+r)^t} + \dfrac{P_n}{(1+r)^n}$
固定股利模型		$P = \dfrac{D}{r}$
股利稳定增长模型		$P = \dfrac{D_0(1+g)}{r-g} = \dfrac{D_1}{r-g}$
分段模型	第二段固定股利	$P = \sum\limits_{t=1}^{n} \dfrac{D_t}{(1+r)^t} + \dfrac{D_{n+1}}{r \cdot (1+r)^n}$
	第二段稳定增长股利	$P = \sum\limits_{t=1}^{n} \dfrac{D_t}{(1+r)^t} + \dfrac{D_{n+1}}{(r-g) \cdot (1+r)^n}$

2）非股票形式股权的评估

非股票形式股权的评估包括非控股型股权投资评估和控股型股权投资评估。

（四）有形资产评估值之和加整体无形资产价值法

有形资产评估值之和加整体无形资产价值法是将企业价值分为两个部分：①企业的所有有形资产价值。②企业的全部无形资产价值。

企业价值的评估方法为本章的主要内容，总结如表 6-10 所示。

表 6-10　　　　　　　　　　　第六章主要内容

评估方法			具体估算方法	
收益法	永续经营假设前提下的具体方法	年金法	$P = \dfrac{A}{r}$	
			$P = \left[\sum\limits_{i=1}^{n}\dfrac{R_i}{(1+r)^i} \div \sum\limits_{i=1}^{n}\dfrac{1}{(1+r)^i}\right] \div r$	
		分段法	$P = \sum\limits_{i=1}^{n}\dfrac{R_i}{(1+r)^i} + \dfrac{R_n}{r} \times (1+r)^{-n}$	
			$P = \sum\limits_{t=1}^{n}\dfrac{R_t}{(1+r)^t} + \dfrac{R_n(1+g)}{(r-g)} \cdot (1+r)^{-n}$	
	有限持续经营假设前提下的具体方法		$P = \sum\limits_{i=1}^{n}\dfrac{R_i}{(1+r)^i} + \dfrac{P_n}{(1+r)^n}$	
市场法	上市公司比较法		$V_1 = X_1 \cdot \dfrac{V_2}{X_2}$	① 利息、折旧和税收前利润，即 $EBIDT$。② 无负债的净现金流量。③ 销售收入。④ 净利润。⑤ 净现金流量。⑥ 净资产等。
	并购案例比较法			
成本法	流动资产	库存现金	点钞法	
		银行存款	银行存款余额调节表	
		应收账款	评估值 = 应收账款账面余额 − 坏账损失 − 坏账准备	
		预付账款	只有那些在评估基准日之后仍将发挥作用的预付账款，才是评估的对象	
		应收票据	① 按票据的本利和计算，即应收票据的评估价值为票据的面值加上应计的利息 ② 按应收票据的贴现值计算，即应收票据的评估价值为按评估基准日到银行申请贴现的贴现值	
		交易性金融资产	① 对于公开挂牌交易的有价证券可按评估基准日的收盘价计算确定其评估值 ② 不能公开交易的有价证券可按其本金加持有期间利息计算其评估值	
		存货	原材料、低值易耗品、在产品、产成品及库存商品	
	长期投资性资产	债权投资评估	平息债券	$P = I \cdot \left[\dfrac{1-(1+r)^n}{r}\right] + \dfrac{M}{(1+r)^n}$
			到期一次还本付息债券 单利	$P = \dfrac{M \cdot (1+m \cdot i)}{(1+r)^n}$
			到期一次还本付息债券 复利	$P = \dfrac{M \cdot (1+i)^m}{(1+r)^n}$
			零息债券	$P = \dfrac{M}{(1+r)^n} = M \cdot PVIF_{r,n}$

(续表)

评估方法				具体估算方法	
成本法	长期投资性资产	股权投资评估	股票形式股权	基本模型	$P = \sum_{t=1}^{\infty} \dfrac{D_t}{(1+r)^t}$
					$P = \sum_{t=1}^{n} \dfrac{D_t}{(1+r)^t} + \dfrac{P_n}{(1+r)^n}$
				固定股利模型	$P = \dfrac{D}{r}$
				股利稳定增长模型	$P = \dfrac{D_0(1+g)}{r-g} = \dfrac{D_1}{r-g}$
				分段模型	$P = \sum_{t=1}^{n} \dfrac{D_t}{(1+r)^t} + \dfrac{D_{n+1}}{r \cdot (1+r)^n}$
					$P = \sum_{t=1}^{n} \dfrac{D_t}{(1+r)^t} + \dfrac{D_{n+1}}{(r-g) \cdot (1+r)^n}$
			非股票形式股权	非控股型股权投资评估	
				控股型股权投资评估	

第二部分　练习题

一、名词解释

1. 企业价值评估
2. 企业总资产价值
3. 企业整体价值
4. 企业投资资本价值
5. 企业股东全部权益价值
6. 企业股东部分权益价值
7. 企业的市场价值
8. 企业的非市场价值
9. 企业价值评估范围
10. 有效资产
11. 溢余资产
12. 行业风险

13. 经营风险

14. 财务风险

15. 累加法

16. 加权平均资本成本模型

17. 市场法

18. 上市公司比较法

19. 交易案例比较法

20. 坏账比例法

21. 账龄分析法

二、单项选择题

1. 企业价值评估的一般范围是从企业(　　)角度界定的。

    A. 规模　　　　　　B. 产权　　　　　　C. 技术　　　　　　D. 位置

2. 企业产权的转让实质上是(　　)。

    A. 企业负债的转让　　　　　　　　B. 企业资产的转让

    C. 企业所有者权益的转让　　　　　D. 企业资产和负债的转让

3. 从财务管理的角度来看,企业价值是企业未来现金流的折现值,其量的大小决定因素是(　　)。

    A. 企业未来现金流量和折现率　　　B. 社会必要劳动时间

    C. 建造企业的原始投资额　　　　　D. 企业生产能力

4. 从市场交换的角度来看,企业价值是各相关主体在产权置换中可接受的交换价值,其量的大小决定因素是(　　)。

    A. 社会必要劳动时间　　　　　　　B. 建造企业的原始投资额

    C. 企业未来的获利能力　　　　　　D. 企业生产能力

5. 企业总资产价值减去企业负债中的非付息负债价值后的余值,或用企业所有者权益价值与企业的全部付息负债价值之和是(　　)。

    A. 企业总资产价值　　　　　　　　B. 企业整体价值

    C. 企业投资资本价值　　　　　　　D. 企业股东全部权益价值

6. 企业总资产价值减去企业流动负债价值后的余值,或用企业所有者权益价值加上企业的长期负债价值是(　　)。

    A. 企业总资产价值　　　　　　　　B. 企业整体价值

    C. 企业投资资本价值　　　　　　　D. 企业股东全部权益价值

7. 下列选项中,属于关联交易假设具体情景的是( )。
   A. 交易时间充分,参与交易的主体数量有限
   B. 交易时间充分,参与交易的主体之间存在特殊关系
   C. 交易时间受限,参与交易的主体数量很多
   D. 交易时间受限,参与交易的主体数量也有限

8. 运用直接法评估企业价值,选择什么口径的收益额作为评估参数应当依据( )。
   A. 企业价值评估的方法
   B. 企业价值评估的价值目标
   C. 企业价值评估的假设条件
   D. 企业价值评估的价值标准

9. 利用企业的净利润或净现金流量加上扣税后的全部利息作为企业价值评估的收益额,其直接资本化的结果应该是企业的( )。
   A. 股东全部权益价值
   B. 投资资本价值
   C. 股东部分权益价值
   D. 企业整体价值

10. 正常的投资报酬率( )该投资的机会成本。
    A. 不能低于   B. 不能高于   C. 应等于   D. 高于低于等于均可

11. 下列收益率中,可以作为企业价值评估折现率中的无风险利率的是( )。
    A. 企业债券利率
    B. 国库券利率
    C. 行业平均成本利润率
    D. 行业销售利润率

12. 假设社会平均收益率为8%,无风险报酬率为6.2%,被评估企业所在行业的β系数为1.5,则该企业的风险报酬率为( )。
    A. 8%   B. 6.2%   C. 6.5%   D. 2.7%

13. 宏发公司股票的β系数为1.5,无风险利率为4%,市场上所有股票的平均收益率为8%,则宏发公司股票的收益率应为( )。
    A. 4%   B. 12%   C. 8%   D. 10%

14. 企业的资产总额为5亿元,其中长期负债与所有者权益的比例为4:6,长期负债利息率为6%,评估时社会无风险报酬率为5%,社会平均投资报酬率为8%,该企业的风险与社会平均风险的比值为1.2,该企业的所得税税率为25%,采用加权平均成本模型计算的折现率应为( )。
    A. 8.17%   B. 7.56%   C. 6.98%   D. 6.96%

15. 当企业收益额选取净利润,而资本化率选取净资产收益率时,其资本化结果应为企业的( )。
    A. 投资资本价值
    B. 股东全部权益价值
    C. 总资产价值
    D. 企业整体价值

16. 在一般情况下,用加权平均资本成本模型测算出来的折现率,适用于( )口径的企业收益额的评估。

   A. 股权自由现金流量　　　　　　B. 企业自由现金流量

   C. 净现金流量　　　　　　　　　D. 净利润

17. 被评估企业未来前5年收益现值之和为1 500万元,折现率及资本化率同为10%,第6年企业预期收益为400万元,并一直持续下去。按分段法估算企业的价值为( )万元。

   A. 1 900　　　　B. 5 500　　　　C. 3 983.6　　　　D. 2 483.6

18. 运用市场法评估企业价值,在选择参照物的过程中应遵循的原则是( )。

   A. 替代原则　　　　　　　　　　B. 贡献原则

   C. 企业价值最大化原则　　　　　D. 配比原则

19. 企业价值评估的上市公司比较法和并购案例比较法,二者的核心问题是( )。

   A. 选择适宜的参考对象　　　　　B. 确定适当的价值比率

   C. 测算准确的折现率　　　　　　D. 确定合理的可比指标

20. 流动资产评估主要是( )。

   A. 获利能力评估　　　　　　　　B. 单项资产评估

   C. 整体资产评估　　　　　　　　D. 综合价值评估

21. 企业某材料是2个月以前从外地购进,数量200千克,单价100元/千克,当时支付的运杂费为1 000元。根据原始记录和清查盘点,评估时库存尚有100千克这种材料,则该材料的评估价值为( )元。

   A. 10 000　　　　B. 10 500　　　　C. 11 000　　　　D. 21 000

22. 企业某低值易耗品,原价450元,预计使用12年,现已使用3个月。该低值易耗品现行市价为500元,则该低值易耗品的评估值为( )元。

   A. 375　　　　B. 450　　　　C. 337.5　　　　D. 500

23. 某企业拥有一张期限为6个月的带息票据,本金100万元,年利率为6%,评估基准日离付款期尚差2个月的时间,则该票据的评估值为( )万元。

   A. 100　　　　B. 102　　　　C. 103　　　　D. 106

24. 上市交易的股票和债券一般可采用的评估方法是( )。

   A. 成本法　　　B. 收益法　　　C. 市场法　　　D. 三种均可

25. 某企业拟购买另一家企业发行的利随本清的企业债券,该债券面值为2 000元,期限为5年,票面利率为10%,不计复利,当前市场利率为8%,则该债券的评估值为( )元。

   A. 2 000　　　　B. 2 041.8　　　　C. 2 800　　　　D. 3 000

26. 某债券面值为1 000元,期限为5年,以折现方式发行,期内不计利息,到期按面值偿还,当时市场利率为8%,则该债券的评估值为( )元。

   A. 1 000   B. 1 400   C. 680.6   D. 700

27. 某企业购入一种股票准备长期持有,预计每年股利为2元,预期收益率为8%,则该股票的价值为( )元。

   A. 16   B. 20   C. 25   D. 40

三、多项选择题

1. 下列选项中,属于企业自身特点的有( )。

   A. 合法性   B. 营利性
   C. 权益的可分性   D. 持续经营与环境适应性

2. 企业价值评估的对象通常是企业的( )。

   A. 整体价值   B. 股东全部权益价值
   C. 总资产价值   D. 股东部分权益价值

3. 整体企业价值与企业各个要素资产的评估值之和之间的区别有( )。

   A. 评估具体标的上的差别
   B. 由于评估具体标的上的差别,在评估过程中所考虑的影响因素是不完全相同的
   C. 评估结果的差异
   D. 评估主体的差异

4. 下列选项中,属于企业价值评估一般范围的有( )。

   A. 全资子公司资产   B. 控股子公司
   C. 非控股公司中的投资部分   D. 企业产权主体自身占用及经营的部分

5. 在进行企业价值评估时选择持续经营假设需要考虑的因素有( )。

   A. 评估目的
   B. 企业提供的产品或服务是否能满足市场需求
   C. 组成企业的资产要素的功能和状态
   D. 企业经营所在地

6. 运用收益法对企业进行价值评估时需要关键解决的问题有( )。

   A. 要对企业的预期收益予以界定
   B. 要对企业的预期收益进行合理的预测
   C. 在对企业的预期收益做出合理的预测后,要选择合适的折现率
   D. 参照企业的选择

7. 下列选项中,可视为企业预期收益的有( )。
   A. 流转税 B. 营业收支净额
   C. 资产收支净额 D. 投资收支净额

8. 企业预期收益的基本表现形式有( )。
   A. 净利润 B. 净现金流量
   C. 息前净利润 D. 息前净现金流量

9. 企业价值评估中选择折现率的基本原则有( )。
   A. 折现率不低于投资的机会成本
   B. 行业基准收益率不宜直接作为折现率
   C. 行业平均收益率可作为确定折现率的重要参考指标
   D. 贴现率不宜直接作为折现率

10. 风险报酬率的估算方法主要有( )。
    A. β 系数法 B. 风险累加法
    C. 成本加和法 D. 市盈率乘数法

11. 折现率的估算方法主要有( )。
    A. 累加法 B. 资本资产定价模型
    C. 加权平均资本成本模型 D. 市净率乘数法

12. 下列选项中,资产满足( ),应当归类为流动资产。
    A. 预计在一个正常营业周期中变现、出售或耗用
    B. 主要为交易目的而持有
    C. 预计在资产负债表日起 1 年内(含 1 年)变现
    D. 从资产负债表日起 1 年内,交换其他资产或清偿负债的能力不受限制的现金或现金等价物

13. 按流动资产在企业生产经营中的形态和作用分类,流动资产包括( )。
    A. 货币资金 B. 储备资金
    C. 生产资金 D. 产品资金以及结算资金

14. 下列选项中,属于实物性流动资产的有( )。
    A. 原材料 B. 低值易耗品 C. 库存商品 D. 交易性金融资产

15. 下列选项中,属于速动资产的有( )。
    A. 库存现金 B. 银行存款 C. 其他货币资金 D. 交易性金融资产

16. 目前我国流动资产评估常用的评估计价标准和评估方法有( )。
    A. 历史成本法 B. 重置成本法 C. 现行市价法 D. 清算价格法

17. 预计坏账损失的估计方法有( )。
    A. 坏账比例法　　B. 账龄分析法　　C. 备抵法　　D. 市场法
18. 债券投资的要素有( )。
    A. 票面价值　　B. 票面利率　　C. 到期日　　D. 市场利率

四、判断题

1. 从政治经济学的角度来看,企业价值是指凝结在企业中的社会必要劳动时间,其量的大小取决于一定时期社会必要劳动时间的水平。　　　　　　　　　　　( )
2. 从会计核算的角度来看,企业价值取决于构建企业过程中全部物化劳动和活劳动的支出总额,其量的大小取决于构建中的各项支出水平。　　　　　　　　　　　( )
3. 资产评估揭示的是评估对象在交易假设前提下的公允价值,企业作为一类特殊资产,在评估中其价值也应该是在交易假设前提下的公允价值,即企业在市场上的公允货币表现。　　　　　　　　　　　　　　　　　　　　　　　　　　　　　　( )
4. 由企业特点所决定,企业在市场上的货币表现实际上是企业所具有的获利能力可实现部分的货币化和资本化。　　　　　　　　　　　　　　　　　　　　( )
5. 企业的清算价值就是指强制清算价值。　　　　　　　　　　　　　　　　( )
6. 持续经营价值是非市场价值的一种具体价值表现形式,具体是指企业作为一个整体的价值。　　　　　　　　　　　　　　　　　　　　　　　　　　　　( )
7. 资产评估中的企业价值就是公司市值。　　　　　　　　　　　　　　　　( )
8. 待定产权资产列入企业价值评估的资产范围。　　　　　　　　　　　　　( )
9. 引起企业价值评估的经济事项其实既包含了产权变动类的经济活动,又包括了非产权变动类的经济活动。　　　　　　　　　　　　　　　　　　　　　　( )
10. 交易时间充分而参与交易的主体数量有限的情况,我们将其称为有限交易主体假设。
　　　　　　　　　　　　　　　　　　　　　　　　　　　　　　　　　( )

五、简答题

1. 企业价值评估的特点有哪些?
2. 对企业价值的界定主要从哪几个方面进行考虑?
3. 企业价值评估的基本程序有哪些?
4. 企业价值评估中需要明确的基本事项有哪些?
5. 企业价值评估过程中需要收集哪些信息资料?
6. 在具体界定企业价值评估的资产范围时,应根据哪些有关数据资料进行?

7. 在界定企业价值评估的具体范围时,应注意哪些问题?
8. 对企业的有效资产、溢余资产进行区分时应注意哪些问题?
9. 在具体界定企业预期收益时应注意哪些问题?
10. 企业预期收益预测的步骤有哪些?
11. 在测算风险报酬率的时候,评估人员应注意哪些因素?
12. 运用 β 系数法估算风险报酬率的步骤有哪些?
13. 运用资产加和法应注意的有关事项有哪些?
14. 流动资产的特点有哪些?
15. 流动资产评估的特点有哪些?
16. 股权投资收益的分配形式,比较常见的有哪些类型?

六、计算题

1. 社会平均收益率为 10%,无风险报酬率为 8%,被评估企业的资产的账面价值为 80 万元,负债为 50 万元,所有者权益为 30 万元。该企业所在行业的 β 系数为 1.5。借款利率为 9%,企业所得税税率为 25%。

要求:计算用于企业价值评估的折现率。

2. 被评估企业未来 5 年收益现值之和为 1500 万元,折现率和资本化率均为 10%。

要求:运用年金资本化法估算企业价值。

3. 待评估企业预计未来 5 年的预期收益额分别为 100 万元、120 万元、150 万元、160 万元、200 万元,并根据企业的实际情况推断,从第 6 年开始,企业的年收益额将维持在 180 万元水平上,假定资本化率和折现率均为 10%。

要求:运用分段法估测企业价值。

4. 某待评估企业未来 3 年的预期收益分别为 100 万元、120 万元和 130 万元,根据企业实际情况推断,从第 4 年开始,企业的年预期收益额将在第 3 年的水平上以 2% 的增长率保持增长,假定折现率和资本化率均为 8%。

要求:计算该企业的评估值。

5. 某企业距其企业章程规定的经营期限只剩 5 年,到期后不再继续经营。预计未来 5 年的预期收益额为 10 万元、11 万元、12 万元、12 万元和 13 万元,5 年后,该企业的资产变现预计可收回 100 万元。假定折现率为 10%。

要求:计算该企业的评估值。

6. 某公司处于第一生产阶段的在产品有 200 件。已知每件在产品消耗 A 型材料 40 千克,市场中 A 型材料的单价为 4 元/千克;在产品累计单位工时定额为 15 小时/件,每定额小时内：燃料和动力费用定额为0.4元、工资及附加费定额为8元、车间经费定额为3元、企业管理费用定额为2.5元。假设该在产品不存在变现风险。

要求：计算该在产品的评估值

7. 某公司在评估时，有在产品50件，材料随生产过程陆续投入。已知这批在产品的材料投入量为80%，完工程度为70%，该产品的单位定额成本为：材料定额3 000元，工资定额1 000元，制造费用定额600元。

要求：确定D型在产品的评估值。

8. 某企业评估时，经核实该企业应收账款实有额为600万元，其中账龄在4年以上为30万元，3~4年的50万元，2~3年的100万元，1~2年的120万元，1年以下的300万元，根据以往经验，账龄在4年以上时，基本无法收回，3~4年账龄的回收率为45%，2~3年账龄的回收率75%，1~2年账龄的回收率为80%，1年以下的回收率为90%。

要求：计算该企业的应收账款评估值。

9. 某企业有一张面值为100万元，期限为6个月的不带息票据，至评估基准日，已经持有3个月，贴现率为6%。

要求：计算该票据的评估值。

10. 某债券面值为2 000元，票面利率为10%，期限为5年，每年付息到期还本，市场利率为12%。

要求：计算该债券的价值。

11. 某企业拟购买另一家企业发行的利随本清的企业债券，该债券面值为2 000元，期限5年，票面利率为12%，单利计息，当前市场利率为10%。

要求：计算该债券的价值。

12. 甲企业持有乙公司非上市股票2 000股，每股面额1元，乙公司经营稳健，盈利水平波动不大，预计今后5年红利分配每股分别为0.20元、0.21元、0.22元、0.19元、0.20元。乙公司的风险系数为2%，短期国债的利率为11%。

要求：计算这批股票的价值。

13. 某公司股票预期未来3年每年每股可获得现金股利3元，3年后该股票预期售价为每股20元，要求的回报率为10%。

要求：计算该股票的价值。

14. 某公司股票的β系数为2.5，无风险利率为6%，市场上所有股票的平均报酬率为10%。若该股票为固定成长股票，成长率为6%，预计一年后的股利为1.5元。

要求：计算该股票的价值。

15. 某股票预计未来5年股利额分别是1.1元/股、1.2元/股、1元/股、1.3元/股和1.4

元/股。假定从第 6 年开始,以后各年股利均为 1.2 元/股,确定的折现率和资本化率均为 10%。

要求:估测该股票的评估值。

第三部分 参考答案

一、名词解释

1. 企业价值评估是指对持续经营条件下的企业的获利能力转化为市场价值的评估,而不包括由破产清算或其他原因引起的非持续经营"企业"的价值评估。

2. 企业总资产价值是企业流动资产价值加上固定资产价值、无形资产价值和其他非流动资产价值之和。

3. 企业整体价值是企业总资产价值减去企业负债中的非付息负债价值后的余值,或用企业所有者权益价值与企业的全部付息负债价值之和表示。

4. 企业投资资本价值是企业总资产价值减去企业流动负债价值后的余值,或用企业所有者权益价值加上企业的长期负债价值表示。

5. 企业股东全部权益价值就是企业的所有者权益价值或净资产价值。

6. 企业股东部分权益价值就是企业的所有者权益价值或净资产价值的某一部分。

7. 企业的市场价值是指企业在评估基准日公开市场上正常经营所表现出来的市场交换价值的估计值,或者说是整个市场对企业认同的价值。

8. 企业的非市场价值是指不满足企业市场价值定义和条件的所有其他企业价值表现形式的集合。

9. 企业价值评估范围是指为评估企业价值所涉及的被评估企业的具体资产数量及其资产边界。

10. 有效资产是指对企业盈利能力的形成做出贡献、发挥作用的资产。

11. 溢余资产,亦称无效资产,是指对企业盈利能力的形成没有做出贡献的资产。

12. 行业风险主要指企业所在行业的市场特点、投资开发特点以及国家产业政策调整等因素造成的行业发展不确定性给企业预期收益带来的影响。

13. 经营风险是指企业在经营过程中,由于市场需求变化、生产要素供给条件变化以及同类企业间的竞争给企业的未来预期收益带来的不确定性影响。

14. 财务风险是指企业在经营过程中的资金融通、资金调度以及资金周转可能出现的不确定性因素影响企业的预期收益。

15. 累加法是采用无风险报酬率加风险报酬率的方式确定折现率或资本化率的方法。

16. 加权平均资本成本模型是适用于企业自有现金流量评估的折现率,是针对企业的所有者权益和企业付息负债所构成的资本按其各自权重,经加权平均计算获得的企业价值评估所需折现率的一种数学模型。

17. 市场法在企业价值评估中的应用是通过在市场上找出若干个与被评估企业相同或相似的参照企业,分析比较被评估企业和参照企业的重要指标的可比性,在此基础上确定若干价值比率,利用价值比率估测被评估企业的初步价值,再做必要的修正和调整,最后确定被评估企业的价值。

18. 上市公司比较法是指获取并分析可比上市公司的经营和财务数据,计算价值比率,在与被评估单位比较分析的基础上,确定评估对象价值的具体方法。

19. 交易案例比较法是指获取并分析可比企业的买卖、收购及合并案例资料,计算价值比率,在与被评估企业比较分析的基础上,确定评估对象价值的具体方法。

20. 坏账比例法是按坏账占全部应收账款的比例来判断不可收回的应收账款,从而确定预计坏账损失的数额。

21. 账龄分析法是根据应收账款账龄的长短,分析应收账款预计可收回的金额及产生坏账的可能性。

二、单项选择题

1	2	3	4	5	6	7	8	9
B	C	A	C	B	C	B	B	D
10	11	12	13	14	15	16	17	18
A	B	D	D	D	B	B	C	A
19	20	21	22	23	24	25	26	27
B	B	B	A	B	C	B	C	C

3. 从政治经济学的角度来看,企业价值是指凝结在企业中的社会必要劳动时间,其量的大小取决于一定时期社会必要劳动时间的水平。从会计核算的角度来看,企业价值取决于构建企业过程中全部物化劳动和活劳动的支出总额,其量的大小取决于构建中的各项支出水平。从财务管理的角度来看,企业价值是企业未来现金流的折现值,其量的大小取决于企业未来现金流量和折现率。从市场交换的角度来看,企业价值是各相关主体在产权置换中可接受的交换价值,其量的大小取决于企业未来的获利能力。

5. 企业总资产价值是企业流动资产价值加上固定资产价值、无形资产价值和其他非流动资产价值之和。企业整体价值是企业总资产价值减去企业负债中的非付息负债价值后的余值,或用企业所有者权益价值与企业的全部付息负债价值之和表示。企业投资资本价值是企业总资产价值减去企业流动负债价值后的余值,或用企业所有者权益价值加上企业的长期负债价值表示。企业股东全部权益价值就是企业的所有者权益价值或净资产价值。企业股东部分权益价值就是企业的所有者权益价值或净资产价值的某一部分。

7. 非公开市场假设包括了以下几种具体情景:其一是交易时间充分,参与交易的主体数量有限;其二是交易时间充分,参与交易的主体之间存在特殊关系;其三是交易时间受限,参与交易的主体数量很多;其四是交易时间受限,参与交易的主体数量也有限。第一种情况我们将其称为有限交易主体假设,第二种情况我们将其称为关联交易假设,第三种和第四种情况我们将其称为快速变现假设或清算假设。

8. 选择什么口径的企业预期收益作为收益法评估企业价值的基础,首先应服从企业价值评估的目的和目标,即企业价值评估的目的和目标是评估反映股东全部权益价值,还是反映投资资本价值或企业整体价值。

10. 在存在着正常的资本市场和产权市场的条件下,任何一项投资的回报率不应低于该投资的机会成本。

11. 在现实生活中,政府发行的国债利率和银行储蓄利率可以作为投资者进行其他投资的机会成本。由于国债的发行主体是政府,几乎没有破产或无力偿付的可能,投资的安全系数大。银行虽大多属于商业银行,但我国的银行仍属国家垄断或严格监控,其信誉也非常高,储蓄也是一种风险极小的投资。因此,国债利率和银行储蓄利率可看成是其他投资的机会成本,相当于无风险投资报酬率。

12. 根据题意,计算过程如下:
$R_r = \beta \cdot (R_m - R_f) = 1.5 \times (8\% - 6.2\%) = 2.7\%$

13. 根据题意,计算过程如下:
$R = R_f + \beta \cdot (R_m - R_f) = 4\% + 1.5 \times (8\% - 4\%) = 10\%$

14. 根据题意,计算过程如下:
净资产投资要求的回报率 $= R_f + \beta \cdot (R_m - R_f) = 5\% + 1.2 \times (8\% - 5\%) = 8.6\%$
折现率 $= 40\% \times 6\% \times (1 - 25\%) + 60\% \times 8.6\% = 6.96\%$

17. 根据题意,计算过程如下:
$P = \sum_{t=1}^{n} \frac{R_t}{(1+r)^t} + \frac{R_n}{r(1+r)^n} = 1\,500 + \frac{400}{10\%} \times 0.620\,9 = 1\,500 + 4\,000 \times 0.620\,9$
$= 3\,983.6(万元)$

19. 不论是上市公司比较法还是并购案例比较法,运用上述方法的核心是确定适当的价值比率。

21. 根据题意,计算过程如下:
材料评估值 $= 100 \times (100 + 1\,000 \div 200) = 10\,500(元)$

22. 根据题意,计算过程如下:

成新率 $= 1 - \frac{3}{12} \times 100\% = 75\%$

在用低值易耗品评估值 $= 500 \times 75\% = 375$(元)

23. 根据题意,计算过程如下:

评估值 $= 100 \times \left(1 + \frac{6\%}{12} \times 4\right) = 102$(万元)

24. 由于上市债券般可以直接采用市场中的现行市价进行计量,如果需要评估可以评估基准日上市债券收盘价为准。对于非上市交易债券不能直接采用现行市价进行评估,而应该采取相应的评估方法进行价值评估。上市股票评估一般采用评估基准日市场收盘价作为评估价值。非上市交易的股票,一般应运用收益法进行评估,即综合分析股票发行企业的经营状况及风险、历史利润水平和分红情况、行业收益等因素,合理预测股票投资的未来收益,并选择合理的折现率确定评估值。

25. 根据题意,计算过程如下:

$P = (2\,000 + 2\,000 \times 10\% \times 5) \times PVIF_{8\%,5} = 3\,000 \times 0.680\,6 = 2\,041.8$(元)

26. 根据题意,计算过程如下:

$P = 1\,000 \times PVIF_{8\%,5} = 1\,000 \times 0.680\,6 = 680.6$(元)

27. 根据题意,计算过程如下:

$P = \dfrac{D}{r} = \dfrac{2}{8\%} = 25$(元)

三、多项选择题

1	2	3	4	5	6	7	8	9
ABCD	ABD	ABC	ABCD	ABC	ABC	BCD	AB	ABCD
10	11	12	13	14	15	16	17	18
AB	ABC	ABCD	ABCD	ABC	ABCD	ABCD	AB	ABCD

1. 企业作为一类特殊的资产有其自身的特点:合法性、营利性、整体性、持续经营与环境适应性以及权益的可分性。

2. 根据《资产评估执业准则——企业价值》对企业价值评估对象的界定,企业价值评估对象应该是企业整体价值、股东全部权益价值和部分权益价值等。企业总资产价值、企业投资资本价值作为企业价值的表现形式,可能并不是企业价值评估的直接对象。但在采用间接法评估企业价值的时候,企业总资产价值、企业投资资本价值等也经常会被用作确定企业整体价值、股东全部权益价值以及股东部分权益价值的过渡形式。

4. 从产权的角度界定,企业价值评估的范围应该是企业的全部资产,包括企业产权主体自身占用及经营的部分,企业产权主体所能控制的部分,如全资子公司、控股子公司以及非控股公司中的投资部分。

7. 从性质上讲,企业创造的不归企业权益主体所有的收入不能作为企业价值评估中的企业预期收益。例如,税收包括流转税和所得税,不能作为企业价值评估中的企业预期收益。

8. 企业预期收益的基本表现形式是净利润和净现金流量。企业预期收益的其他表现形式包括息税前利润、息前净现金流量等。

12. 资产满足下列条件之一的,应当归类为流动资产:①预计在一个正常营业周期中变现、出售或耗用。②主要为交易目的而持有。③预计在资产负债表日起1年内(含1年)变现。④从资产负债表日起1年内,交换其他资产或清偿负债的能力不受限制的现金或现金等价物。

14. 实物性流动资产,在实物形态上基本上体现为各种物资储备,包括:①处于生产和消费准备状态的流动资产,是指生产单位储备的生产资料和消费的消费品。②处于待售状态的流动资产,是指生产部门和流通部门库存尚未出售的生产资料和消费品储备以及储藏的后备性物资。③处于生产过程中的流动资产,是指生产单位的在产品、半成品储备。非实物性流动资产包括货币资产、短期债权以及短期证券投资等。

15. 速动资产,是指在很短时间内可以变现的流动资产,如货币资金、交易性金融资产和各种应收款项。非速动资产包括存货、预付账款、1年内到期的非流动资产以及其他流动资产。

四、判断题

1	2	3	4	5	6	7	8	9	10
√	√	√	√	×	√	×	×	√	√

5. 企业的清算价值包括有序清算价值和强制清算价值等。

7. 资产评估中的企业价值有别于账面价值、公司市值和清算价值。在成熟的资本市场上,信息相对充分,市场机制相对有效,公司市值与企业价值具有趋同性。

8. 对于在评估时点产权不清的资产,应划为"待定产权资产",不列入企业价值评估的资产范围。

五、简答题

1. 答:当把企业作为一种独立的整体评估对象进行评估时,它有以下特点:①从评估对象载体的构成来看,评估对象载体是由多个或多种单项资产组成的资产综合体。②从决定企业价值高低的因素看,其决定因素是企业的整体获利能力。③企业价值评估是对企业具有的潜在获利能力所能实现部分的估计。④企业价值评估是一种整体性评估,它充分考虑了企业各构成要素资产之间的匹配与协调,以及企业资产结构、产品结构与市场结构之间的协调。

2. 答:对企业价值的界定主要从两个方面进行考虑:①就一般意义而言,资产评估揭示的是评估对象的公允价值,企业作为资产评估中的一类评估对象,其评估价值也应该是公允的。②企业又是一类特殊的评估对象,其价值取决于要素资产组合的整体盈利能力,企业的公允价值是其现实或潜在盈利能力在各种市场条件下的客观反映。

3. 答:企业价值评估的基本程序:企业价值评估中需要明确的基本事项;企业价值评估中的评估方法的选择;收集信息资料;运用评估技术分析判断企业价值;撰写企业价值评估报告。

4. 答:根据企业、企业价值及企业价值评估的特点,评估人员在进行企业价值评估时,应当明确下列事项:①委托方及资产占有方的基本情况。②被评估企业的基本情况。③评估目的。④评估对象及其评估的具体范围。⑤本次评估的价值类型及其价值定义。⑥评估假设及限定条件。⑦评估基准日。

5. 答:企业价值评估过程中需要收集的资料主要包括:①企业性质、相关资产的权益状况等信息资料。②企业经营历史、现状和发展前景资料。③企业的财务资料,包括历史的、当前的和预期的。④企业价值评估涉及的具体资产的详细情况资料。⑤影响判断企业价值的国民经济情况和地区经济状况。⑥被评估企业所在行业及相关行业的状况和发展前景。⑦资本市场上与被评估企业相关的行业及企业的价格信息、可比财务数据等。⑧被评估企业中具体资产的市场价格资料和技术资料。⑨与企业价值评估有关的其他信息资料。

6. 答:在具体界定企业价值评估的资产范围时,应根据以下有关数据资料进行:①企业的资产评估申请报告及上级主管部门批复文件所规定的评估范围。②企业有关产权转让或产权变动的协议、合同、章程中规定的企业资产变动的范围。

7. 答:在界定企业价值评估的具体范围时,应注意以下几点:①对于在评估时点产权不清的资产,应划为"待定产权资产",不列入企业价值评估的资产范围。②在产权清晰的基础上,对企业的有效资产、溢余资产进行区分。③在企业价值评估中,对溢余资产进行处理。④如企业出售方拟通过"填平补齐"的方法对影响企业盈利能力的薄弱环节进行改进时,评估人员应着重判断该改进对正确揭示企业盈利能力的影响,以及必要改进所要付出的成本及代价。

8. 答:在进行区分时应注意把握以下几点:①对企业有效资产的判断,应以该资产对企业盈利能力形成的贡献为基础,不能背离这一原则。②在有效资产的贡献下形成的企业的盈利能力,应是企业的正常盈利能力,由于偶然因素而形成的短期盈利及相关资产,不能作为判断企业盈利能力和划分有效资产的依据。③评估人员应对企业价值进行客观揭示,如企业的出售方拟进行企业资产重组,则应以不影响企业盈利能力为前提。

9. 答:在具体界定企业预期收益时应注意以下几个方面:①从性质上讲,企业创造的不归企业权益主体所有的收入不能作为企业价值评估中的企业预期收益。②凡是归企业权益主体所有的企业收支净额,可视同企业预期收益,无论是营业收支、资产收支,还是投资收支,只要形成净现金流入量,就应视同企业预期收益。③从企业价值评估操作的层面上讲,企业价值评估中的企业预期收益是作为反映企业获利能力的一个重要参数和指标。

10. 答:企业预期收益的预测大致可分为以下几个步骤:①评估基准日对企业实际收益或正常收益的审核和调整。②企业预期收益趋势的总体分析和判断。③企业预期收益预测。

11. 答:在测算风险报酬率的时候,评估人员应注意以下因素:①国民经济增长率及被评估企业所在行业在国民经济中的地位。②被评估企业所在行业的发展状况及被评估企业在行业中的地位。③被评估企业所在行业的投资风险。④企业在未来的经营中可能承担的风险等。

12. 答:β系数法估算风险报酬率的步骤为:①将社会平均收益率扣除无风险报酬率,求出社会平均风险报酬率。②将企业所在行业的平均风险与社会平均风险进行比较,求出企业所在行业的β系数。③用社会平均风险报酬率乘以企业所在行业的β系数,便可得到被评估企业所在行业的风险报酬率。

13. 答:在运用资产加和法评估之前,应对企业的盈利能力以及相匹配的单项资产进行认定,以便在委托方委托的评估一般范围基础上,进一步界定纳入企业盈利能力范围内的有效资产和溢余资产的界限,明确企业价值评估的具体范围及其具体评估对象和评估前提。作为一项原则,评估人员在对评估具体范围内构成企业的各个单项资产进行评估时,应该首先明确各项资产的评估前提,即持续经营假设前提和非持续经营假设前提。在不同的假设前提下,运用资产加和法评估出的企业价值是有区别的。对于持续经营假设前提下的各个单项资产的评估,应按贡献原则评估其价值。而对于非持续经营假设前提下的单项资产的评估,则按变现原则进行。

14. 答:流动资产的特点包括以下几个方面:①周转速度快。②变现能力强。③形态多样化。④存量波动大。⑤现行市价与原始成本比较接近。

15. 答:流动资产评估的特点包括以下几个方面:①流动资产评估属于单项资产评估。②合理选择流动资产评估的基准时间。③既要认真进行资产清查,又要分清主次,掌握重点。④受企业牵制大,对企业流动资产会计核算资料的依赖程度很高。⑤流动资产账面价值基本上可以反映其现值。

16. 答：股权投资收益的分配形式，比较常见的有如下几种类型：①按投资额占被投资企业实收资本的比例，参与被投资企业净利润的分配。②按被投资企业销售收入或利润的一定比例提成。③按投资方出资额的一定比例支付资金使用报酬等。

六、计算题

1. 解：根据题意，计算过程如下：

(1) 计算权益资本成本：

权益资本成本 $= R_f + \beta \cdot (R_m - R_f) = 8\% + 1.5 \times (10\% - 8\%) = 11\%$

(2) 计算债务资本成本：

债务资本成本 $= 9\% \times (1 - 25\%) = 6.75\%$

(3) 计算折现率：

折现率 $= \dfrac{50}{80} \times 6.75\% + \dfrac{30}{80} \times 11\% = 8.34\%$

2. 解：根据题意，计算过程如下：

$$P = \left[\sum_{t=1}^{n} \dfrac{R_t}{(1+r)^t} \div \sum_{t=1}^{n} \dfrac{1}{(1+r)^t} \right] \div r$$

$= (1\,500 \div PVIFA_{10\%,5}) \div 10\%$

$= (1\,500 \div 3.790\,8) \div 10\%$

$= 3\,956.95(万元)$

3. 解：根据题意，计算过程如下：

$$P = \sum_{t=1}^{n} \dfrac{R_t}{(1+r)^t} + \dfrac{R_n}{r(1+r)^n}$$

$= (100 \times 0.909\,1 + 120 \times 0.826\,4 + 150 \times 0.751\,3 + 160 \times 0.683\,0 + 200 \times 0.620\,9)$

$\quad + \dfrac{180}{10\%} \times 0.620\,9$

$= 536.23 + 1\,800 \times 0.620\,9$

$= 1\,653.85(万元)$

4. 解：根据题意，计算过程如下：

$$P = \sum_{t=1}^{n} \dfrac{R_t}{(1+r)^t} + \dfrac{R_n(1+g)}{(r-g)(1+r)^n}$$

$= (100 \times 0.909\,1 + 120 \times 0.826\,4 + 130 \times 0.751\,3) + \dfrac{130 \times (1+2\%)}{8\% - 2\%} \times 0.751\,3$

$= 287.747 + 1\,660.373$

$= 1\,948.12(万元)$

5. 解：根据题意，计算过程如下：

$$P = \sum_{t=1}^{n} \frac{R_t}{(1+r)^t} + \frac{P_n}{(1+r)^n}$$

$\quad = (10 \times 0.909\,1 + 11 \times 0.826\,4 + 12 \times 0.751\,3 + 12 \times 0.683\,0 + 13 \times 0.620\,9)$
$\quad\quad + 100 \times 0.620\,9$
$\quad = 43.464\,7 + 62.09$
$\quad = 105.55(万元)$

6. 解：根据题意，计算过程如下：

原材料成本 $= 200 \times 40 \times 4 = 32\,000(元)$

工资成本 $= 200 \times 15 \times 8 = 24\,000(元)$

制造及管理费用 $= 200 \times 15 \times (3+2.5) = 16\,500(元)$

燃料和动力成本 $= 200 \times 15 \times 0.4 = 1\,200(元)$

在产品评估值 $= 32\,000 + 24\,000 + 16\,500 + 1\,200 = 73\,700(元)$

7. 解：根据题意，计算过程如下：

在产品材料约当产量 $= 50 \times 80\% = 40(件)$

在产品工资、制造费用约当产量 $= 50 \times 70\% = 35(件)$

在产品的评估值 $= 40 \times 3\,000 + 35 \times (1\,000 + 600) = 176\,000(元)$

8. 解：根据题意，计算过程如下：

预计坏账损失 $= 30 + 50 \times (1-45\%) + 100 \times (1-75\%) + 120 \times (1-80\%)$
$\quad\quad\quad\quad + 300 \times (1-90\%)$
$\quad\quad\quad = 30 + 27.5 + 25 + 24 + 30$
$\quad\quad\quad = 136.5(万元)$

应收账款评估值 $= 600 - 136.5 = 463.5(万元)$

9. 解：根据题意，计算过程如下：

贴现利息 $= 100 \times \dfrac{6\%}{12} \times (6-3) = 1.5(万元)$

应收票据评估值 $= 100 - 1.5 = 98.5(万元)$

10. 解：根据题意，计算过程如下：

$P = I \cdot PVIFA_{r,n} + M \cdot PVIF_{r,n}$
$P = 2\,000 \times 10\% \times PVIFA_{12\%,5} + 2\,000 \times PVIF_{12\%,5}$
$\quad = 200 \times 3.604\,8 + 2\,000 \times 0.567\,4$
$\quad = 1\,855.76(元)$

11. 解：根据题意，计算过程如下：

$F = M \cdot (1 + m \cdot i) = 2\,000 \times (1 + 5 \times 12\%) = 3\,200(元)$

$$P=\frac{F}{(1+r)^n}=\frac{3\,200}{(1+10\%)^5}=3\,200\times0.620\,9=1\,986.88(元)$$

12. 解：根据题意，计算过程如下：

折现率 $=11\%+2\%=13\%$

$A=(2\,000\times0.20\times PVIF_{13\%,1}+2\,000\times0.21\times PVIF_{13\%,2}+2\,000\times0.22\times PVIF_{13\%,3}$
$\quad+2\,000\times0.19\times PVIF_{13\%,4}+2\,000\times0.20\times PVIF_{13\%,5})/PVIFA_{13\%,5}$

$=\dfrac{400\times0.885\,0+420\times0.783\,1+440\times0.693\,1+380\times0.613\,3+400\times0.542\,8}{3.517\,2}$

$=408.86(元)$

$P=\dfrac{A}{13\%}=\dfrac{408.86}{13\%}=3\,145.08(元)$

13. 解：根据题意，计算过程如下：

$P=D\cdot PVIFA_{r,n}+P_n\cdot PVIF_{r,n}$

$\quad=3\times PVIFA_{10\%,3}+20\cdot PVIF_{10\%,3}$

$\quad=3\times2.486\,8+20\times0.751\,3$

$\quad=7.460\,4+15.026$

$\quad=22.49(元)$

14. 解：根据题意，计算过程如下：

(1) 计算预期收益率：

预期收益率 $=R_f+\beta\cdot(R_m-R_f)=6\%+2.5\times(10\%-6\%)=16\%$

(2) 计算股票的价值：

$P=\dfrac{D_1}{r-g}=\dfrac{1.5}{16\%-6\%}=15(元)$

15. 解：根据题意，计算过程如下：

(1) 确定企业未来5年股利的现值之和：

$P_1=1.1\times PVIF_{1,10\%}+1.2\times PVIF_{2,10\%}+1\times PVIF_{2,10\%}+1.3\times PVIF_{4,10\%}$
$\quad+1.4\times PVIF_{5,10\%}$

$\quad=1.2\times0.909\,1+1.5\times0.826\,4+1\times0.751\,3+1.1\times0.683\,0+1.4\times0.620\,9$

$\quad=4.500\,15(元)$

(2) 将第6年以后的股利进行资本化处理再折现：

$P_2=\dfrac{1.2}{10\%}\times PVIF_{5,10\%}=12\times0.620\,9=7.450\,8(元)$

(3) 确定该股票的评估值：

$P=P_1+P_2=4.500\,15+7.450\,8=11.95(元)$

第七章 资产评估报告

第一部分 内容概要

一、资产评估报告概述

(一) 资产评估报告的概念及类型

1. 资产评估报告的概念

资产评估报告是指资产评估机构及其评估专业人员遵守法律、行政法规和资产评估准则,根据委托履行必要的资产评估程序后,由资产评估机构对评估对象在评估基准日特定目的下的价值出具的专业报告。

2. 资产评估报告的类型

资产评估报告按不同的标准,可进行如下分类:

按资产评估业务是否为法律要求划分,可分为法定评估业务的评估报告和非法定业务的资产评估报告。

按评估报告披露内容的详尽程度划分,可将评估报告分为完整型评估报告和简明型评估报告。

按符合资产评估准则的要求的程度划分,将资产评估报告划分为正常型评估报告和限制型评估报告。

按资产评估的性质划分,将资产评估报告划分为一般评估报告和复核评估报告。

按评估对象划分,将评估报告划分为房地产评估报告、机器设备评估报告、无形资产评估报告以及企业价值评估报告等。

按评估基准日的选择的不同划分,评估报告一般分为现时性评估报告、追溯性评估报告和预测性评估报告。

按评估目的的不同划分,评估报告分为以资产交易为目的的评估报告、以企业兼并为目的的评估报告、以资产抵押为目的的评估报告、以资产征税为目的的评估报告、以编制财务报告为目的的评估报告、以国有资产产权变动为目的的评估报告等。

(二) 资产评估报告的作用

从资产评估机构和资产评估人员的角度看,资产评估报告书主要有以下几方面的作用:

①有利于委托人评估目的的实现。②有利于资产评估机构执业管理的规范。③有利于评估行业管理部门对资产评估机构的监督管理。

(三) 资产评估报告的内容

1. 标题及文号、目录

评估报告的封面应当包括标题及文号。评估报告的标题应当简明清晰,需要涵盖评估对象的名称、评估经济行为关键词等内容。一般采用"委托人名称＋经济行为关键词＋评估对象＋评估报告"的形式,也可适当简化。

2. 声明

声明应当包括以下内容:

(1) 说明本资产评估报告依据财政部发布的资产评估基本准则和中国资产评估协会发布的资产评估执业准则和职业道德准则编制。

(2) 指出委托人或者其他资产评估报告使用人应当按照法律、行政法规规定和资产评估报告载明的使用范围使用资产评估报告;委托人或者其他资产评估报告使用人违反前述规定使用资产评估报告的,资产评估机构及其资产评估专业人员不承担责任。

(3) 指明资产评估报告仅供委托人、资产评估委托合同中约定的其他资产评估报告使用人和法律、行政法规规定的资产评估报告使用人使用;除此之外,其他任何机构和个人不能成为资产评估报告的使用人。

(4) 强调资产评估报告使用人应当正确理解和使用评估结论,评估结论不等同于评估对象可实现价格,评估结论不应当被认为是对评估对象可实现价格的保证。

3. 摘要

摘要是评估报告的浓缩,提供评估业务的主要信息及评估结论。评估人员在撰写评估报告时,应以较少的篇幅,将评估报告书中的关键内容摘要并刊印在评估报告书正文之前,以便使各有关方了解该评估报告书提供的主要信息。

4. 正文

正文是评估报告的重要组成部分,资产评估报告正文应当包括下列内容:①委托人及其他资产评估报告使用人。②评估目的。③评估对象和评估范围。④价值类型。⑤评估基准日。⑥评估依据。⑦评估方法。⑧评估程序实施过程和情况。⑨评估假设。⑩评估结论。⑪特别事项说明。⑫资产评估报告使用限制说明。⑬资产评估报告日。⑭资产评估专业人员签名和资产评估机构印章。

5. 附件

资产评估报告附件通常包括:①评估对象所涉及的主要权属证明资料。②委托人和其他相关当事人的承诺函。③资产评估机构及签名资产评估专业人员的备案文件或者资格证明文件。④资产评估汇总表或者明细表。⑤资产账面价值与评估结论存在较大差异的说明。

二、资产评估报告的编制

（一）编制资产评估报告的基本要求

编制资产评估报告基本要求如下：①编制态度客观端正。②内容完整翔实。③文字表述及格式规范。④责任明确。

（二）资产评估报告的编制步骤

资产评估报告的编制包括以下几个步骤：①整理和收集评估报告所需资料。②汇总分析评估数据。③撰写资产评估报告。④印刷装订资产评估报告。

三、资产评估报告的使用

（一）委托人及合同中约定的其他使用人对资产评估报告的使用

一般来说，委托人及资产评估委托合同中约定的其他资产评估报告使用者在使用资产评估报告时需要注意以下几个方面的问题：①资产评估报告结论的使用。②资产评估报告的使用者限制。③资产评估报告的使用期限。④资产评估报告的结论调整。

（二）资产评估监管机构对资产评估报告的使用

资产评估监管机构对资产评估报告的使用主要体现在对资产评估机构出具的资产评估报告的检查。资产评估报告是资产评估行政管理部门和行业自律组织履行监督管理职能的重点检查对象。

（三）其他有关部门对资产评估报告的使用

1. 法院对资产评估报告的使用

法院对资产评估报告的使用，主要体现在法院在通过司法程序解决财产纠纷和经济纠纷时，大量使用资产评估报告及其结论来处理财产分割等案件。评估结果一经法院裁决就意味着必须依法强制执行。

2. 证券监督管理部门对资产评估报告的使用

证券监督管理部门对资产评估报告书的使用，主要体现在以下五个方面：①对申请上市的公司有关申报材料招股说明书中的有关资产评估数据的审核。②对上市公司的股东配售发行股票时申报材料配股说明书中的有关资产评估数据的审核。③对上市公司重大资产重组行为有关申报材料的审核。④对上市公司及其资产其他产权变动或财务报告编制行为的监管。⑤对取得证券期货从业资格的资产评估机构开展证券期货资产评估业务情况进行监管时，对相关资产评估机构出具的资产评估报告等资料进行检查。

3. 保险、工商、税务和金融等其他部门对资产评估报告的使用

保险监督管理部门、市场监督管理部门、税务和金融等其他部门因相关业务的需要，对

资产评估报告的使用也在逐年上升。这些部门在使用资产评估报告时,应充分认识到资产评估结论是针对特定的资产评估目的,依据一系列假设和前提得出的。

本章主要内容如表 7-1 所示。

表 7-1　　　　　　　　　　　第七章主要内容

主要小节	相关内容	具体内容
资产评估报告概述	资产评估报告的概念及类型	资产评估报告的概念
		资产评估报告的类型
	资产评估报告的作用	有利于委托人评估目的的实现
		有利于资产评估机构执业管理的规范
		有利于评估行业管理部门的监督管理
	资产评估报告的内容	标题及文号、目录、声明、摘要、正文、附件
资产评估报告的编制	编制资产评估报告的基本要求	编制态度客观端正
		内容完整翔实
		文字表述及格式规范
		责任明确
	资产评估报告的编制步骤	整理和收集资料
		汇总分析评估数据
		撰写资产评估报告
		印刷装订报告
资产评估报告的使用	委托人及合同中约定的其他使用人对资产评估报告的使用	
	资产评估监管机构对资产评估报告的使用	
	其他有关部门对资产评估报告的使用	

第二部分　练习题

一、名词解释

1. 资产评估报告
2. 法定评估业务资产评估报告
3. 非法定评估业务资产评估报告
4. 完整型(详细型)资产评估报告
5. 简明型评估报告
6. 正常型评估报告

7. 限制型评估报告

8. 一般评估报告

9. 复核评估报告

10. 现时性评估报告

11. 追溯性评估报告

12. 预测性评估报告

13. 评估报告附件

14. 委托人

15. 资产评估监管机构

二、单项选择题

1. 甲公司以 A 资产作为抵押向乙银行申请贷款,乙银行想了解 A 资产在 2 年后某一时点的市场价值,委托评估机构进行评估,此时出具的评估报告是( )。
   A. 追溯性评估报告　　　　　　B. 限制型评估报告
   C. 现时性评估报告　　　　　　D. 预测性评估报告

2. 完整型评估报告和限制型评估报告的根本区别是( )。
   A. 所提供信息的详细程度不同　　B. 法律定位不同
   C. 评估对象不同　　　　　　　　D. 评估基准日不同

3. 下列关于资产评估结论使用有效期的说法中,不正确的是( )。
   A. 资产评估报告应当明确评估结论的使用有效期
   B. 若资产状况发生重大变化,但评估基准日至经济行为发生日不到 1 年,则评估结论仍然可以使用
   C. 若超过评估结论使用有效期限,该评估结论很可能不能反映经济行为发生日的评估结论
   D. 对于现时性资产评估业务,通常评估基准日与经济行为实现日相距不超过 1 年时,可以使用资产评估报告

4. 下列关于资产评估报告的基本内容的说法中,不正确的是( )。
   A. 资产评估报告标题一般采用"经济行为关键词＋企业名称＋评估对象＋资产评估报告"的形式
   B. 资产评估报告文号包括资产评估机构特征字、种类特征字、年份、报告序号
   C. 资产评估报告的目录应当包括每一部分的标题和相应页码
   D. 只有符合资产评估报告定义的才能以"评估报告"为标题出具资产评估报告

5. 判定一份评估报告是否提供了必要的信息,其标准是( )。

　　A. 评估报告提供的信息是否真实

　　B. 评估报告提供的信息是否充分

　　C. 评估报告使用人在阅读评估报告后能否对评估结论有正确的理解

　　D. 评估报告的内容是否得当

6. 某法院委托甲评估机构进行司法诉讼评估,法院欲了解诉讼标的在3年前某一时点的市场价值,委托该评估机构对其进行评估,此时出具的评估报告是( )。

　　A. 追溯性评估报告　　　　　　　B. 预测型评估报告

　　C. 现时性评估报告　　　　　　　D. 限制性评估报告

7. 下列选项中,不属于资产评估报告封面上标示的内容的是( )。

　　A. 文号　　　B. 册数　　　C. 目录　　　D. 资产评估报告日

8. 下列选项中,不属于资产评估报告标题内容的是( )。

　　A. 经济行为关键词　　　　　　　B. 评估对象

　　C. 评估基准日　　　　　　　　　D. 资产评估报告

9. 资产评估报告标题一般采用的形式是( )。

　　A. 经济行为关键词＋评估对象＋企业名称＋资产评估报告

　　B. 评估对象＋经济行为关键词＋企业名称＋资产评估报告

　　C. 评估对象＋经济行为关键词＋资产评估报告＋企业名称

　　D. 企业名称＋经济行为关键词＋评估对象＋资产评估报告

10. 下列关于编制资产评估计划的说法中,错误的是( )。

　　A. 资产评估专业人员可以根据资产评估业务具体情况合理确定资产评估计划的繁简程度

　　B. 资产评估专业人员应同委托人及相关当事人沟通以保证资产评估计划的可操作性

　　C. 资产评估专业人员应当在开展评定估算工作之前编制评估计划

　　D. 编制资产评估计划有利于合理有效配置各项资源,高效保质完成评估任务,更好地服务于委托人

11. 下列关于资产评估工作档案的说法中,错误的是( )。

　　A. 法定资产评估业务的资产评估档案保存期限不少于15年

　　B. 资产评估专业人员通常应当在资产评估报告日后90天内归集形成评估档案

　　C. 资产评估工作档案包括资产评估工作底稿、资产评估报告及其他相关资料

　　D. 特殊资产评估项目形成资产评估档案的归档时限不晚于资产评估结论使用有效期届满后30天

12. 下列关于资产评估档案保密与查阅权限的说法中,错误的是(   )。

   A. 资产评估项目委托人可以查阅所委托项目的资产评估报告

   B. 资产评估协会可以依法依规查阅资产评估报告

   C. 本机构资产评估专业人员办理相关借阅手续后可以查阅资产评估报告

   D. 国家机关可以依法查阅资产评估报告

13. 下列关于资产评估报告的说法中,正确的是(   )。

   A. 资产评估报告按照符合资产评估准则的要求,可以划分为正常型评估报告、限制型评估报告

   B. 资产评估专业人员可以根据评估对象的复杂程度等因素,确定评估报告的详略程度

   C. 我国《资产评估执业准则——资产评估报告》规定,评估报告应当由至少两名承办该项业务的资产评估专业人员及资产评估机构的法定代表人签名,并加盖资产评估机构印章

   D. 我国现行《资产评估执业准则——资产评估报告》是资产评估协会于2017年修改发布的

14. 某资产评估项目,评估基准日为2018年12月31日,评估现场工作完成日为2019年1月20日,评估结论形成日为2019年2月5日,评估报告签发日为2019年2月10日,评估报告提交日为2019年2月15日,该评估报告的报告日是(   )。

   A. 2019年2月15日   B. 2019年2月10日

   C. 2019年2月5日   D. 2019年1月20日

15. 下列关于资产评估报告使用人的说法中,错误的是(   )。

   A. 评估报告使用人不可以是具体的个人

   B. 评估委托合同约定的报告使用者均可作为评估报告使用人

   C. 法律法规规定的报告使用者应当是评估报告使用人

   D. 资产评估委托合同应当明确资产评估报告使用人

16. 下列选项中,不属于资产评估报告附件内容的是(   )。

   A. 评估对象所涉及的主要权属证明资料

   B. 委托人和其他相关当事人的承诺函

   C. 资产评估机构及签名资产评估专业人员的备案文件或者资格证明文件

   D. 资产评估报告使用限制说明

17. 在资产评估报告中对于委托人和资产评估报告使用人的阐明,下列各项说法中不恰当的是(   )。

   A. 应当阐明委托人及其他报告使用人的身份

B. 只能阐明委托人及其他报告使用人的名称,不能阐明类型

C. 应当阐明委托人及其他报告使用人的类型

D. 应当阐明委托人及其他报告使用人的名称

18. 下列关于评估报告正文的说法中,不正确的是(   )。

    A. 在评估报告中应当阐明委托人和其他评估报告使用人的身份,包括名称或类型

    B. 资产评估报告中应当载明评估对象和评估范围,并描述评估对象的基本情况

    C. 资产评估报告载明的评估基准日应当与资产评估委托合同约定的评估基准日保持一致

    D. 金融企业首次公开发行股票上市时所进行的资产评估,评估结论只能采用确定的数值

19. 评估报告编制完成后,经过对资产评估专业人员编制的评估报告实施内部审核后,至少由(   )名承办该项业务的资产评估专业人员签名并加盖评估机构印章。
    A. 2   B. 3   C. 4   D. 5

20. 操作类工作底稿可以按照评估方法进行划分,下列各项中,不属于该划分类别的是(   )。

    A. 收益法工作底稿   B. 售价法工作底稿

    C. 成本法工作底稿   D. 市场法工作底稿

三、多项选择题

1. 资产评估报告正文主要有(   )。

    A. 价值类型   B. 资产评估报告日

    C. 特别事项说明   D. 评估对象和评估范围

2. 属于资产评估报告主要内容的有(   )。

    A. 摘要   B. 正文   C. 目录   D. 附件

3. 下列关于资产评估报告载明的评估基准日、资产评估报告日的说法中,正确的有(   )。

    A. 资产评估报告日通常为评估结论形成的日期

    B. 评估基准日可以是现在的时点

    C. 资产评估报告日可以不同于资产评估报告的签署日

    D. 评估基准日可以是未来的时点

4. 下列关于国有资产评估报告制作要求的说法中,正确的有(   )。

    A. 必要时附件可以独立成册

B. 资产评估报告一般分册装订,各册应当具有独立的目录

C. 单独成册的,其封面格式、标题中的"企业名称+经济行为关键词+评估对象"及文号等应当与资产评估报告相关格式和内容保持一致

D. 评估明细表一般按会计科目顺序装订

5. 下列各项中,属于确定资产评估报告的详略程度应该考虑的因素的有(　　)。

　　A. 资产评估机构的制度规定　　　　B. 被评估单位的合理需求

　　C. 评估对象的复杂程度　　　　　　D. 委托人的合理需求

6. 资产评估报告应当按照一定格式和内容进行编写,反映的基本信息主要有(　　)。

　　A. 评估目的　　　B. 评估假设　　　C. 评估依据　　　D. 评估结果

7. 下列关于资产评估工作底稿的说法中,正确的有(　　)。

　　A. 评估工作完成后,归集后的工作底稿,即资产评估档案

　　B. 工作底稿应当反映资产评估机构的内部审核过程

　　C. 将委托人和其他相关当事人提供的重要资料作为工作底稿应当由提供方进行确认

　　D. 工作底稿应当反映资产评估程序的实施情况,并支持评估结论

8. 下列关于评估工作底稿编制的说法中,正确的有(　　)。

　　A. 利用交叉索引和备注说明等形式能完整地反映工作底稿间的勾稽关系并避免重复

　　B. 资产评估专业人员应当根据评估业务特点和工作底稿类别,编制工作底稿目录,建立必要的索引号,以反映工作底稿间的勾稽关系

　　C. 在工作底稿的编制过程中,需要经过必要的审核程序,包括对文字、数字、计算过程等内容的审核

　　D. 工作底稿编制人可能产生差错、遗漏等问题

9. 根据评估基准日的不同选择,评估报告包括(　　)。

　　A. 现时性评估报告　　　　　　B. 完整性评估报告

　　C. 追溯性评估报告　　　　　　D. 预测性评估报告

四、判断题

1. 全国人大常委会于2018年7月2日审议通过并于当年12月1日开始施行的《资产评估法》正式奠定了我国资产评估的法律地位,标志着我国资产评估行业进入了法治化发展的新阶段。　　　　　　　　　　　　　　　　　　　　　　　　　　　　(　　)

2. 中国资产评估协会于2016年10月29日,再次对《资产评估执业准则——资产评估报告》进行了修订(2019年1月1日起施行)。　　　　　　　　　　　　(　　)

3. 法定评估业务的资产评估报告应当由至少3名承办该项业务的资产评估师签名并加盖

资产评估机构印章。非法定评估业务的资产评估报告应当由至少2名承办该项业务的资产评估专业人员签名并加盖资产评估机构印章。（   ）

4. 按评估报告披露内容的详尽程度划分，可将资产评估报告分为完整型评估报告和简明型评估报告。（   ）

5. 按符合资产评估准则的要求的程度划分，将资产评估报告划分为正常型评估报告和限制型评估报告。（   ）

6. 按资产评估的性质划分，将资产评估报告划分为一般评估报告和复核评估报告。（   ）

7. 按评估对象划分，将评估报告划分为房地产评估报告、机器设备评估报告、无形资产评估报告以及企业价值评估报告等。（   ）

8. 按评估基准日的选择的不同划分，评估报告一般分为现时性评估报告、追溯性评估报告和预测性评估报告。（   ）

9. 在评估报告中不应当阐明委托人和其他资产评估报告使用人的身份，包括名称或类型。（   ）

10. 委托人和业务委托合同约定的其他评估报告使用者概况信息一般不包括名称、法定住所及经营场所、法定代表人、注册资本及主要经营范围等。（   ）

11. 资产评估报告载明的评估目的不唯一。（   ）

12. 资产评估报告载明的评估基准日应当与资产评估委托合同约定的评估基准日保持一致，可以是过去、现在或者未来的时点。（   ）

13. 资产评估报告应当说明资产评估采用的法律法规依据、准则依据、权属依据及取价依据等。（   ）

14. 资产评估报告应当说明所选用的评估方法及其理由，因适用性受限或者操作条件受限等而选择一种评估方法的，应当在资产评估报告中披露并说明原因。（   ）

15. 资产评估报告不应当披露所使用的资产评估假设。（   ）

16. 资产评估报告应当以文字和数字形式表述评估结论，评估结论的使用有效期为永续。（   ）

17. 资产评估报告载明的资产评估报告日通常为评估结论形成的日期，必须与资产评估报告的签署日相同。（   ）

18. 对于国有资产评估报告，资产评估报告正文应当由至少2名承办该评估业务的资产评估师签名，并加盖资产评估机构印章。（   ）

19. 权属依据证明材料主要包括企业产权登记证书、房屋所有权证书、专利证书、设备购置发票、交通运输设备的行驶证等。（   ）

20. 评估报告无需将评估机构的备案公告、证券期货业务资格证书复印件,资产评估师的职业资格证书登记卡复印件作为评估报告附件进行装订。( )

21. 为了让委托人和其他评估报告使用人能够更好地了解委托评估资产的构成及具体情况,资产评估人员应当以报告附件的形式提供资产评估汇总表或明细表。( )

22. 相关附件应当清晰、完整,内容应当与评估报告摘要、正文一致。如果附件为复印件,应当保证其真实性,内容与原件一致。( )

23. 报告拟定人员应是评估机构的负责人。( )

24. 资产评估报告应当由至少2名承办该项业务的资产评估师签名,可不盖章。( )

25. 在完成资产评估初步数据的分析与讨论并对有关部分的数据进行调整后,应由具体参加评估的各组负责人员共同草拟出资产评估报告。( )

26. 资产评估报告一般全部合并装订,可合并目录、声明、摘要、正文和附件。( )

27. 合同中约定的其他资产评估报告使用人,是由委托人提出,可不经评估机构同意就列示在业务约定书中的使用人。( )

28. 资产评估机构从事资产评估业务,可无需接受委托人的委托就与委托人签订业务约定书。( )

29. 一份评估报告只允许按一个用途使用,不允许用于其他用途。( )

30. 资产评估报告只能由其载明的资产评估报告使用者使用。( )

31. 资产评估报告的使用有效期通常为1年,有效期从评估基准日开始。( )

32. 在资产评估报告的有效期内,如果市场条件、评估对象数量等发生较大变化,对资产价值产生明显影响,应由原评估机构或者资产占有单位按原评估方法对资产评估报告做相应调整,或委托评估机构重新评估,然后才能使用。( )

33. 在我国,资产评估行政管理的主管机关是政府财政部门,资产评估行业自律组织是中国资产评估协会。( )

34. 总的来说,证券监督管理部门对资产评估报告和有关资料的使用,实际上是对取得证券业务评估资格的资产评估机构及其人员的业务监管。( )

五、简答题

1. 简述资产评估的概念。
2. 资产评估报告的类型主要有哪些?
3. 完整型(详细型)资产评估报告的内容包括哪些方面?
4. 简明型资产评估报告的内容包括哪些方面?
5. 资产评估的作用有哪些?

6. 资产评估摘要主要包括哪些内容？

7. 资产评估正文主要包括哪些内容？

8. 资产评估报告说明实施过程的内容有哪些？

9. 资产评估报告的使用限制说明应当载明的内容有哪些？

10. 资产评估报告附件通常包括哪些内容？

11. 编制资产评估报告的基本要求有哪些？

12. 资产评估报告的编制步骤有哪些？

13. 委托人及资产评估委托合同中约定的其他资产评估报告使用者在使用资产评估报告时需要注意哪些问题？

14. 证券监督管理部门对资产评估报告书的使用包括哪些内容？

15. 首次公开发行股票的公司信息披露需要列示哪些资产评估信息？

第三部分　参考答案

一、名词解释

1. 资产评估报告是指资产评估机构及其评估专业人员遵守法律、行政法规和资产评估准则，根据委托履行必要的资产评估程序后，由资产评估机构对评估对象在评估基准日特定目的下的价值出具的专业报告。

2. 涉及国有资产或者公共利益等事项，法律、行政法规规定需要进行资产评估的业务属于法定资产评估业务，所出具的评估报告就是法定评估业务的评估报告。

3. 法律、行政法规未作要求，由自然人、法人或其他组织自愿选择进行的资产评估业务属于非法定资产评估业务，出具的评估报告就是非法定业务评估报告。

4. 完整（详细型）资产评估报告是指向委托方或客户提供最详尽信息资料的评估报告。

5. 简明型资产评估报告是指资产评估机构在保证不误导评估报告使用者的前提下，向委托方或客户提供简明扼要的信息资料的评估报告。

6. 正常型评估报告是指资产评估机构出具的评估报告完全符合资产评估准则的要求，对评估报告使用者并无格外的特别限制性使用要求，如完整型评估报告和简明型评估报告。

7. 限制型评估报告是指评估机构对限定评估报告使用人出具的、评估过程中有低于或不同于评估准则或指南要求行为的评估报告。

8. 一般评估报告是指资产评估人员接受客户委托，为客户提供的关于资产价值的估价意见的书面报告，如完整型评估报告、简明型评估报告和限制型评估报告等。

9. 复核评估报告是指复核资产评估师对一般评估报告的充分性和合理性发表意见的书面报告,是复核评估师对一般评估报告进行评估和审核的报告。

10. 现时性评估报告是对资产现时价值判断的书面报告,其评估基准日与评估报告日期是相同(或接近)。

11. 追溯性评估报告是对资产过去价值判断的书面报告,其评估基准日早于评估报告日期。如司法诉讼评估涉及的了解诉讼标的在2年前某一时点的市场价值,此时出具的评估报告就属于追溯性评估报告。

12. 预测性评估报告是对资产未来价值判断的书面报告,其评估基准日晚于评估报告日期。

13. 评估报告附件是附在资产评估报告后面的文件与资料。评估报告阅读者根据评估报告中披露的附件的名称以及附件内容,能够判断评估报告的合法性,并在相应的评估工作底稿以及相关法律、行政法规和部门规章中找到相应的评估依据。

14. 委托人是委托评估机构及人员对资产的价值进行分析、估算并发表专业意见的单位或个人。

15. 资产评估监管机构主要是指对资产评估行政管理的主管部门和资产评估行业自律管理的行业协会。

二、单项选择题

1	2	3	4	5	6	7	8	9	10
D	A	B	A	C	A	C	C	D	C
11	12	13	14	15	16	17	18	19	20
A	A	A	C	A	D	B	D	A	B

【重难点解析】

1. 评估基准日在未来时点,因此为预测性评估报告。

2. 完整型评估报告和限制型评估报告的根本区别在于所提供信息的详细程度不同。

3. 有时评估基准日至经济行为发生日尽管不到1年,但市场条件或资产状况发生了重大变化,评估报告的结论不能反映经济行为实现日价值,这时应该重新评估。选项B不正确。

4. 资产评估报告的标题格式要求:"企业名称+经济行为关键词+评估对象+资产评估报告"。

5. 判定一份评估报告是否提供了必要的信息,就要看评估报告使用人(可能具有评估专业知识,也可能不懂评估专业知识)在阅读评估报告后能否对评估结论有正确的理解。

6. 根据评估基准日的不同选择,评估报告可以分为评估基准日为现在时点的现时性评估报告、评估基准日为未来时点的预测性评估报告、评估基准日为过去时点的追溯性评估报告。本题中评估基准日在过去时点,因此为追溯性评估报告。

7. 选项C为资产评估报告包括的内容。

8. 资产评估报告标题应当简明清晰,一般采用"企业名称+经济行为关键词+评估对象+资产评估报告"的形式。

10. 资产评估计划一般在项目正式开展前编制,项目正式实施工作包括现场调查、收集整理评估资料、评定估算和编制出具评估报告等,所以选项C的描述不准确。

11. 根据《资产评估法》规定,一般评估业务的评估档案保存期限不少于15年,法定评估业务的评估档案保管期限不少于30年。

12. 资产评估档案如果涉及客户的商业秘密,评估机构、资产评估专业人员有责任为客户保密。资产评估档案的管理应当严格执行保密制度。除下列情形外,资产评估档案不得对外提供:①国家机关依法调阅的。②资产评估协会依法依规调阅的。③其他依法依规查阅的。如果本机构评估专业人员需要查阅评估档案,应按规定办理借阅手续。

13. 资产评估报告的详略程度应当根据评估对象的复杂程度、委托人的合理需求来确定,因此选项B错误。资产评估报告应当由至少2名承办该项业务的资产评估专业人员签名并加盖资产评估机构印章,因此选项C错误。我国2007年发布了《资产评估准则——评估报告》,并先后于2017年、2018年两次修订和发布了《资产评估执业准则——资产评估报告》,因此选项D错误。

14. 资产评估报告载明的资产评估报告日通常为评估结论形成的日期,这一日期可以不同于资产评估报告的签署日。所以评估报告的报告日为2019年2月5日。

15. 资产评估报告使用人可以是具体的单位或个人,也可以是某一类的使用人。

16. 评估报告附件包括:①评估对象所涉及的主要权属证明资料。②委托人和其他相关当事人的承诺函。③资产评估机构及签名资产评估专业人员的备案文件或者资格证明文件。④资产评估汇总表或明细表。⑤资产账面价值与评估结论存在较大差异的说明。

17. 在评估报告中应当阐明委托人和其他评估报告使用人的身份,包括名称或类型。

18. 中国资产评估协会发布的《资产评估专家指引第2号——金融企业首次公开发行上市资产评估方法选用》指出,金融企业首次公开发行股票上市时所进行的资产评估,评估结论可以采用区间值形式。

19. 评估报告编制完成后,经过对资产评估专业人员编制的评估报告实施内部审核,至少由2名承办该项业务的资产评估专业人员签名,最后加盖资产评估机构的印章。

20. 按照评估方法划分,操作类工作底稿一般可分为成本法工作底稿、收益法工作底稿和市场法工作底稿。

三、多项选择题

1	2	3	4	5	6	7	8	9
ABCD	ABCD	ABCD	ABCD	CD	ABCD	ABCD	ABCD	ACD

【重难点解析】

1. 资产评估报告正文中，需要有以下内容：①委托人及其他资产评估报告使用人。②评估目的。③评估对象和评估范围。④价值类型。⑤评估基准日。⑥评估依据。⑦评估方法。⑧评估程序实施过程和情况。⑨评估假设。⑩评估结论。⑪特别事项说明。⑫资产评估报告使用限制说明。⑬资产评估报告日。⑭资产评估专业人员签名和资产评估机构印章。委托人和其他相关当事人的承诺函属于评估报告附件的内容。

2. 根据《资产评估执业准则——资产评估报告》，资产评估报告的内容包括：①标题及文号。②目录。③声明。④摘要。⑤正文。⑥附件。

3. 资产评估报告载明的资产评估报告日通常为评估结论形成的日期，这一日期可以不同于资产评估报告的签署日，选项AC正确；资产评估报告应当明确披露评估基准日。与追溯性、现时性、预测性业务相对应，评估基准日分别是过去、现在或者未来的时点，选项BD正确。

4. 资产评估报告标题及文号一般在封面上方居中位置，资产评估机构名称及资产评估报告日应当在封面下方居中位置。

5. 资产评估报告的详略程度应当根据评估对象的复杂程度、委托人的合理需求来确定。

6. 资产评估报告应当按照一定格式和内容进行编写，反映评估目的、假设、程序、标准、依据、方法、结果及适用条件等基本信息。

9. 根据评估基准日的不同选择，评估报告可以分为评估基准日为现在时点的现时性评估报告、评估基准日为未来时点的预测性评估报告、评估基准日为过去时点的追溯性评估报告。

四、判断题

1	2	3	4	5	6	7	8	9	10	11	12
×	×	×	√	√	√	√	√	×	×	×	√
13	14	15	16	17	18	19	20	21	22	23	24
√	√	×	×	×	√	√	√	√	√	√	×
25	26	27	28	29	30	31	32	33	34		
×	×	×	×	√	√	√	√	√	√		

第七章 资产评估报告

【重难点解析】

1. 全国人大常委会于 2016 年 7 月 2 日审议通过并于当年 12 月 1 日开始施行的《资产评估法》正式奠定了我国资产评估的法律地位,标志着我国资产评估行业进入了法治化发展的新阶段。

2. 中国资产评估协会于 2018 年 10 月 29 日,再次对《资产评估执业准则——资产评估报告》进行了修订(2019 年 1 月 1 日起施行)。

3. 法定评估业务的资产评估报告应当由至少 2 名承办该项业务的资产评估师签名并加盖资产评估机构印章。非法定业务的资产评估报告应当由至少两名承办该项业务的资产评估专业人员签名并加盖资产评估机构印章。

4. 按评估报告披露内容的详尽程度划分,可将评估报告分为完整型评估报告和简明型评估报告。

5. 按符合资产评估准则的要求的程度划分,将资产评估报告划分为正常型评估报告和限制型评估报告。

6. 按资产评估的性质划分,将资产评估报告划分为一般评估报告和复核评估报告。

7. 按评估对象划分,将评估报告划分为房地产评估报告、机器设备评估报告、无形资产评估报告以及企业价值评估报告等。

8. 按评估基准日的选择的不同划分,评估报告一般分为现时性评估报告、追溯性评估报告和预测性评估报告。

9. 在评估报告中应当阐明委托人和其他资产评估报告使用人的身份,包括名称或类型。

10. 委托人和业务委托合同约定的其他评估报告使用者概况信息一般包括名称、法定住所及经营场所、法定代表人、注册资本及主要经营范围等。

11. 资产评估报告载明的评估目的应当唯一。

12. 资产评估报告载明的评估基准日应当与资产评估委托合同约定的评估基准日保持一致,可以是过去、现在或者未来的时点。

13. 资产评估报告应当说明资产评估采用的法律法规依据、准则依据、权属依据及取价依据等。

14. 资产评估报告应当说明所选用的评估方法及其理由,因适用性受限或者操作条件受限等而选择一种评估方法的,应当在资产评估报告中披露并说明原因。

15. 资产评估报告应当披露所使用的资产评估假设。

16. 资产评估报告应当以文字和数字形式表述评估结论,并明确评估结论的使用有效期。

17. 资产评估报告载明的资产评估报告日通常为评估结论形成的日期,可以不同于资产评估报告的签署日。

18. 对于国有资产评估报告,资产评估报告正文应当由至少2名承办该评估业务的资产评估师签名,并加盖资产评估机构印章。

19. 权属依据证明材料主要包括企业产权登记证书、房屋所有权证书、专利证书、设备购置发票、交通运输设备的行驶证等。

20. 评估报告应当将评估机构的备案公告、证券期货业务资格证书复印件,资产评估师的职业资格证书登记卡复印件作为评估报告附件进行装订。

21. 为了让委托人和其他评估报告使用人能够更好地了解委托评估资产的构成及具体情况,资产评估人员应当以报告附件的形式提供资产评估汇总表或明细表。

22. 相关附件应当清晰、完整,内容应当与评估报告摘要、正文一致。如果附件为复印件,应当保证其真实性,内容与原件一致。

23. 报告拟定人员应是全面了解评估项目情况的主要资产评估人员。

24. 资产评估报告应当由至少2名承办该项业务的资产评估师签名,并由评估机构盖章。

25. 在完成资产评估初步数据的分析与讨论并对有关部分的数据进行调整后,应由具体参加评估的各组负责人员草拟出各自负责评估部分的资产评估说明,同时提交全面负责、熟悉本项目评估具体情况的人员,草拟出资产评估报告。

26. 资产评估报告一般分册装订。各册应当具有独立的目录、声明、摘要、正文和附件合订成册。

27. 合同中约定的其他资产评估报告使用人,是由委托人提出,经评估机构同意后,列示在业务约定书中的使用人。

28. 资产评估机构从事资产评估业务,必须接受委托人的委托,与委托人签订业务约定书,并最终向委托人提交资产评估报告。

五、简答题

1. 答:《资产评估执业准则——资产评估报告》中规定的资产评估报告是指资产评估机构及其评估专业人员遵守法律、行政法规和资产评估准则,根据委托履行必要的资产评估程序后,由资产评估机构对评估对象在评估基准日特定目的下的价值出具的专业报告。这在资产评估行业中通常被称为狭义的资产评估报告。同时,资产评估报告不仅是一种书面文件,而且还是一种工作制度。这种工作制度规定资产评估机构在完成资产评估工作之后必须按照一定程序和形式的要求,用书面形式向委托方及相关主管部门报告资产评估过程和结果。我国目前实行的就是这种资产评估报告制度,资产评估报告制度亦称广义的资产评估报告。

2. 答:资产评估报告的类型包括:①按资产评估业务是否为法律要求划分,可分为法定评估业务的评估报告和非法定业务的资产评估报告。②按评估报告披露内容的详尽程度划分,可将评估报告分为完整型评估报告和简明型评估报告。③按符合资产评估准则的要求的程度划分,将资产评估报告划分为正常型评估报告和限制型评估报告。④按资产评估的性质划分,将资产评估报告划分为一般评估报告和复核评估报告。⑤按评估对象划分,将评估报告划分为房地产评估报告、机器设备评估报告、无形资产评估报告以及企业价值评估报告等。⑥按评估基准日的选择的不同划分,评估报告一般分为现时性评估报告、追溯性评估报告和预测性评估报告。⑦按评估目的不同划分,评估报告分为以资产交易为目的的评估报告、以企业兼并为目的的评估报告、以资产抵押为目的的评估报告、以资产征税为目的的评估报告、以编制财务报告为目的的评估报告、以国有资产产权变动为目的的评估报告等。资产评估的目的不同,评估报告的具体内容和侧重点有所不同。

3. 答:完整型(详细型)资产评估报告的内容必须与报告的预期用途相一致,且至少包括以下内容:①明确说明客户和预期使用者的身份,包括姓名和类型。②明确评估的预期用途。③明确并用充分的信息资料描述被评估的不动产。④明确说明被评估的不动产权益。⑤明确说明评估目的。⑥说明评估生效日和报告日。⑦明确叙述足以向评估客户和评估结果使用者说明评估工作范畴的信息。⑧明确说明影响评估分析、意见和结论的所有假设和限制性条件。⑨明确描述评估中所考虑的信息,所采用的程序和支持其分析、意见和结论的推理过程。⑩明确描述评估日期现存不动产的用途,以及明确描述在评估报告中反映出来的不动产的用途。⑪经资产评估人员签署的证明文件。

4. 答:简明型评估报告的内容必须与评估的预期用途相一致,并且至少包括以下内容:①明确说明客户和预期使用者的身份,包括姓名和类型。②明确评估的预期用途。③明确并用充分的信息资料概述被评估的不动产,这种概述包括与评估业务有关财产的物理和经济方面的特性。④明确说明被评估的不动产权益。⑤说明评估的目的,包括对被评估不动产的价值定义和类型以及其来源的说明。⑥说明评估生效日和报告日期。⑦概述足以向评估客户和评估结果使用者说明评估工作范畴的信息。⑧说明影响评估分析、意见和结论的所有假设和限制性条件。⑨概述评估中所考虑的信息,所采用的程序和支持其分析、意见及结论的推理过程。⑩描述评估日现存不动产的用途,并描述在评估报告中反映出来的不动产的用途。⑪经资产评估人员签署的证明文件。

5. 答:从资产评估机构和资产评估人员的角度看,资产评估报告书主要有以下几方面的作用:①有利于委托人评估目的的实现。对于资产评估业务的委托人,评估报告是资产价值专家意见的书面表达。资产评估报告书对被评估资产提供较为全面、客观的价值判断和专业意见,是委托人进行资产评估业务的重要作价依据,从而有助于实现资产评估委托的目的。②有利于资产评估机构执业管理的规范。对于资产评估机构而言,资产评估报告用文字的形式对委托评估的资产的使用状况、评估目的、评估范围、评估依据、评估程序、评估方法和评估结果等进行说明,可以反映和体现资产评估工作的具体完成情况,是评估机构对履行评估合同情况的总结,同时也是评估机构及人员为资产评估项目承担相应法律责任的证明文件。另外,资产评估报告是评估档案资料的重要内容,所形成的相关资料和记录对于后期的评估业务有重要的参考作用。同时,资产评估报告也是资产评估机构向委托人或有关当事方收取评估费用的直接依据。③有利于评估行业管理部门对资产评估机构的监督管理。对于资产评估行业的自律组织和管理机构,资产评估报告是反映评估机构和评估人员职业道德、执业能力情况以及评估质量高低和机构内部管理机制完善程度的重要依据。评估行业管理部门可以通过对评估报告的审查,监督评估机构和人员的执业情况,加强资产评估行业管理,促进资产评估业的发展。

6. 答:资产评估报告摘要通常提供资产评估业务的主要信息及评估结论,主要包括如下内容:①评估目的。②评估对象和评估范围。③价值类型及其定义。④评估基准日。⑤评估方法。⑥评估结论。

7. 答:正文是评估报告的重要组成部分,资产评估报告正文应当包括下列内容:①委托人及其他资产评估报告使用人。②评估目的。③评估对象和评估范围。④价值类型。⑤评估基准日。⑥评估依据。⑦评估方法。⑧评估程序实施过程和情况。⑨评估假设。⑩评估结论。⑪特别事项说明。⑫资产评估报告使用限制说明。⑬资产评估报告日。⑭资产评估专业人员签名和资产评估机构印章。

8. 答:资产评估报告应当说明资产评估程序实施过程中现场调查、收集整理评估资料、评定估算等主要内容,一般包括:①接受项目委托,确定评估目的、评估对象与评估范围、评估基准日,拟定评估计划等过程。②指导被评估单位清查资产、准备评估资料,核实资产与验证资料等过程。③选择评估方法、收集市场信息和估算等过程。④评估结论汇总、评估结论分析、撰写报告和内部审核等过程。

9. 答:资产评估报告的使用限制说明应当载明几部分内容,具体如下:①资产报告的使用范围。②委托人或者其他资产评估报告使用人未按照法律、行政法规规定和资产评估报告载明的使用范围使用资产评估报告的,资产评估机构及其资产评估专业人员不承担责任。③除委托人、资产评估委托合同中约定的其他资产评估报告使用人和法律、行政法规规定的资产评估报告使用人之外,其他任何机构和个人不能成为资产评估报告的使用人。④资产评估报告使用人应当正确理解和使用评估结论。评估结论不等同于评估对象可实现价格,评估结论不应当被认为是对评估对象可实现价格的保证。

10. 答:资产评估报告附件通常包括:①评估对象所涉及的主要权属证明资料。②委托人和其他相关当事人的承诺函。③资产评估机构及签名资产评估专业人员的备案文件或者资格证明文件。④资产评估汇总表或者明细表。⑤资产账面价值与评估结论存在较大差异的说明。

11. 答:编制资产评估报告基本要求如下:①编制态度客观端正。资产评估报告必须建立在真实、客观的基础上,得出的评估结论应有充分的依据。②内容完整翔实。资产评估报告应当完整、清晰、准确地表述评估过程及评估结论,不得使用误导性的表述,并保证提供必要信息,使资产评估报告的使用者能够合理理解评估结论。③文字表述及格式规范。④责任明确。

12. 答:资产评估报告的编制包括以下几个步骤:①整理和收集评估报告所需资料。资产评估的前期工作结束后,评估人员需要对评估资料进行整理、分类,形成评估工作底稿,为撰写资产评估报告准备资料。②汇总分析评估数据。③撰写资产评估报告。④印刷装订资产评估报告。

13. 答:一般来说,委托人及资产评估委托合同中约定的其他资产评估报告使用者在使用资产评估报告时需要注意以下几个方面的问题:①资产评估报告结论的使用。资产评估报告结论只能用于资产评估报告载明的评估目的和用途,为特定的资产业务或经济行为服务。一份评估报告只允许按一个用途使用,不允许用于其他用途。②资产评估报告的使用者限制。资产评估报告只能由其载明的资产评估报告使用者使用。③资产评估报告的使用期限。资产评估报告的使用有效期通常为一年,有效期从评估基准日开始。④资产评估报告的结论调整。

14. 答:证券监督管理部门对资产评估报告书的使用,主要体现在以下五个方面:①对申请上市的公司有关申报材料招股说明书中的有关资产评估数据的审核。②对上市公司的股东配售发行股票时申报材料配股说明书中的有关资产评估数据的审核。③对上市公司重大资产重组行为有关申报材料的审核。④对上市公司及其资产其他产权变动或财务报告编制行为的监管。⑤对取得证券期货从业资格的资产评估机构开展证券期货资产评估业务情况进行监管时,对相关资产评估机构出具的资产评估报告等资料进行检查。

15. 答:根据有关规定,首次公开发行股票的公司信息披露需要列示以下资产评估信息:①发行人在设立时以及在报告期内进行资产评估的,应简明扼要地披露资产评估机构名称及主要评估方法,资产评估前的账面值、评估值及增减情况。②募集资金拟用于向其他企业增资或收购其他企业股份的,应披露增资资金折合股份或收购股份的评估、定价情况。③募集资金拟用于收购资产的,应披露拟收购资产的评估、定价情况。

第八章 资产评估主体与行业管理

第一部分 内容概要

一、资产评估主体及其分类

（一）资产评估主体的界定

资产评估主体是指资产评估业务的承担者，具体包括资产评估工作的从业人员及由评估人员组成的评估机构。

（二）资产评估主体的分类

从评估主体的执业范围的角度划分，可划分为综合性资产评估机构和专项资产评估机构两种类型。

从资产评估主体的企业组织形式的角度划分，大致可划分为合伙制的资产评估机构和有限责任制的资产评估机构。

二、资产评估师职业资格制度和资产评估机构执业资格制度

（一）资产评估师职业资格制度

资产评估师职业资格考试实行全国统一大纲、统一命题、统一组织的考试制度。中国资产评估协会负责资产评估师职业资格考试的组织和实施工作。资产评估师职业资格考试合格，由中国资产评估协会颁发，人力资源和社会保障部、财政部监制，中国资产评估协会用印的《中华人民共和国资产评估师职业资格证书》，该证书在全国范围有效。

（二）资产评估机构执业资格制度

资产评估执业的中介机构，必须满足国家对资产评估机构工商登记、人员构成、内部制度建设等方面的要求和条件，并取得相应资产评估管理行政主管部门的备案。国家对已取得资产评估执业资格的资产评估机构实行等级制度，并采取"统一政策、分级管理"的原则。

（三）资产评估机构的设立

1. 资产评估机构设立的条件

资产评估机构的设立除符合国家有关法律法规规定外，还必须具备以下条件：①合伙

形式的评估机构,应当有两名以上评估师。其合伙人三分之二以上应当是具有三年以上从业经历且最近三年内未受停止从业处罚的评估师。②公司形式的评估机构,应当有八名以上评估师和两名以上股东,其中三分之二以上股东应当是具有三年以上从业经历且最近三年内未受停止从业处罚的评估师,并且评估机构的合伙人或者股东为两名的,两名合伙人或者股东都应当是具有三年以上从业经历且最近三年内未受停止从业处罚的评估师。③设立评估机构,应当向工商行政管理部门申请办理登记。评估机构应当自领取营业执照之日起三十日内向有关评估行政管理部门备案。④评估行政管理部门应当及时将评估机构备案情况向社会公告。

2. 资产评估机构的分级制度

资产评估机构的职业资格主要划分为A级和B级两个等级。A级资产评估机构可以从事包括股票上市企业资产评估在内的所有资产评估项目。B级资产评估机构可从事除企业股份化上市外的所有资产评估项目。

(四) 资产评估机构的年检制度

资产评估机构年检内容包括以下几个方面:①资产评估机构持续符合《资产评估法》第十五条规定的评估机构设立条件的情况。②办理备案情况。③资产评估执业质量情况。④评估机构内部机构设置及人员配备情况。⑤评估机构业务开展情况,包括评估的项目类型、数量、执业水平。⑥资产评估机构信誉情况。⑦对法律法规的执行情况及遵守职业道德情况。⑧评估机构的收费情况等。

三、资产评估行业规范体系

(一) 资产评估行业法律规范

由于目前我国尚未制定和颁布规范资产评估师职业的专门法律,其法律的形式主要体现在法律、行政法规和部门规章某些条款中。

(二) 行政法规和部门规章

国有资产评估应当遵循真实性、科学性、可行性原则,依照国家规定的标准、程序和方法进行评定和估算。

承担资产评估工作的各类中介机构,应严格按照国家有关法律法规规定的评估程序、评估方法和标准,独立、客观、公正地进行资产评估,不得违规执业或出具虚假评估报告。

(三) 我国资产评估准则体系

1. 我国资产评估准则建设原则

我国资产评估准则建设应当遵循如上几点:①综合性的评估准则体系,包括不动产、动产、机器设备、企业价值、无形资产等各类别资产的评估准则。②高度重视程序性准则与专业性准则。③将职业道德准则放在与业务性准则同等重要的高度。④层次清晰,逻辑严密,并具有一定的灵活性。

2. 我国资产评估准则体系框架

1) 资产评估基本准则

资产评估基本准则是资产评估师执行各种资产类型、各种评估目的资产评估业务的基本规范。

2) 资产评估职业道德准则

为规范资产评估机构及其资产评估专业人员职业道德行为,提高职业素质,维护职业形象,根据《资产评估基本准则》制定了《资产评估职业道德准则》。

3) 资产评估执业准则

资产评估执业准则分为具体准则、评估指南和评估指导意见。

资产评估具体准则可以分为程序性准则和实体性准则两个部分。程序性准则是关于资产评估师通过履行一定的专业程序完成评估业务、保证评估质量的规范,包括评估业务约定书、评估计划、评估工作底稿、评估报告等。资产评估实体性准则也可以理解为资产评估技术规范,是对资产评估师在资产评估执业过程中所使用的专业术语、执业标准、操作程序和报告披露等所作的统一要求。

资产评估指南包括对特定评估目的、特定资产类别(细化)评估业务以及对评估中某些重要事项的规范。

资产评估指导意见是针对资产评估业务中的某些具体问题的指导性文件。

(四) 资产评估职业道德规范

1. 资产评估师的职业品格

资产评估师职业品格的基本内容主要反映在资产评估师的职业理想、职业态度和职业荣誉等方面。职业理想是资产评估师对资产评估工作的一种总体认识,即资产评估师是把资产评估作为一种事业看待,还是仅仅作为一种谋生的手段来看待。职业态度就是资产评估师的工作态度。职业荣誉是指资产评估师在执业过程中形成的职业形象,包括资产评估师个人的社会认同度以及资产评估机构的社会公信度。

2. 资产评估师的职业标准和要求

资产评估师的职业标准和要求主要包括资产评估师遵守职业纪律的要求,坚持独立、客观、公正和专业性执业原则的要求,坚持胜任能力的要求以及承担职业责任的要求。

3. 资产评估师职业道德准则

《资产评估职业道德准则》规定了资产评估机构和评估从业人员在执业过程中的基本要求、专业胜任能力以及与委托方关系等方面的基本道德标准。

四、我国资产评估行业的管理

(一) 资产评估的政府管理

财政部门对资产评估行业的监督管理,实行行政监管、行业自律与机构自主管理相结合的原则。财政部统一部署对资产评估行业的监督检查,主要负责以下工作:制定资产评估专业人员、资产评估机构、资产评估协会和相关资产评估业务监督检查的具体办法;组织开展资产评估执业质量专项检查;监督检查资产评估机构从事证券期货相关资产评估业务情况;指导和督促地方财政部门对资产评估行业的监督检查,并对其检查情况予以抽查。

(二) 资产评估的行业自律管理

1. 资产评估协会的工作范围

资产评估协会的工作范围主要包括以下几个方面:①经政府有关部门批准,制定行业发展目标和规划,并负责组织实施。②为会员从事资产评估等业务提供服务。③组织开展相关政策理论研究、行业宣传,开展国际交流与合作等活动。④开展行业党建工作。

2. 资产评估协会行业自律监管的主要内容

资产评估协会应当依法履行职责,向有关财政部门提供资产评估师信息,及时向有关财政部门报告会员信用档案、会员自律检查情况及奖惩情况。资产评估协会对资产评估机构及其资产评估专业人员进行自律检查。

本章主要内容如表8-1所示。

表8-1 第八章主要内容

主要小节	相关内容	具体内容
评估主体及其分类	资产评估主体的界定	资产评估主体的定义
	资产评估主体的分类	从评估主体的执业范围角度划分
		从资产评估主体的企业组织形式的角度划分
评估师和机构职业资格制度	资产评估师职业资格制度	我国资产评估师职业资格制度发展史
	资产评估机构执业资格制度	我国资产评估机构执业资格制度发展史
	资产评估机构的设立	资产评估机构设立的条件
		资产评估机构的分级制度
	资产评估机构的年检制度	资产评估机构年检的内容
资产评估行业规范体系	资产评估行业法律规范	具体法条介绍
	行政法规和部门规章	具体法规介绍
	我国资产评估准则体系	资产评估准则建设原则
		我国资产评估准则体系框架

(续表)

主要小节	相关内容	具体内容
资产评估行业规范体系	资产评估职业道德规范	资产评估师的职业品格
		资产评估师的职业标准和要求
		资产评估师职业道德准则
资产评估行业的管理	资产评估的政府管理	政府管理的内容
	资产评估的行业自律管理	资产评估协会的工作范围
		资产评估协会行业自律监管的内容

第二部分 练习题

一、名词解释

1. 资产评估主体
2. 综合性资产评估机构
3. 专项资产评估机构
4. 合伙制的资产评估机构
5. 有限责任制的资产评估机构
6. 资产评估行业规范
7. 资产评估准则
8. 资产评估基本准则
9. 职业道德
10. 程序性准则
11. 资产评估实体性准则
12. 资产评估指南
13. 资产评估指导意见
14. 职业理想
15. 资产评估监管机构
16. 职业态度
17. 职业荣誉
18. 客观公正性原则
19. 专业胜任能力要求
20. 承担职业责任的要求

二、单项选择题

1. 下列关于资产评估职业道德的基本要求的说法中,不正确的是( )。
   A. 诚实守信,勤勉尽责,谨慎从业
   B. 不得在报告中使用免责声明
   C. 不得使用不合理的假设
   D. 坚持独立、客观、公正的原则

2. 我国资产评估准则要求,资产评估机构及其资产评估专业人员,应当如实声明具有的( ),不得对此进行夸张,虚假和误导性宣传。
   A. 客观、公正
   B. 专业能力和执业经验
   C. 独立性
   D. 专业性

3. 下列关于资产评估机构接受委托的说法中,正确的是( )。
   A. 资产评估机构不得分别接受利益冲突方的委托对同一评估对象进行评估
   B. 资产评估机构在分别接受利益冲突委托人委托对同一评估对象进行评估时,需要征得冲突方的同意
   C. 资产评估机构可以分别接受利益冲突委托人的委托对同一评估对象进行评估
   D. 资产评估机构在分别接受利益冲突委托人委托对同一评估对象进行评估时,应履行告知义务,分别通知委托双方

4. 下列关于某资产评估机构因出具虚假评估报告可能承担法律责任的说法中,错误的是( )。
   A. 不同的行政主体可以根据不同的法律规定对同一违法行为分别给予罚款的处罚
   B. 如果该机构的违法行为构成犯罪的应当依法追究刑事责任
   C. 如果该机构的违法行为给委托人或其他相关当事人值成损失的可以依法究其赔偿责任
   D. 对该机构的行政及刑事处罚不影响追究该机构的民事责任

5. 下列处罚形式中,属于资产评估机构及个人因承担行政责任可能受到的处罚是( )。
   A. 返还财产
   B. 赔偿损失
   C. 没收违法所得
   D. 没收财产

6. 下列选项中,不属于评估专业人员不得做的事项的是( )。
   A. 未经客户允许对外发布有关客户的信息资料
   B. 在规定的工作场所之外谈论客户的业务情况
   C. 泄露相关商业秘密
   D. 在公共场所提到客户的单位名称

7. 犯提供虚假证明文件罪的人员索取他人财物或者非法收受他人财物的追诉时效

是( )年。

   A. 五 B. 十 C. 十五 D. 二十

8. 下列关于资产评估不得谋取不正当利益的要求的说法中,错误的是( )。

   A. 执业者必须恪守独立、客观、公正的职业道德原则

   B. 资产评估专业人员不得利用开展业务之便为他人谋取不正当的利益

   C. 谋取不正当利益不是违法犯罪行为

   D. 资产评估专业人员不得利用开展业务之便为自己谋取不正当的利益

9. 我国《资产评估法》规定,资产评估专业人员违反规定,签署虚假评估报告,情节严重的,应当责令其停止从业,停止从业的期限是( )。

   A. 两年以上五年以下 B. 五年以上十年以下
   C. 十年以上 D. 一年以上五年以下

10. 资产评估师采用不同于资产评估执业准则规定的程序和方法时,不得违背的原则是( )。

   A. 资产评估基本准则 B. 程序性准则
   C. 专业性准则 D. 资产评估指南和指导意见

三、多项选择题

1. 下列关于《证券法》对资产评估的相关规定的说法中,正确的有( )。

   A. 从事资产评估的机构从事证券服务业务未报备案的,责令改正,可以处二十万元以下的罚款

   B. 虚假陈述,给投资人造成损失的,承担全部赔偿责任

   C. 证券服务机构制作、出具的文件有虚假记载、误导性陈述或者重大遗漏,给他人造成损失的,应当与委托人承担连带赔偿责任,但是能够证明自己没有过错的除外

   D. 资产评估相关人员在执行证券业务资产评估时接触有重大影响的内幕信息,在内幕信息公开前,不得买卖该公司的证券或建议他人买卖该证券

2. 下列关于专业能力要求的说法中,正确的有( )。

   A. 资产评估专业人员应当具备相应的评估专业知识和实践经验,能够胜任所执行的评估业务

   B. 资产评估专业人员应当完成规定的继续教育,保持和提高专业能力

   C. 专业能力是对任何专业工作的基本执业要求

   D. 资产评估机构及其资产评估专业人员不得对其专业能力和执业经验进行夸张、虚假和误导性宣传

3. 资产评估专业人员不得采用欺诈、利诱、胁迫等不正当手段招揽业务。下列各项中，属于采用欺诈行为的有（   ）。

   A. 采取虚假和引人误解的宣传骗取客户信任，招揽业务

   B. 编造与客户的上级主管部门或利害相关单位有密切关系，可以帮助客户解决难题招揽业务

   C. 超越自身职业胜任能力范围招揽业务

   D. 编造自己从未完成过的评估项目的工作经验，骗取业务等

4. 资产评估职业道德禁止的不正当竞争有（   ）。

   A. 恶意降低服务费

   B. 以答应帮助客户解决具体困难为条件，招揽业务等

   C. 利用客户的弱点威胁强迫，抢拉业务等

   D. 超越自身职业胜任能力范围招揽业务

5. 下列选项中，属于《资产评估法》禁止性行为的有（   ）。

   A. 资产评估专业人员签署本人未承办业务的资产评估报告

   B. 资产评估专业人员出具有重大遗漏的资产评估报告

   C. 资产评估专业人员出具或签署虚假评估报告

   D. 资产评估专业人员允许他人以本人名义从事资产评估业务

6. 下列关于资产评估专业人员与委托方和相关当事方的关系中对独立性要求的说法中，错误的有（   ）。

   A. 承办评估业务的资产评估师5年前曾在委托单位任职，应主动回避

   B. 承办评估业务的资产评估师与客户的负责人有利害关系，客户已知情，可以不回避

   C. 评估项目外聘的行业专家应与委托方和其他相关当事人无利害关系

   D. 介绍评估业务的资产评估机构员工1年前曾是委托单位的普通职员，资产评估机构应当拒绝受理该业务

7. 下列选项中，属于资产评估的客观性要求的有（   ）。

   A. 对资产评估活动中涉及的事项应当坚持科学的方法和态度，实事求是

   B. 有责任核查所获得信息的客观性，对于从其他第三方获得的信息，应当关注其客观性

   C. 资产评估机构应当是依法设立的独立法人，无论在形式上或实质上都不得依赖任何法人主体

   D. 对机构内部或不同评估机构所持有的不同评估观点不应抱有任何偏见

8. 对资产评估专业人员职业道德的基本要求有（   ）。

   A. 谨慎从业　　　　　　　　　　B. 坚持独立的原则

C. 勤勉尽责　　　　　　　　　　D. 坚持客观、公正的原则

9. 资产评估专业人员在执行资产评估业务过程中,应当与其他资产评估专业人员保持良好的工作关系。这里所说的"其他资产评估专业人员"主要有(　　)。

   A. 曾经或正在执行与资产评估专业人员所执行评估业务相关的评估业务

   B. 与资产评估专业人员不在同一资产评估机构执业,但一起执行联合评估业务

   C. 与资产评估专业人员不在同一家评估机构执业,但由于知识结构、专业技能、职业资格、所在区域等不同,在执业过程中应约向其提供或接受对方提供技术支持

   D. 对资产评估专业人员所执行评估业务中的评估对象在不同时间发表过专业意见

10. 下列关于资产评估职业道德的说法中,错误的有(　　)。

    A. 资产评估专业人员可以以要求资产评估相关当事人提供承诺函或保证书的方式替代必要的评估程序

    B. 资产评估机构及资产评估专业人员不得收取委托人给予的额外奖励,但资产评估委托合同中另有约定的除外

    C. 经卖方认可,资产评估机构可以分别与买卖双方订立资产评估委托合同对同一对象进行评估

    D. 资产评估机构与委托人可以约定以开始现场调查、提供评估报告征求意见稿、提交正式评估报告、经济行为约束等为节点分期支付评估服务费

11. 下列关于资产评估保密原则的说法中,正确的有(　　)。

    A. 资产评估人员不得公开讨论客户机密

    B. 专业人员不得泄露客户商业机密

    C. 资产评估机构和评估专业人员掌握了客户大量重要资料

    D. 专业人员不得将评估报告随意披露给他人

12. 《企业国有资产法》涉及资产评估的相关规定有(　　)。

    A. 对资产评估机构出具虚假报告的法律责任做出规定

    B. 侵占、挪用企业资产的国家出资企业的董事、监事、高级管理人员造成国有资产损失的,依法承担赔偿责任

    C. 对会计师事务所出具虚假报告的法律责任做出规定

    D. 会计师事务所违反规定,从事证券服务业务未报备案的,责令改正,可以处二十万元以下的罚款

四、判断题

1. 专项资产评估机构的专业化程度和专业技术水平比较高,具有比较明显的专业优势。

(　　)

2. 2018年2月,中国资产评估协会印发了《资产评估师职业资格证书登记办法》。根据上述管理制度,我国开始实施资产评估师职业资格制度。( )
3. 资产评估师职业资格考试实行各地区分别命题、统一组织的考试制度。( )
4. 取得资产评估师职业资格证书的人员,可不按照国家专业技术人员继续教育以及资产评估行业管理的有关规定,不参加继续教育。( )
5. 国家对已取得资产评估执业资格的资产评估机构实行等级制度,并采取"统一政策、分级管理"的原则。( )
6. 合伙形式的评估机构设立应当有两名以上评估师。其合伙人三分之二以上应当是具有三年以上从业经历且最近三年内未受停止从业处罚的评估师。( )
7. 设立评估机构,应当向工商行政管理部门申请办理登记。( )
8. 评估机构应当自领取营业执照之日起十五日内向有关评估行政管理部门备案。( )
9. 只有A级资产评估机构,才可以从事国有资产及非国有资产评估。( )
10. 从事土地、房地产或无形资产等专项资产评估业务的机构,其评估资格等级只限于A级以下。( )
11. 对于经过限期整改仍不合格或者有严重错误的评估机构,要吊销其资产评估资质。( )
12. 利用开展业务之便,谋取不正当利益的;允许其他机构以本机构名义开展业务,或者冒用其他机构名义开展业务的,可以责令停业一个月以上六个月以下。( )
13. 以恶性压价、支付回扣、虚假宣传,或者贬损、诋毁其他评估机构等不正当手段招揽业务的,有违法所得的,没收违法所得,并处违法所得一倍以上五倍以下罚款。( )
14. 出具有重大遗漏的评估报告的,情节严重的,由工商行政管理部门吊销营业执照。( )
15. 评估机构、评估专业人员在一年内累计三次因违反本法规定受到责令停业、责令停止从业以外处罚的,有关评估行政管理部门可以责令其停业或者停止从业两年以上。( )
16. 为股票发行出具资产评估报告的资产评估机构和资产评估人员,在该股票承销期内和期满后九个月内,不得买卖该股票。( )
17. 为上市公司出具资产评估报告的资产评估机构和资产评估人员,自接受上市公司委托之日起至该资产评估报告公开后三日内,不得买卖该股票。( )
18. 承担资产评估的机构提供虚假证明文件的,没收违法所得,处以违法所得一倍以上五倍以下的罚款,并可由有关主管部门依法责令该机构停业,吊销直接责任人员的资格证书。( )

19. 保险事故的财产评估人员故意提供虚假的证明文件,为他人诈骗提供条件的,以保险诈骗的共犯论处。（　　）
20. 冒用其他机构名义或允许其他机构以本机构名义执行评估业务的,最高的罚款不超过两万元。（　　）
21. 到2001年9月,《资产评估准则——无形资产》正式颁布,标志着我国资产评估执业技术规范建设已经有了实质性的进展。（　　）
22. 资产评估机构因过失出具有重大遗漏的报告的,责令改正,情节较重的,处以所得收入一倍以上三倍以下的罚款,并予以暂停执业。（　　）
23. 在争取司法部门对资产评估准则认可的前提下,程序性准不能作为评估师合理保护自身权益的重要依据。（　　）
24. 资产评估指导意见与资产评估具体准则或指南具有相同效力。（　　）
25. 资产评估师的执业态度是否端正不会影响资产评估工作的效果和质量。（　　）
26. 财政部门开展资产评估行业监督检查,应当由本部门三名以上执法人员组成检查组,具体按照财政检查工作的有关规定执行。（　　）
27. 1993年12月10日,我国成立了中国资产评估协会。它是一个自我教育、自我约束、自我管理的地方性资产评估行业组织。（　　）

五、简答题

1. 资产评估的主体分类包括哪些内容?
2. 资产评估机构设立的条件有哪些?
3. 资产评估机构的分级制度包括哪些内容?
4. 资产评估机构的年检内容包括哪些方面?
5. 我国资产评估准则建设原则包括哪些内容?
6. 我国资产评估准则体系框架包括哪些内容?
7. 资产评估中的独立性原则包括哪些内容?
8. 财政部对资产评估行业的监督检查主要包括哪些内容?
9. 资产评估协会的工作范围主要有哪些部分?

第三部分　参考答案

一、名词解释

1. 资产评估主体是指资产评估业务的承担者,具体包括资产评估工作的从业人员及由评估人员组成的评估机构。

2. 综合性资产评估机构是指专门从事资产评估业务，不从事其他中介业务的资产评估事务所或资产评估公司。

3. 专项资产评估机构是指专门评估某一种或某一类资产的专项评估机构，如土地估价事务所、房地产估价事务所等。

4. 合伙制的资产评估机构由发起人共同出资设立，共同经营，对合伙债务承担无限连带责任。

5. 有限责任制的资产评估机构由发起人共同出资设立，评估机构以其全部财产对其债务承担责任。

6. 资产评估行业规范是保证我国资产评估行业健康发展的重要制度基础。资产评估行业规范体系主要包括资产评估行业法律规范、行政法规和部门规章以及资产评估准则体系等不同层次的规则和制度安排。

7. 资产评估准则是在资产评估理论和资产评估实践总结的基础上形成的资产评估职业规范和技术标准，是资产评估行业统一的行为和技术指引，是资产评估行业向社会提供高水平专业服务的保证。

8. 资产评估基本准则是资产评估师执行各种资产类型、各种评估目的资产评估业务的基本规范。

9. 职业道德是指资产评估机构及其资产评估专业人员开展资产评估业务应当具备的道德品质和体现的道德行为。

10. 程序性准则是关于资产评估师通过履行一定的专业程序完成评估业务、保证评估质量的规范，包括评估业务约定书、评估计划、评估工作底稿、评估报告等。

11. 资产评估实体性准则也可以理解为资产评估技术规范，是对资产评估师在资产评估执业过程中所使用的专业术语、执业标准、操作程序和报告披露等所作的统一要求。

12. 资产评估指南包括对特定评估目的、特定资产类别（细化）评估业务以及对评估中某些重要事项的规范。

13. 资产评估指导意见是针对资产评估业务中的某些具体问题的指导性文件。

14. 职业理想是资产评估师对资产评估工作的一种总体认识，即资产评估师是把资产评估作为一种事业看待，还是仅仅作为一种谋生的手段来看待。

15. 资产评估监管机构主要是指对资产评估行政管理的主管部门和资产评估行业自律管理的行业协会。

16. 职业态度就是资产评估师的工作态度。

17. 职业荣誉是指资产评估师在执业过程中形成的职业形象，包括资产评估师个人的社会认同度以及资产评估机构的社会公信度。

18. 客观公正性原则是指资产评估人员在执业过程中应以客观的数据资料为依据,而不可以自己的好恶或其他个人的情感为依据进行评估。

19. 专业胜任能力要求是指资产评估机构与资产评估师在承揽资产评估项目时,要衡量自身的专业胜任能力,以判断评估机构和评估师是否有能力完成该评估项目。

20. 承担职业责任的要求是指资产评估师必须对自己的执业行为和评估结果承担经济责任和法律责任。

二、单项选择题

1	2	3	4	5	6	7	8	9	10
B	B	A	A	C	D	B	C	B	B

【重难点解析】

1. 在执业过程中,由于情况的复杂和客观条件的限制,存在一些无法查清的事项,可以在报告中予以声明(并非不可使用免责声明,而是不可滥用免责声明),但必须判断上述事项的重要性,并在报告中详细披露其为该事项所做的努力,尽可能披露该事项对评估结论的影响。

2. 我国资产评估准则要求,资产评估机构及其资产评估专业人员,应当如实声明其具有的专业能力和执业经验,不得对其专业能力和执业经验进行夸张、虚假和误导性宣传。

3. 评估机构不得分别接受利益冲突双方的委托,对同一评估对象进行评估。

4. 对于行为人的同一个违法行为,无论触犯几个法律条文,构成几个处罚理由以及由几个行政主体实施处罚,只能给予一次罚款。

5. 选项AB,属于民事责任;选项D,属于刑事责任中的附加刑。

6. 资产评估专业人员在公共场所应尽量不提客户的单位名称(选项D过于绝对,因此不正确),未经客户允许不得对外发布有关客户的信息资料等。

7. 我国法律规定:与资产评估相关的提供虚假证明文件罪、出具证明文件重大失实罪的追诉时效一般为五年;犯提供虚假证明文件罪的人员索取他人财物或者非法收受他人财物的追诉时效为十年。

8. 不论是什么人,也不论其从事何种职业,只要是利用其职务之便为自己或他人谋取不正当利益都是不遵守职业道德的行为。这种行为严重者甚至会违法犯罪。所以选项C不正确。

9. 对评估专业人员违反规定,签署虚假评估报告的,由有关评估行政管理部门责令其停止从业两年以上五年以下;如有违法所得,没收违法所得;如情节严重,责令其停止从业五年以上十年以下;如构成犯罪,依法追究刑事责任,终身不得从事评估业务。

三、多项选择题

1	2	3	4	5	6	7	8	9	10	11	12
ABCD	ABCD	ABCD	ABCD	ABCD	ABD	ABD	ABCD	ABCD	ABCD	ABCD	ABC

【重难点解析】

1. 虚假陈述,给投资人造成损失的,就其负有责任的部分承担赔偿责任。但有证据证明无过错的,应予免责。

2. 资产评估机构及其资产评估专业人员执行某项特定业务缺乏特定的专业知识和经验时,应当采取恰当的弥补措施,包括利用专家工作及相关报告等。

3. 欺诈,是指采用欺骗、误导等手段向客户招揽业务的行为,具体包括:①超越自身职业胜任能力范围招揽业务。②编造与客户的上级主管部门或利害相关单位有密切关系,可以帮助客户解决难题招揽业务。③编造自己从未完成过的评估项目的工作经验,骗取业务等。④采取虚假和引人误解的宣传骗取客户信任,招揽业务。

4. 资产评估机构及其资产评估专业人员不得采用欺诈、利诱、胁迫等不正当手段招揽业务。例如,超越自身职业胜任能力范围招揽业务;以答应帮助客户解决具体困难为条件,招揽业务等;利用客户的弱点威胁强迫,抢拉业务。所以选项BCD正确。资产评估机构及其资产评估专业人员不得以恶性压价等不正当的手段与其他资产评估机构及资产评估专业人员争揽业务。所以选项A正确。

5. 资产评估专业人员不得签署本人未承办业务的资产评估报告、资产评估专业人员不得允许他人以本人名义从事资产评估业务、资产评估机构及其资产评估专业人员不得出具或签署虚假评估报告或者有重大遗漏的资产评估报告。

6. 独立性要求包含以下内容:①资产评估机构应当是依法设立的独立法人或非法人组织。②资产评估机构及其资产评估专业人员应当严格按照国家有关法律、行政法规、资产评估准则,独立开展评估业务,并独立地向委托人提供资产评估意见。③资产评估机构、社会团体、企业、个人等对资产评估行为和评估结论的非法干预;产评估机构、资产评估专业人员从事资产评估活动不受任何行政部门控制。④资产评估专业人员依据国家法律及资产评估准则进行资产评估活动以及发表评估意见时不受所在资产评估机构的非法干预。⑤资产评估机构、资产评估专业人员应与资产评估的委托人、被评估对象产权持有者及其他当事人无利害关系。

7. 客观性要求资产评估机构及资产评估专业人员,应当以事实为依据,客观地发表意见,具体包括:①作为资产评估活动的重要主体,资产评估专业人员应当公正无私,摒除偏见,不为"偏见""谬误"所蒙蔽。②对资产评估活动中涉及的事项应当坚持科学的方法和态度,实事求是。③在资产评估过程中,应当完整、客观地收集信息、数据;保证赖以形成评估结论信息的完整性、客观性、有效性、合法性;不得使用缺乏依据的信息、数据。④对于实物性资产进行必要的现场勘查是保证客观性的要求,应该通过勘查确定资产的客观存在,并取得评估所必需的客观信息,勘查的程度应满足获得作出客观评估所需要的基本信息。⑤对非实物性资产,应当根据资产的特征,通过有效的方法确定资产的客观存在,并取得评估所必需的客观信息。⑥有责任核查所获得信息的客观性,对于从其他第三方获得的信息,应当关注其客观性。⑦应当尽量避免专业判断过程中主观因素的不利影响,在进行评估分析、预测、判断过程中,应当使用科学的方法作为评估手段,不得以主观经验代替科学分析。⑧应当依据所收集的信息、数据,遵守法律法规、资产评估准则等相关规定,通过合理履行资产评估程序客观作出评估结论、发表专业意见。⑨应对执业能力作出客观评价,对于无法胜任的业务,应当放弃承接或通过寻求有效支持手段满足胜任要求。⑩对机构内部或不同评估机构所持有的不同评估观点不应抱有任何偏见。

8. 诚实守信,勤勉尽责,谨慎从业,坚持独立、客观、公正的原则是对资产评估机构及其资产评估专业人员职业道德的基本要求。

9. 资产评估专业人员在执行资产评估业务过程中,应当与其他资产评估专业人员保持良好的工作关系。这里所说的"其他资产评估专业人员"通常指符合以下条件之一的资产评估专业人员:①与资产评估专业人员在同一资产评估机构执业。②与资产评估专业人员不在同一资产评估机构执业,但一起执行联合评估业务。③资产评估专业人员不在同一家评估机构执业,但由于知识结构、专业技能、职业资格、所在区域等不同,在执业过程中应约向其提供(或接受对方提供)相关技术支持。④对资产评估专业人员所执行评估业务中的评估对象在不同时间发表过专业意见。⑤曾经或正在执行与资产评估专业人员所执行评估业务相关的评估业务。在"资产评估专业人员不得贬损或诋毁其他资产评估专业人员"中,其他资产评估专业人员还包括资产评估专业人员在拓展业务过程中潜在的竞争对手。

10. 选项A资产评估机构及其资产评估专业人员可以要求相关当事人提供保证书或承诺函等文件,但在利用时必须保持必要的职业谨慎,不可以丧失独立性,因此不可以用资产评估相关当事人提供的承诺函或者保证书替代必要的评估程序。选项B资产评估机构及其资产评估专业人员不得向委托人或其他相关当事人索取约定服务费之外的不正当利益,委托合同中约定的额外奖励也属于不正当利益。选项C买卖双方为利益冲突方,评估机构不得分别接受利益冲突双方的委托。

12. 《企业国有资产法》仅对国家出资企业的董事、监事、高级管理人员违法行为应承担的民事责任作出了明确规定。该法第七十一条规定,国家出资企业的董事、监事、高级管理人员出现该法规定的违法行为造成国有资产损失的,"依法承担赔偿责任"。该条所列举的违法行为包括"不如实向资产评估机构、会计师事务所提供有关情况和资料,或者与资产评估机构、会计师事务所串通出具虚假资产评估报告、审计报告"。选项ABC正确。选项D属于《证券法》对资产评估做出的规定。

四、判断题

1	2	3	4	5	6	7	8	9
√	×	×	×	√	√	√	×	×
10	11	12	13	14	15	16	17	18
×	√	√	√	√	×	√	√	√
19	20	21	22	23	24	25	26	27
√	×	√	√	×	×	×	×	×

【重难点解析】

1. 专项资产评估机构由于评估范围较窄,评估对象的性质、功能比较统一,专业性比较强,因而,专项资产评估机构的专业化程度和专业技术水平比较高,具有比较明显的专业优势。

2. 2016年2月,中国资产评估协会印发了《资产评估师职业资格证书登记办法》。根据上述管理制度,我国开始实施资产评估师职业资格制度。

3. 资产评估师职业资格考试实行全国统一大纲、统一命题、统一组织的考试制度。

4. 取得资产评估师职业资格证书的人员,应当遵守国家法律、法规及资产评估行业相关制度准则,恪守职业道德,秉承客观公正原则,维护国家和社会公共利益。同时,还应当按照国家专业技术人员继续教育以及资产评估行业管理的有关规定,参加继续教育,不断更新专业知识,提高职业素质和业务能力。

6. 资产评估机构的设立除符合国家有关法律法规规定外,还必须具备以下条件:合伙形式的评估机构,应当有两名以上评估师;其合伙人三分之二以上应当是具有三年以上从业经历且最近三年内未受停止从业处罚的评估师。

7. 设立评估机构,应当向工商行政管理部门申请办理登记。

8. 评估机构应当自领取营业执照之日起三十日内向有关评估行政管理部门备案。

9. 凡经资产评估行政管理部门审查合格,取得相应等级资产评估资格的机构,均可以从事国有资产及非国有资产评估。

10. 从事土地、房地产或无形资产等专项资产评估业务的机构,其评估资格等级只限于B级以下。

11. 对于年检不合格的评估机构要限期整改。对于经过限期整改仍不合格或者有严重错误的评估机构,要吊销其资产评估资质。

12. 有下列情形之一的,由有关评估行政管理部门予以警告,可以责令停业一个月以上六个月以下;有违法所得的,没收违法所得,并处违法所得一倍以上五倍以下罚款;情节严重的,由工商行政管理部门吊销营业执照;构成犯罪的,依法追究刑事责任:①利用开展业务之便,谋取不正当利益的。②允许其他机构以本机构名义开展业务,或者冒用其他机构名义开展业务的。③以恶性压价、支付回扣、虚假宣传,或者贬损、诋毁其他评估机构等不正当手段招揽业务的。④受理与自身有利害关系的业务的。⑤分别接受利益冲突双方的委托,对同一评估对象进行评估的。⑥出具有重大遗漏的评估报告的。⑦未按本法规定的期限保存评估档案的。⑧聘用或者指定不符合本法规定的人员从事评估业务的。⑨对本机构的评估专业人员疏于管理,造成不良后果的。

15. 评估机构、评估专业人员在一年内累计三次因违反本法规定受到责令停业、责令停止从业以外处罚的,有关评估行政管理部门可以责令其停业或者停止从业一年以上五年以下。

16. 为股票发行出具资产评估报告的资产评估机构和资产评估人员,在该股票承销期内和期满后六个月内,不得买卖该股票。

17. 为上市公司出具资产评估报告的资产评估机构和资产评估人员,自接受上市公司委托之日起至该资产评估报告公开后五日内,不得买卖该股票。

19. 保险事故的财产评估人员故意提供虚假的证明文件,为他人诈骗提供条件的,以保险诈骗的共犯论处。

20. 冒用其他机构名义或允许其他机构以本机构名义执行评估业务的,最高的罚款不超过3万元。

23. 在争取司法部门对资产评估准则认可的前提下,程序性准则也是评估师合理保护自身权益的重要依据。

24. 资产评估指导意见是针对资产评估业务中的某些具体问题的指导性文件。该层次较为灵活,针对评估业务中新出现的问题及时提出指导意见,待实践一段时间或成熟后再上升为具体准则或指南。

25. 资产评估师的执业态度是否端正将直接影响资产评估工作的效果和质量。

26. 财政部门开展资产评估行业监督检查,应当由本部门两名以上执法人员组成检查组,具体按照财政检查工作的有关规定执行。

27. 1993年12月10日,我国成立了中国资产评估协会。它是一个自我教育、自我约束、自我管理的全国性资产评估行业组织。

五、简答题

1. 答：从目前发展趋势来看，我国的资产评估主体大致可以从以下两个方面进行分类：①从评估主体的执业范围的角度划分，可划分为综合性资产评估机构和专项资产评估机构两种类型。综合性资产评估机构是指专门从事资产评估业务，而不从事其他中介业务的资产评估事务所或资产评估公司。专项资产评估机构是指专门评估某一种或某一类资产的专项评估机构，如土地估价事务所、房地产估价事务所等。②从资产评估主体的企业组织形式的角度划分，大致可划分为合伙制的资产评估机构和有限责任制的资产评估机构。合伙制的资产评估机构由发起人共同出资设立，共同经营，对合伙债务承担无限连带责任。有限责任制的资产评估机构由发起人共同出资设立，评估机构以其全部财产对其债务承担责任。

2. 答：资产评估机构的设立除符合国家有关法律法规规定外，还必须具备以下条件：①合伙形式的评估机构，应当有两名以上评估师。其合伙人三分之二以上应当是具有三年以上从业经历且最近三年内未受停止从业处罚的评估师。②公司形式的评估机构，应当有八名以上评估师和两名以上股东，其中三分之二以上股东应当是具有三年以上从业经历且最近三年内未受停止从业处罚的评估师。并且评估机构的合伙人或者股东为两名的，两名合伙人或者股东都应当是具有三年以上从业经历且最近三年内未受停止从业处罚的评估师。③设立评估机构，应当向工商行政管理部门申请办理登记。评估机构应当自领取营业执照之日起三十日内向有关评估行政管理部门备案。④评估行政管理部门应当及时将评估机构备案情况向社会公告。

3. 答：资产评估机构的职业资格主要划分为 A 级和 B 级两个等级。A 级资产评估机构可以从事包括股票上市企业资产评估在内的所有资产评估项目。B 级资产评估机构可从事除企业股份化上市外的所有资产评估项目。凡经资产评估行政管理部门审查合格，取得相应等级资产评估资格的机构，均可以从事国有资产及非国有资产评估。

4. 答：年检内容包括以下几个方面：①资产评估机构持续符合《资产评估法》第十五条规定的评估机构设立条件的情况。②办理备案情况。③资产评估执业质量情况。其主要检查项目的评估依据、过程、方法，结果是否科学、合理，是否符合有关规定和内容。④评估机构内部机构设置及人员配备情况。综合性资产评估机构是否建立了正常的内部治理机制和工作制度，评估人员的数量、年龄结构、专业结构、技术职务结构是否符合规定，评估人员内部培训及参加外部培训的情况。⑤评估机构业务开展情况，评估的项目类型、数量、执业水平。⑥资产评估机构信誉情况。⑦对法律法规的执行情况及遵守职业道德情况。⑧评估机构的收费情况等。

5. 答：我国资产评估准则建设原则包括：①我国资产评估准则应当是综合性的评估准

则体系,包括不动产、动产、机器设备、企业价值、无形资产等各类别资产的评估准则。②我国资产评估准则体系应当高度重视程序性准则与专业性准则。③我国资产评估准则体系中应当将职业道德准则放在与业务性准则同等重要的高度。④我国资产评估准则体系应当层次清晰,逻辑严密,并具有一定的灵活性。

6. 答：目前,我国资产评估准则体系主要有资产评估基本准则、资产评估职业道德准则和资产评估执业准则。其中,资产评估执业由于涉及面广,在纵向关系上划分为不同的层次。①资产评估基本准则。资产评估基本准则是资产评估师执行各种资产类型、各种评估目的资产评估业务的基本规范。②资产评估职业道德准则。职业道德是指资产评估机构及其资产评估专业人员开展资产评估业务应当具备的道德品质和体现的道德行为。为规范资产评估机构及其资产评估专业人员职业道德行为,提高职业素质,维护职业形象,根据《资产评估基本准则》制定了《资产评估职业道德准则》。资产评估机构及其资产评估专业人员开展资产评估业务,遵守职业道德是保证评估质量的前提。③资产评估执业准则。资产评估执业准则分为具体准则、评估指南和评估指导意见。

7. 答：资产评估中的独立性原则包含两层含义：①评估机构本身应该是一个独立的、不依附于他人的社会公正性中介组织(法人),在利益及利害关系上与资产业务各当事人没有任何联系。②评估机构在执业过程中应始终坚持独立的第三者地位,评估工作不受委托人及外界的意图及压力的影响,进行独立公正的评估。

8. 答：财政部统一部署对资产评估行业的监督检查,主要负责以下工作：①制定资产评估专业人员、资产评估机构、资产评估协会和相关资产评估业务监督检查的具体办法。②组织开展资产评估执业质量专项检查。③监督检查资产评估机构从事证券期货相关资产评估业务情况。④指导和督促地方财政部门对资产评估行业的监督检查,并对其检查情况予以抽查。

9. 答：资产评估协会的工作范围主要包括以下几个方面：①经政府有关部门批准,制定行业发展目标和规划,并负责组织实施。②为会员从事资产评估等业务提供服务。③组织开展相关政策理论研究、行业宣传,开展国际交流与合作等活动。④开展行业党建工作。

第九章 资产评估管理制度的国际比较

第一部分 内容概要

一、资产评估管理体制的国际比较

(一) 以德国为代表的政府干预型管理模式

1. 政府干预型管理模式的概念

政府干预型管理模式是指对资产评估行业的管理,在充分发挥资产评估行业协会自我管理的基础上,由政府进行较大范围和程度干预的一种管理模式。德国的资产评估管理体制就是典型的政府干预型管理模式。

2. 政府干预型管理模式的特点

(1) 国家制定和颁布专门法律,对资产评估的地位、资格、事务所的设立以及从事评估的依据、工作规范等做出明确规定。

(2) 政府与协会配合密切,政府参与资产评估执业规范的制定,政府在评估执业规范和评估质量监督中起着重要作用。

3. 政府干预型管理模式的优点

政府与协会相互协作,共同制定执业规范并监督其执行,可以较为全面地考虑双方意愿,协调双方利益,从而使执行规范既有科学性和指导性,又有权威性和严肃性。能够合理有效地制定和执行评估规范正是行业自律型管理模式所欠缺的。

4. 政府干预型管理模式的缺点

政府干预型管理模式的缺点主要表现为资产评估行业的独立性受到影响。在该体制下,政府在较大范围和程度上进行了干预,从而导致资产评估行业自身的独立性受到影响,不利于行业的发展。

(二) 以英国为代表的行业自律型管理模式

1. 行业自律型管理模式的概念

行业自律型管理模式是指主要由民间职业团体对资产评估行业进行监管的一种模式。

2. 行业自律型管理模式的特点

行业自律型管理模式的特点有:①一般不设立专门的资产评估政府监管机构,对行业的管理主要由民间协会实行自律管理。②资产评估行业协会具有比较健全的自我管理机制,强调评估业的自我约束、自我管理的作用。

3. 行业自律型管理模式的优点

行业自律型管理模式的优点有:①独立性强。②适应性强。③能动性强。

4. 行业自律型管理模式的缺点

行业自律型管理模式的缺点有:①在适用范围上受到限制。②在采取处罚措施的效力上受到限制。

(三) 以美国为代表的政府监管下的行业自律型管理模式

1. 政府监管下的行业自律型管理模式的概念

这种模式既强调政府管理,又强调行业自律管理。目前美国和澳大利亚都采用这种模式。

2. 政府监管下的行业自律型管理模式的特点(优点)

政府监管下的行业自律型管理模式的特点(优点)有:①管理重点的相互补充。②管理职责的相互补充。③管理主体的相互协作。

(四) 对改革我国评估行业管理体制的启示

实行统一管理并且主要由行业自律组织进行管理,是世界评估行业发展的趋势。这种管理体制符合评估行业的行业特点,符合市场经济的客观要求。在由政府部门实行统一管理的同时,充分发挥行业协会自律性管理的作用。

二、资产评估行业规范的国际比较

(一)《国际评估准则》

1. 国际评估准则委员会产生的背景及其宗旨

1) 国际资产评估准则委员会产生的背景

国际资产评估准则委员会(International Assets Valuation Standards Committee,IAVSC)于1981年成立,它是联合国的非政府组织成员(NGO),并于1985年获得了联合国经济社会理事会的注册,是重要的国际性评估专业组织。

2) 国际评估准则委员会的宗旨

为公共利益制定和发布资产评估准则和技术资料文件,以满足财务报告、国际资本市场和国际经济领域的需要;促使《国际评估准则》和指南在世界范围内得到认可和遵守;在世界各国之间统一资产评估准则,致力于促进地方或地区性准则规定与《国际评估准则》之间的协调和统一;促使《国际评估准则》在《国际会计准则》及其他相关报告准则中得到认可,促使其他专业领域理解专业评估和评估师的作用,并教育评估师了解相关专业领域的要求。国际评估准则理事会也与诸如国际会计准则理事会(IASB)、国际会计师联合会(IFAC)、国际证券事务监察委员会组织(IOSCO)等准则制定机构保持紧密联系。

2.《国际评估准则》结构体系

《国际评估准则》(2017版)主要由两部分构成。①定义和框架。定义部分主要涉及在该准则中多次重复出现的术语,框架部分主要介绍了准则中的基本概念。②准则。准则包括五项基本准则和六项资产准则。基本准则包含普遍适用于大多数评估目的下对各种类型的资产或负债进行评估所需遵循的评估准则。资产准则包含适用于不同资产类别的评估准则。

3.《国际评估准则》中的价值定义

1)价值类型

价值类型(有时称为价值标准)描述了报告价值基于的基础假设。

2)市场价值

市场价值是指自愿买方和自愿卖方在评估基准日进行正常市场营销后达成的非关联交易中,某项资产或负债应有的交换价值的估计数额,当事方各自精明、理性行事且未受强迫。

3)投资价值

投资价值是一项资产对于特定所有者或预期的所有者实现个人投资或运营目标的价值。

4)市场租金

市场租金是指公平交易中,自愿出租方和自愿承租方在评估基准日,在正常营销后的市场中通过适当租约达成的不动产应该收取的租金的估计数额,当事方应当各自精明、理性行事且未受强迫。

5)协同价值

协同价值是两项或多项资产或利益合并后的价值。该价值通常大于单项资产和权益的价值之和。

6)公平价值

公平价值是在已确认的、了解情形的并有自愿交易愿望的交易双方中转移一项资产或负债时估计的价格,相关方的利益可以分别得到体现。

7)清算价值

清算价值是一项资产或一组资产按件出售时实现的数值。清算价值应该考虑使资产达到可出售条件的成本,以及处置活动的成本。

4.《国际评估准则》中的《行为守则》

《国际评估准则》(2007版)中的《行为守则》包括下列内容:引言、范围、定义、职业道德、胜任能力、披露要求、评估报告。

(二)《专业评估执业统一准则》

1.美国评估行业概况

1987年,美国一些协会联合成立了评估促进会,并制定了统一的行业标准《专业评估执业统一准则》。1989年,美国国会制定《金融机构改革、复原和强制执行法令》,明确规定评估人员执行与联邦交易相关的资产评估业务时必须遵守《专业评估执业统一准则》。

2. 美国《专业评估执业统一准则》的主要内容

由于美国资产评估行业呈现出综合性的特点,《专业评估执业统一准则》具有典型的综合性评估准则,涵盖资产评估行业的各个专业领域。2018版《专业评估执业统一准则》包括下列组成部分:定义、引言、职业道德规定、档案保存规定、胜任能力规定、工作范围规定、司法例外规定和10项准则、37项咨询意见、332个常见问题。

3. 美国对评估报告的分类及其内容

完整型评估报告应包含所有对解决评估问题具有重要意义的信息的描述。简明型评估报告与完整评估报告之间的重要区别在于提供资料的详细程度。限制型评估报告是仅仅为委托方使用的。

(三) RICS《评估和估价标准》

1. 英国评估行业概况

英国不动产估价行业基本上可以分为政府管理下的估价体系和民间自律性估价体系两大体系。

2. 评估准则和行为准则的制定和修订

RICS作为行业自律组织,其主要职能之一是制定、修订和完善行业执业技术标准。2017版红皮书分为六个部分,包括:引言、术语、专业标准(PS)、评估技术与绩效标准(VPS)、评估应用实务指南(VPGA)、《国际评估准则》(2017版)。

3. RICS的《行为守则》

《行为守则》对测量师的行为规范提出的具体要求包括以下部分:总则、个人和专业标准、职业活动和经营行为、操作细节与合作、利益冲突、公正与独立性、职业保险、测量师的账户、终身学习、测量师陈述事实的失误。《行为守则》提出了测量师的核心职业道德标准,测量师的所有行为和判断必须基于下列核心职业道德标准:①行为正直。②诚实。③工作公开、透明。④对自己的行为负责。⑤了解自己的能力并在此范围内行事。⑥客观。⑦尊重他人。⑧树立榜样。⑨有奋斗的勇气。

三、资产评估法律规范的国内外比较

(一) 国外资产评估法律规范

国外资产评估的法律规范有两种类型:①针对性和独立性的评估法律规范。②散寓于有关法律之中的评估法律规范。

(二) 我国资产评估法律规范

我国于2017年8月23日发布《资产评估基本准则》。随后,中国资产评估协会修订并发布了包括《资产评估职业道德准则》在内的26项资产评估准则。这次新发布的评估准则体系是立足于《资产评估法》，对原准则体系的全面修订和整合，保持了我国资产评估准则与国际资产评估准则理念的持续趋同，同时也顺应了供给侧结构性改革、改进治理、防范风险的要求，促进资产评估行业制度化、规范化发展。

截至2018年12月底，中国资产评估行业共发布1项职业道德准则，11项评估具体准则、5项评估指南、9项评估指导意见，已经形成覆盖主要执业流程和执业领域、符合中国国情、与国际评估理念趋同、兼容性强的较为完整的评估准则体系。同时，中国资产评估协会还发布7项专家指引，作为资产评估准则体系的补充。

本章主要内容，如表9-1所示。

表9-1　　　　　　　　　　　第九章主要内容

项目	类型	特点
管理体制比较	以德国为代表的政府干预型管理模式	① 由国家制定和颁布专门法律，对资产评估的地位、资格、事务所的设立以及从事评估的依据、工作规范等做出明确规定 ② 政府与协会配合密切，政府参与资产评估执业规范的制定，政府在评估执业规范和评估质量监督中起着重要作用
	以英国为代表的行业自律型管理模式	① 独立性强 ② 适应性强 ③ 能动性强
	以美国为代表的政府监管下的行业自律型管理模式	政府监管部门与资产评估行业协会相互配合、相互补充、相互协作履行各自的监管职责 ① 管理重点的相互补充 ② 是管理职责的相互补充 ③ 管理主体的相互协作
资产评估行业规范比较	《国际评估准则》	《国际评估准则》（2017版）主要由两部分构成。一是定义和框架。定义部分主要涉及在该准则中多次重复出现的术语；框架部分主要介绍了准则中的基本概念。二是准则。其包括五项基本准则和六项资产准则 《国际评估准则》（2017版）中的基本准则包括：IVS101工作范围；IVS102调查和道情；IVS103报告；IVS104价值类型；IVS105评估途径和方法 《国际评估准则》（2017版）中的资产准则包括：IVS200企业及企业权益；IVS210无形资产；IVS300厂房和设备；IVS400不动产权益；IVS410开发性不动产；IVS500金融工具
	《专业评估执业统一准则》	2018版《专业评估执业统一准则》包括下列组成部分：定义、引言、职业道德规定、档案保存规定、胜任能力规定、工作范围规定、司法例外规定和10项准则、37项咨询意见、332个常见问题
	RICS《评估和估价标准》	2017版红皮书分为六个部分，包括：引言、术语、专业标准（PS）、评估技术与绩效标准（VPS）、评估应用实务指南（VPGA）、《国际评估准则》（2017版）

第二部分 练习题

一、名词解释

1. 自愿卖方
2. 市场价值
3. 投资价值
4. 市场租金
5. 协同价值
6. 公平价值
7. 清算价值
8. 完整型评估报告
9. 简明型评估报告
10. 限制型评估报告

二、单项选择题

1. 英国的资产评估管理体制是（　　）。
   A. 混合型管理模式　　　　　　　B. 行业自律型管理模式
   C. 政府干预型管理模式　　　　　D. 政府监管下的行业自律型管理模式
2. 美国的资产评估管理体制是（　　）。
   A. 混合型管理模式　　　　　　　B. 行业自律型管理模式
   C. 政府干预型管理模式　　　　　D. 政府监管下的行业自律型管理模式
3. 政府干预型管理模式具有的优点是（　　）。
   A. 行业的独立性不受到影响　　　B. 有不利于行业的发展
   C. 政府与协会的相互协作　　　　D. 政府不进行干预
4. RICS《评估和估价标准》（红皮书）2017版红皮书各个部分都引用《国际评估准则》，并且在（　　）对《国际评估准则》进行全文转载。
   A. 第一部分　　　B. 第二部分　　　C. 第六部分　　　D. 第四部分
5. 《专业评估执业统一准则》中"引言"对准则的宗旨和内容进行了简要介绍，宗旨是（　　）。
   A. 提升和保持评估行业的高水平的公信力
   B. 对准则涉及的大量基本概念进行了定义和解释

C. 提出了对评估师在评估业务档案保存方面的要求

D. 提出了有关评估师在评估问题确定、研究与分析时的责任

三、多项选择题

1. 政府监管下的行业自律型管理模式的特点有（　　）。
   A. 管理重点的相互补充　　　　B. 管理主体的相互协作
   C. 管理主体的相互协作　　　　D. 协会的独立性强

2. 《专业评估执业统一准则》中"职业道德规定"确立了评估师执业中需要具备的职业道德，职业道德标准的行为有（　　）。
   A. 正直　　　B. 公正　　　C. 客观　　　D. 独立

3. 英国的民间估价机构在发展过程中，逐渐建立了自律性的行业协会组织。目前有关估价的协会主要有（　　）。
   A. 英国皇家特许测量师学会（RICS）　　B. 税收估价协会（IRRV）
   C. CIM 英国特许营销协会　　　　　　　D. ACCA 特许公认会计师公会

4. 行业自律型管理模式也具有一定的缺点，下列选项中，属于其缺点的有（　　）。
   A. 政府在较大范围和程度上进行了干预　B. 不利于行业的发展
   C. 在适用范围上受到限制　　　　　　　D. 在采取处罚措施的效力上受到限制

5. 《国际评估准则》（2017版）主要由（　　）两部分构成。
   A. 司法例外规定　B. 定义和框架　C. 工作范围规定　D. 准则

四、判断题

1. "非关联交易"是指交易方之间没有特定的或特殊的关系，如母公司与子公司、出租方与承租方等。（　　）

2. 准则说明是经评估促进会的规定程序审定的、专门用于对《专业评估执业统一准则》内容的澄清、阐释和说明。（　　）

3. 《资产评估法》由中华人民共和国第十三届全国人民代表大会常务委员会第二十二次会议通过。（　　）

4. 美国的评估法律有单独制定，而不是混合在有关的法律中。（　　）

5. RICS《评估和估价标准》中的"评估应用实务指南"（VPGA），VPGA 代表着"最佳实践"，即 RICS 认为符合专业胜任能力最高标准的程序。

6. "引言"对《专业评估执业统一准则》的宗旨和内容进行了简要介绍，明确该准则通过定义、规定、准则和准则说明，强调评估师的职业道德和执业责任。（　　）

7. 《国际评估准则》是目前最具影响力的国际性评估专业准则之一。　　　　　(　　)

8. 英国的 RICS、美国的 ASA 和 AF 等已发展成为具有广泛影响的、世界知名评估行业的行业自律性管理组织。　　　　　　　　　　　　　　　　　　(　　)

9. 德国的资产评估管理体制不属于行业自律型,而是典型的政府干预型管理模式。
　　　　　　　　　　　　　　　　　　　　　　　　　　　　　　(　　)

10. "在评估基准日"要求评估的估值仅限于一个规定的具体时间。估计数额反映的是有效评估基准日市场的状态和情形,而不是其他时点。　　　　　　　　　(　　)

五、简答题

1. 根据价值类型的不同,假设的交易有哪几种形式?
2. 清算价值确定的价值前提是什么?
3. 政府干预型管理模式的特点是什么?
4. 行业自律型管理模式的优点是什么?
5. 中国目前的评估管理体制与国际惯例存在的差距主要表现在哪些方面?
6. 目前世界评估行业管理体制的相同点有哪些?
7. 《国际评估准则》中的《行为守则》包括哪些内容?
8. 评估报告必须说明哪些内容?
9. 《专业评估执业统一准则》规定关于不动产评估报告必须达到哪些要求?
10. 《行为守则》对测量师的行为规范提出哪些具体要求?

第三部分　参考答案

一、名词解释

1. 自愿卖方是指既不过度渴望、未被强迫以任何价格出售,也不准备坚持当前市场认为不合理的价格的卖方。

2. 市场价值是评估基准日市场上能够合理取得的符合市场价值定义的最可能价格,既是卖方能够合理获取的最好售价,也是买方能够合理取得的最有利价格。

3. 投资价值是一项资产对于特定所有者或预期的所有者实现个人投资或运营目标的价值。投资价值是一个针对特定实体的价值标准。

4. 市场租金是指公平交易中,自愿出租方和自愿承租方在评估基准日,在正常营销后的市场中通过适当租约达成的不动产应该收取的租金的估计数额,当事方应当各自精明、理性行事且未受强迫。

5. 协同价值是两项或多项资产或利益合并后的价值。该价值通常大于单项资产和权益的价值之和。

6. 公平价值是在已确认的、了解情形的并有自愿交易愿望的交易双方中转移一项资产或负债时估计的价格，相关方的利益可以分别得到体现。

7. 清算价值是一项资产或一组资产按件出售时实现的数值。清算价值应该考虑使资产达到可出售条件的成本，以及处置活动的成本。

8. 完整型评估报告应包含所有对解决评估问题具有重要意义的信息的描述。"描述"是区别完整型评估报告与其他评估报告的术语。要求用足够的信息对进行评估业务所涉及的工作范畴向委托方和评估的期望使用者加以说明。完整型评估报告的阅读者可以期望所有重要数据都被详细报告。

9. 简明型评估报告与完整型评估报告之间的重要区别在于提供资料的详细程度。简明型评估报告应该对解决评估问题具有重要意义的信息做出概略说明。"概略说明"是简明型评估报告区别于其他评估报告的重要术语。要求用足够的信息对进行评估业务所涉及的工作范畴向委托方和评估的期望使用者加以概略说明。简明型评估报告的阅读者可以期望在表格或简单叙述中发现所有重要数据。

10. 限制型评估报告是仅仅为委托方使用的。限制型评估报告应该包含对解决评估问题具有重要意义的信息的简短陈述。"陈述"是限制型评估报告区别于其他评估报告的重要术语。要求对数据的收集、核实和报告过程的范围予以简单说明，或者摘引保存在评估人员的工作底稿中的描述所进行的评估工作范畴的评估协议内容。限制型评估报告的阅读者不应期望所有的重要数据都被报告。

二、单项选择题

1	2	3	4	5
B	D	C	C	A

【重难点解析】

1. 行业自律型管理模式是指主要由民间职业团体对资产评估行业进行监管的一种模式。这种模式下，政府除了进行一些必要的国家立法之外，很少干预行业的发展，英国属于此种类型。

2. 以美国为代表的政府监管下的行业自律型管理模式既强调政府管理又强调行业自律管理。目前美国和澳大利亚都采用这种模式。

3. 政府干预型管理模式的主要优点在于通过政府与协会的相互协作，共同制定执业规范并监督其执行，可以较为全面地考虑双方意愿，协调双方利益，从而使执行规范既有科学性和指导性,又有权威性和严肃性。

4. 2017版红皮书分为六个部分,包括:引言、术语、专业标准(PS)、评估技术与绩效标准(VPS)、评估应用实务指南(VPGA)、《国际评估准则》(2017版)。2017版红皮书各个部分都引用《国际评估准则》,并且第六部分对《国际评估准则》进行全文转载。

5.《专业评估执业统一准则》的宗旨是通过制定对评估师所要求的准则,提升和保持评估行业的高水平的公信力。

三、多项选择题

1	2	3	4	5
ABC	ABCD	AB	CD	BD

【重难点解析】

1. 政府监管下的行业自律型管理模式的特点:政府监管部门与资产评估行业协会在履行各自的监管职责时,相互配合、相互补充、相互协作。

2.《专业评估执业统一准则》中"职业道德规定"确立了评估师执业中需要具备的职业道德,如正直、公正、客观、独立以及符合职业道德标准的行为。

3. 行业协会组织目前有三家,分别是皇家特许测量师协会(RICS)、估价师与拍卖师联合协会(ISVA)和税收评估协会(IRRV)。

4. 行业自律型管理模式有一定的缺点,主要表现为行业协会制定的行业监管制度及处罚措施效力等方面具有局限性。一是在适用范围上受到限制。行业协会制定的有关行业监管制度只能适用于其会员,而对会员以外的其他人则无约束力。二是在采取处罚措施的效力上受到限制。行业协会对违规会员最重的处罚是开除会籍,而不能给予吊销资产评估资格及勒令事务所停业或解散等处罚。近年来实行行业自律型管理模式的国家评估诉讼案件十分频繁,从侧面也反映了这种体制的局限性。

5.《国际评估准则》(2017版)主要由两部分构成。一是定义和框架;二是准则。

四、判断题

1	2	3	4	5	6	7	8	9	10
√	√	×	×	√	√	√	√	√	√

【重难点解析】

1."非关联交易"是指交易方之间没有特定的或特殊的关系,如母公司与子公司、出租方与承租方,这些特殊关系可能使价格水平反映非典型的市场特征,或者由于特殊价值因素被抬高。以市场价值的交易假设是不相关联的双方的独立行为。

2. 准则说明是经评估促进会的规定程序审定的、专门用于对《专业评估执业统一准则》内容的澄清、阐释和说明。

3.《资产评估法》由中华人民共和国第十二届全国人民代表大会常务委员会第二十一次会议通过。

4. 世界上许多国家的评估法律没有单独制定,而是混合在有关的法律中。例如,美国对评估行业的法律规范,主要是《金融机构改革、复原和强制执行法令》《证券法》《公司法》等。

5. VPGA 代表着"最佳实践",即 RICS 认为符合专业胜任能力最高标准的程序。

6. "引言"对《专业评估执业统一准则》的宗旨和内容进行了简要介绍,明确《专业评估执业统一准则》通过定义、规定、准则和准则说明,强调评估师的职业道德和执业责任。

7. 国际评估准则理事会(International Valuation Standards Council,IVSC)。IVSC 制定和努力推广的《国际评估准则》是目前最具影响力的国际性评估专业准则之一。

8. 许多国家的评估行业自律性组织(如英国的 RICS、美国的 ASA 和 AF 等)已发展成为具有广泛影响的、世界知名的行业自律性管理组织。

9. 德国的资产评估管理体制属于典型的政府干预型管理模式。

10. "在评估基准日"要求评估的估值仅限于一个规定的具体时间。估计数额反映的是有效评估基准日市场的状态和情形,而不是其他时点。

五、简答题

1. 答:根据价值类型的不同,假设的交易可以有如下几种形式:一项虚拟的交易;一项真实的交易;一项购买(进入)交易;一项出售(退出)交易;一个具有特性的或虚拟市场上的一项交易。

2. 答:清算价值是一项资产或一组资产按件出售时实现的数值。清算价值应该考虑使资产达到可出售条件的成本,以及处置活动的成本。清算价值可以在两种不同的价值前提下确定:①在正常的营销期内的有序交易。②在缩短的营销期后的强制交易。

3. 答:政府干预型管理模式是指对资产评估行业的管理,在充分发挥资产评估行业协会自我管理的基础上,由政府进行较大范围和程度干预的一种管理模式。德国的资产评估管理体制就是典型的政府干预型管理模式。

政府干预型管理模式的特点是:①由国家制定和颁布专门法律,对资产评估的地位、资格、事务所的设立以及从事评估的依据、工作规范等做出明确规定。②政府与协会配合密切。

4. 答:(1)独立性强。采用该模式,由行业协会对行业实行自律监管,政府干预很少,从而增强了资产评估行业的独立性。

(2)适应性强。采用该模式,行业协会能够准确了解从业人员的意愿,及时发现评估环境和评估实践的变化,并通过制定和完善评估准则尽快进行调整,从而既可以保持评估准则的指导性和科学性,又能增强资产评估行业的适应性。

(3)能动性强。在该体系下,由于事务所和从业人员不受部门垄断和地区封锁的阻碍,可以开展公平竞争,从而有利于促进资产评估行业整体水平的提高。

5. 答:主要表现在:多个政府部门参与管理评估,形成部门分割、多头管理的格局;行业协会在评估行业管理方面的作用有限,且独立性较差;有关资产评估的法律、法规不完善、不统一,政府评估管理部门管理评估的方式带有浓厚的计划经济色彩。

6. 答:(1)政府对评估行业的管理介入少,且没有多个部门插手评估管理的现象。美国政府是在经历了20世纪80年代的金融危机以后才开始介入评估管理的,但介入的程度并不深,主要是以政府法令的形式对评估行业进行管理。德国政府对评估行业的管理介入要深一些,但其管理评估师行业的途径也是联邦立法与地方立法。尽管有少数国家的政府对评估行业实行某种程度的管理,但是没有哪一个国家是多个政府部门同时管理评估行业的。

(2)行业自律管理是评估行业管理的主要形式。在评估行业发展比较成熟的国家都有评估行业自律性组织。而且,评估行业自律性组织在评估行业管理中发挥主导作用,由其对评估行业的人员资格、后续培训、执业标准、职业道德等进行相应的规范管理,为评估人员和客户提供相应的服务。在评估行业的发展过程中,评估行业自律性组织也不断完善和成熟,许多国家的评估行业自律性组织(如英国的 RICS、美国的 ASA 和 AF 等)已发展成为具有广泛影响的、世界知名的行业自律性管理组织。这反映了评估行业作为一项市场性的社会中介行业的特点和要求。

(3)评估行业自律性组织都经历了从分散走向联合统一的发展历程。无论是评估行业高度发达的美国、英国等市场经济发达国家,还是评估行业发展起步稍晚的新兴市场经济国家,其评估行业自律性组织都经历了从分散到联合统一这样一个发展历程。实行统一管理,有利于评估行业统一行业准入条件、统一执业行为、统一执业标准、统一服务规范。实行统一管理不仅有利于管理部门对评估行业进行科学、规范的管理,也有利于消除评估行业的内部壁垒,使评估人员在同一起点上,在同一执业准则下,为客户提供更规范、更优质的服务,从而使社会对评估行业更加信任,评估行业自身也能得到更好的发展。从世界范围来看,评估行业管理从分散到统一,是评估行业历史发展的客观现实,也是评估行业进一步发展的必然趋势。

7. 答:《国际评估准则》(2007版)中的《行为守则》包括下列内容:引言、范围、定义、职业道德、胜任能力、披露要求、评估报告。《国际评估准则》实施的基础是，应当由诚实且具有专业胜任能力的专业评估师，遵守《国际评估准则》，不偏不倚、不受个人利益影响开展评估业务，所出具的评估报告应清楚地披露与正确理解评估相关的所有重要事项，不得误导。评估师应当致力于提升并保持评估行业的公众信任。

8. 答：评估报告的内容应当满足下列最低要求（即必须说明以下内容）：评估师的身份和报告日期；委托人的身份；评估要求；评估基准日；评估目的；预期用途；价值基础，包括价值类型和价值定义；估价对象的权益、身份、保有状况、位置；勘查的日期和程度；用于从事评估业务的工作范围和程度；假设和限制条件；特殊的、非正常的、额外的假设；遵守《国际评估准则》所进行的评估的说明以及其他要求的披露事项；评估师的专业资格和签名；在一些国家，要求评估师出具的指定格式的特定证明。

9. 答：《专业评估执业统一准则》规定每份书面（或口述）不动产评估报告必须达到以下几点要求：①清晰、准确地反映评估结论，不得误导。②包含足够的信息，使评估报告期望使用者能够正确理解评估报告。③清晰、明确地披露评估项目所采用的所有一般假设、特定假设、逆向假设与限定条件。

10. 答：《行为守则》对测量师的行为规范提出的具体要求包括以下部分：总则、个人和专业标准、职业活动和经营行为、操作细节与合作、利益冲突、公正与独立性、职业保险、测量师的账户、终身学习、测量师陈述事实的失误。《行为守则》提出了测量师的核心职业道德标准，测量师的所有行为和判断必须基于下列核心职业道德标准：①行为正直。②诚实。③工作公开、透明。④对自己的行为负责。⑤了解自己的能力并在此范围内行事。⑥客观。⑦尊重他人。⑧树立榜样。⑨有奋斗的勇气。这些职业道德要求测量师对其负有专业责任的客户或其他人负责，要时刻尊重他们的个人隐私，并且在判断过程中始终考虑到社会利益。